本书的出版受以下基金资助：
2020 年河北省社会科学发展研究课题“新时代河北企业高质量发展提升机制研究”（项目类别：重点课题，课题编号：20200301001）
河北省社科基金“新时代河北省减税降费的高质量发展效应测度与提升策略研究”（项目编号：HB20GL006）
2020 年河北金融学院科研基金项目“股利税改革与公司资本成本关系、影响因素与优化策略研究”（课题编号：JY202011）
2021 年度河北金融学院学术著作出版资助项目
河北金融学院德融研究院资助项目

股利税与权益资本成本：来自中国的准自然实验证据

李桂萍　著

中国财经出版传媒集团
中国财政经济出版社

图书在版编目（CIP）数据

股利税与权益资本成本：来自中国的准自然实验证据／李桂萍著．--北京：中国财政经济出版社，2021.9

ISBN 978-7-5223-0106-8

Ⅰ.①股… Ⅱ.①李… Ⅲ.①股利－税收政策－研究－中国 Ⅳ.①F812.423

中国版本图书馆CIP数据核字（2020）第192869号

责任编辑：胡　博　　　　　　责任印制：刘春年
封面设计：孙俪铭　　　　　　责任校对：李　丽

股利税与权益资本成本：来自中国的准自然实验证据
GULISHUI YU QUANYI ZIBEN CHENGBEN：LAIZI ZHONGGUO DE ZHUNZIRAN SHIYAN ZHENGJU

中国财政经济出版社 出版

URL：http：//www.cfeph.cn
E-mail：cfeph@cfeph.cn

社址：北京市海淀区阜成路甲28号　邮政编码：100142
营销中心电话：010-88191522
天猫网店：中国财政经济出版社旗舰店
网址：https：//zgczjjcbs.tmall.com
北京财经印刷厂印刷　各地新华书店经销
成品尺寸：170mm×240mm　16开　16.25印张　257 000字
2021年9月第1版　2021年9月北京第1次印刷
定价：78.00元
ISBN 978-7-5223-0106-8
（图书出现印装问题，本社负责调换，电话：010-88190548）
本社质量投诉电话：010-88190744
打击盗版举报热线：010-88191661　QQ：2242791300

序

20世纪70年代以来，股利税作为政府调节资本市场运行的重要政策工具，受到实务界、学界的广泛关注。股利税是股东收到公司红利时缴纳的个人所得税，其双重征收的性质成为“法人虚拟学派”与“法人实在学派”争论的焦点，“古典制”、“合并制”与“减免制”成为国际股利税征收史上典型的课税方式。半个世纪以来，美国、日本、德国等国家为刺激经济增长实施减税措施，调整了股利税的征收。股利税变革影响了投资者和企业间的利益，Miller（1977，1978）、Ameziane（1996）、Zhonglan Dai et al.（2013）、Stinson 等（2016）等学者基于西方国家股利税制，相继从资本成本、企业价值、投资者报酬等视角研究了股利税的微观效应。

新中国30余年证券市场的发展，为我国举世瞩目的经济成就的取得做出了巨大的贡献。中国证券登记结算统计年鉴显示，截至2021年7月15日，上海、深圳两个交易所上市公司数达到4405家，总市值达856100亿元。沪深两市公司的市盈率分别达到17.12、31.72，吸引了大量个人投资者进行股票投资。近几年，个人投资者每年增长率均超过9%，截至2019年底，个人投资者总数达到15937.22万人，占投资者总数的99.76%。2019年，沪深A股2640家上市公司进行现金分红4446.06亿元。我国《个人所得税法》（1993年修正）规定，自1994年1月1日起，个人从上市公司取得的利息、股息、红利所得适用20%的比例税率。2005年6月、2012年11月我国分别公布了财税〔2005〕102号、财税〔2012〕85号，个人投资者分别执行减半、差异化股利税政策；2015年9月实施的财税〔2015〕101号调整了差异化政策，对持股一年以上获取股利的个人投资者免征股利税。我国股利税政策的执行及变革得到了国内学界的广泛关注，刘丽坚和江一钦（2004）、李增福和张淑芳（2010）、童锦治等（2015）、刘行等（2015）等分别从股利的重复课税、财务（股利、融资）政策等视角分析了中国股利税变革的微观效应。

资本成本是联结公司与投资者双方利益的纽带，在经济分析中承担着重要角色（Mariana Spatareanu，2008）。作为现代财务与金融理论的基石，经典MM理论的Miller均衡模型诠释了税收与资本成本、公司价值无关。然而，考虑到经济、制度、发展目标等实际情况，各国政府税制的常态是税收非中性。特别是在中国国情下，股利税与权益资本成本是否存在相关关系？三次股利税改革究竟如何影响公司资本成本？其背后的机制是什么？路径又是什么？在“三去一降”、“减税降费”的经济背景下，探寻怎样的对策来实现股利税制优化与企业可持续发展？这些都是重要的理论与实践问题。

翻阅中国税制改革的相关研究，理论界侧重分析“营改增”、企业所得税、个人所得税与减税降费执行的效果问题，股利税改革的系统研究较少。梳理资本成本中外文献发现，基于中国情景考察股利税与资本成本关系的文献匮乏。鉴于此，李桂萍博士的著作《股利税与权益资本成本：来自中国的准自然实验证据》基于我国三次股利税变革，利用沪深A股上市公司数据，研究了股利税与权益资本成本的具体关系，揭示了股利税影响公司权益资本成本的机制，测算、比较了三次股利税改革的微观经济效应差异，并提出了公司控制成本、政府完善股利税制的具体建议。这一成果诠释了MM理论在中国的适用性，为政府推进资本市场健康发展、优化新时期税制改革提供了理论与实证数据支持，也为公司如何应用国家宏观政策制定最优财务政策从而提升价值和降低成本提供了参考依据，具有重要的实践意义和理论意义。

本书在利用数理分析法构建含股利税的权益资本成本模型的基础上，分析了三次股利税改革前后上市公司总体平均权益资本成本的变动趋势，检验了三次股利税改革对公司权益资本成本的具体影响及机制，比较了三次股利税改革的资本成本效应差异及各渠道的不同作用。主要观点包括：（1）中国三次股利税改革与权益资本成本存在（负/正/正）相关关系，三次股利税改革对不同财务特征上市公司权益资本成本的影响存在异质性。（2）负债融资、股利分配、风险承担与融资约束渠道是三次股利税改革影响公司权益资本成本的重要渠道。（3）中国股利税改革影响公司权益资本成本的机制为：股利税改革对公司权益资本成本产生直接影响，也通过负债融资、股利分配、融资约束与风险承担渠道发挥间接影响。（4）股利税减税、股利税差异化与差异化调整改革的权益资本成本总体效应、直接效应依次递减。（5）股利税减税、股利税差异化与差异化调整改革的权益资本成本间接效应依次增大，由于各渠道间作用的相互抵消，间接效应水平及比重总体上偏低。

本书的理论创新表现为：(1) 负债融资、股利分配、融资约束、风险承担在中国三次股利税改革影响公司权益资本成本中发挥了不同程度的中介效应、调节效应，对经典的MM理论做出了重要的扩展。(2) 从资本成本视角评估和比较了中国三次股利税改革的微观经济效应差异，指出股利税改革的权益资本成本间接效应总体偏小的原因，为当前“减税降费”政策的有效实施提供参考与启示，丰富了税收与财务理论。

全书逻辑严谨、结构清晰，具有重要的学术价值：(1) 利用中国的经验证据检验了股利税与权益资本成本的相关关系，从理论与实证上厘清了已有文献的不一致，对MM理论经典的Miller均衡模型在发展中国家的适用性给出新的解释。(2) 用中国的三次股利税改革的准自然实验，首次揭示了股利税影响公司权益资本成本的机制，弥补了学界关于股利税与权益资本成本研究领域的缺失。

期待本书能为资本成本理论研究、新时代股利税改革以及企业财务决策的优化提供一些有益的启示，也希望今后有更多学者参与这一领域的研究。

王瑞华

2021年8月于北京

前　言

鉴于股利税与权益资本成本关系观点相异，本书依据中国股利税减税、差异化及调整三次改革的准自然试验，利用沪深A股上市公司数据，在分析股利税改革前后公司权益资本成本的基础上，通过构建有调节的中介效应模型、联立方程组等，实证研究三次股利税改革对公司权益资本成本的影响、机理，测算、比较了效应，并从公司、政府层面提出控制成本、完善所得税制的建议。

对三次股利税改革对上市公司权益资本成本影响的实证研究得出：(1) 股利税减税使上市公司平均权益资本成本显著提高，高负债融资公司、高股利分配公司、高风险承担公司、低融资约束公司权益资本成本增加的幅度更大。股利税差异化使上市公司整体平均权益资本成本显著下降；投资者持股时间延长（缩短）的公司、个人投资者及证券投资基金持股比例提高（下降）的公司、股利支付减少（增加）公司的权益资本成本显著提高（降低）；增发新股公司、低股利分配公司、低风险承担公司、高融资约束公司与低负债融资公司权益资本成本下降幅度更大。股利税差异化调整使上市公司整体平均权益资本成本显著下降；低负债融资公司、高融资约束公司、高股利分配、高风险承担公司权益资本成本下降幅度更大。(2) 股利税减税影响公司权益资本成本中，财务杠杆、风险承担与融资约束发挥了有调节的中介作用；风险承担发挥了正向调节作用。股利税差异化影响公司权益资本成本中，财务杠杆、风险承担与融资约束发挥了有调节的中介作用；股利分配、增发新股发挥了调节效应。股利税差异化调整影响权益资本成本中，负债融资、风险承担、股利分配与融资约束发挥了有调节的中介效应。

三次股利税改革的权益资本成本效应测算与比较说明：(1) 股利税减税对权益资本成本的总体效应为0.1989：直接效应（比重）为0.1990（100.07%）；

间接效应（比重）为－0.0001（－0.07%），其中，融资约束、负债融资、股利分配和风险承担的中介效应依次递增（效应值分别为0.0008、0.0066、0.0014，－0.0089；比重分别为－578.95%、－4984.96%、－1026.32%和6690.23%）。股利税差异化对权益资本成本的总体效应为－0.0349：直接效应（比重）为－0.035（100.24%）；间接效应（比重）为0.0001（－0.24%），其中，风险承担、财务杠杆、融资约束和股利分配的中介效应依次递减（0.0008、－0.0005、－0.0002和<0.0001）。股利税差异化调整对权益资本成本的总体效应为－0.0126：直接效应（比重）为－0.012（94.88%）；间接效应（比重）为－0.0006（5.12%），其中，负债融资、融资约束、风险承担和股利分配的中介效应依次递减（－0.0005、－0.0002、0.0002、－0.0001）。（2）股利税减税、股利税差异化与股利税差异化调整的权益资本成本总体效应与直接效应依次递减；股利税减税、差异化与差异化调整的权益资本成本间接效应依次增大（－0.07%、－0.24%和5.12%），且股利税减税的间接效应甚小（比重－0.07%），原因是融资约束、财务杠杆、股利分配的共同中介作用与风险承担的中介作用相互抵消；股利税差异化的间接影响程度小（比重为0.24%），原因为财务杠杆、股利分配和融资约束的负向中介作用与风险承担的正向中介作用相互抵消。股利税差异化调整的间接影响较大（比重为0.24%），主要是通过财务杠杆、风险承担、股利分配的正向中介与融资约束的负向中介部分抵消引起的。（3）风险承担、财务杠杆和融资约束的中介作用在三次股利税改革中十分显著，在股利税减税与差异化改革影响中的中介作用最大，而在股利税差异化调整影响中的中介效应较小；股利分配在四个中介渠道中的作用较弱，而在股利税差异化改革中的中介作用不存在。（4）在三次股利税改革影响公司权益资本成本中，融资约束的调节作用最显著，而负债融资调节作用逐渐减小至消失；股利分配在股利税差异化及调整的影响中分别发挥正向和负向调节作用；风险承担在股利税减税与股利税差异化的影响中均发挥了正向调节作用。

基于以上实证结论，本书从把握股利税对公司权益资本成本的影响机理，合理规划融资、股利、风险承担等行为，营造股利税改革有效发挥作用的环境，利用金融改革、个税改革等方面，提出公司控制资本成本的策略；也从营造所得税杠杆作用有效发挥的良好政策环境，在考量股利税影响权益资本成本的机理基础上确定股利税负的调整程度，开征差异化的资本利得税，逐步把股息红利及资本利得纳入个人所得税综合计征体系方面，提出政府完善所得税制改革的建议。

本书揭开了我国股利税改革影响公司权益资本成本的神秘面纱，测算与比较了三次股利税改革的资本成本效应差异，为我国股利税制改革的微观效应提供了经验支持，为政府推进资本市场健康发展、优化新时期税制改革提供理论与实证数据支持；同时也为公司如何利用国家宏观政策制定最优财务政策以提升公司价值和降低公司成本提供参考依据，弥补了我国关于股利税与资本成本关系研究不足的局限。

目　录

第 1 章

引　　论

党的十九大报告强调："提高直接融资比重，促进多层次资本市场健康发展。"资本成本作为融资管理的重要依据，联结投资者与企业的经济利益，在资本市场上发挥着定价与资源配置功能。政府时常通过税收调节公司与投资者间的成本利益关系，以维护资本市场健康稳定发展。股利税与资本成本关系自 20 世纪 70 年代以来一直是西方财务学界关注的问题之一，特别是关于股利税与资本成本关系的争论更是激烈。利息税、股利税是联结股东报酬率与公司资本成本的媒介，是个人因持有债券、股票、股权，从中国境内公司或其他经济组织取得的利息、股息、红利所得而缴纳的个人所得税。1994 年我国修订的《个人所得税法》规定，股息、红利和利息所得缴纳 20% 的个人所得税。进入 21 世纪以来我国三次改革股利税，股利税改革是否实现政府降低企业融资成本、维护投资者合法利益、促进资本市场健康发展的目标，值得学界探究。据此，本书主要分析股利税与上市公司权益资本成本的具体关系，探究两者关系的影响因素，提出控制公司资本成本、完善资本市场股利税制的具体策略。本章利用股利税影响公司权益资本成本的理论及我国股利税改革现实，阐述了本书的研究背景、意义以及研究方法，介绍了研究内容和框架，并指出本书的研究特色与创新点。

1.1　研究背景与意义

1.1.1　研究背景

1986 年 9 月 5 日国务院发布的《个人收入调节税暂行条例》首先把股

息、红利和利息纳入个人收入调节税的应税范围，1994 年 1 月 1 日我国实施（第一次）修订的《个人所得税法》建立了内外统一的个人所得税制度，将外籍人员工薪所得税、个体工商户所得税与收入调节税进行统一规范，股息、红利与利息所得缴纳个人所得税，适用 20% 的比例税率。受东南亚金融危机、股权分置改革等因素影响，2000—2004 年我国股市持续低迷。为激发长期低迷的股市，振奋股票投资者的信心，2005 年 6 月 13 日，财政部、国家税务总局颁布并执行财税〔2005〕102 号，股利税进行第一次改革（股利税减税）：个人投资者从上市公司取得股息红利所得暂减按 50% 计入个人应纳税所得额，股利税实际税率下调为 10%。2005 年股利税减税改革刺激了个人投资者投资的热情，股市开始复苏。

2008 年受全球金融危机的影响，我国股市又开始了剧烈的震荡。为鼓励我国长期投资，抑制短期炒作，发挥税收政策的导向作用，促进资本市场长期稳定健康发展，2012 年 11 月 16 日，财政部、国家税务总局、证监会联合颁布财税〔2012〕85 号，股利税实施第二次改革（股利税差异化）：自 2013 年 1 月 1 日起，对上市公司股息红利实施差别化股利税政策：个人从公开发行和转让市场取得的上市公司股票，持股期限在 1 个月以内（含 1 个月）的，其股息红利所得全额计入应纳税所得额，实际税率为 20%；持股期限在 1 个月以上至 1 年（含 1 年）的，暂减按 50% 计入应纳税所得额，实际税率为 10%；持股期限超过 1 年的，暂减按 25% 计入应纳税所得额，实际税率为 5%。股利税差异化改革在一定程度上优化了资本性收益的税收结构，鼓励了长期价值投资，促进了税收宏观经济调控作用的发挥，改善了我国证券市场税收制度环境。

为进一步鼓励长期投资，有效改变重复征税及税负不公，保障个人投资者的切身利益，为资本市场长期稳定发展营造更好的生态环境，2015 年 9 月 7 日，财政部、国家税务总局、证监会联合颁布财税〔2015〕101 号，股利税实施第三次改革（股利税差异化调整），对上市公司股利差别化个人所得税政策进行调整：自 2015 年 9 月 8 日起，对从公开发行和转让市场取得的持股 1 年以上的投资者增加股利税收的优惠力度，即对持股超过 1 年所取得的股息红利所得暂免征收个人所得税，而对持股期限在 1 个月以内（含 1 个月）和 1 个月至 1 年的股票股息红利所得，原政策保持不变，实际税率仍为 20% 和 10%。

2005 年股利税削减引起上市公司现金股利支付增加，资产负债率下降（曾亚敏等，2005；李增福等，2010；童锦治等，2015）。股利税差异化改革后，股利税负降低的公司增加了股利支付，特别是代理成本较低的公司（李真等，2014）。投资者持股时间长（短），公司的债务融资比重显著降低（提高），股利税差异化对股利支付力度大的公司资本结构的影响比较显著（刘行，2015）。差异化股利税显著降低了公司的股票换手率（贾建军等，2016），现金分红预期提升，公司高管与股东间的委托代理问题得以部分解决（贾凡胜等，2016）。股利税作为公司权益资本成本的重要组成部分，对公司权益资本成本的具体影响还取决于公司避税行为、税收转嫁程度、税制特点等（Dhaliwal，2007）。尽管李桂萍（2013，2014）经验检验了公司所得税对公司资本成本的影响，发现2008年我国企业所得税改革促使上市公司平均权益资本成本下降，融资政策在影响中发挥了有调节的中介作用，但关于股利税与资本成本关系的研究尚为空白，特别是利用经验数据做深入定量的研究有待开展。基于中国三次股利税改革的准自然实验，本书研究股利税与权益资本成本，分析股利税对公司权益资本成本的具体影响与影响机制，测算与比较股利税改革的权益资本成本效应的差异，并给出公司控制成本、政府优化税制改革的建议。

1.1.2 研究意义

鉴于现有文献缺乏对我国股利税与资本成本关系的研究，本书具有重要的理论与现实意义。具体理论意义表现为：（1）本书结合我国特殊的股利税改革背景，揭示了我国股利税（减税、差异化、差异化调整）改革对公司权益资本成本的具体影响，提供了Miller均衡理论在中国是否适用的证据，弥补了学界关于我国股利税与资本成本关系研究的缺失，延续与深化了含税资本成本理论，进而丰富了税收与公司财务理论。（2）本书通过探究股利税影响公司权益资本成本的机制，有助于理论界、决策者全面认识股利税是否通过公司调整财务政策来影响自身权益资本成本，为21世纪以来我国股利税法规的修订、完善提供理论和经验支持。（3）本书研究了我国股利税减税、股利税差异化、股利税差异化调整与权益资本成本的关系，分析了股利税对上市公司权益资本成本的具体影响，这对于丰富含税资本成本的理论、推动公司（政府）科学地做出纳税（税收）决策具有重要的理论意义。

本书通过估算我国上市公司的权益资本成本、融资约束等财务指标，分析股利税对上市公司权益资本成本的具体影响，具有以下实践意义：（1）依据本书构建的我国含税权益资本成本模型，可以判断出我国股利税与公司权益资本成本的关系。（2）本书通过剖析股利税影响公司权益资本成本的机理，有助于公司在制定财务决策时，充分考虑股利税因素，进而降低公司资本成本，提升公司的价值。（3）以往文献经验分析了股利税对公司财务杠杆和权益资本成本的影响，但没有关注增发新股、财务杠杆、股利分配、风险承担与融资约束在股利税与权益资本成本关系中的具体作用，而股利税改革引起的公司财务行为变化会进一步影响公司权益资本成本。本书利用我国经验数据，检验了增发新股、财务杠杆、股利分配、风险承担与融资约束在股利税影响公司权益资本成本的中介、调节效应，扩展了现有理论，为公司决策者深入了解股利税影响公司资本成本路径、降低资本成本提供了实证分析信息。（4）股利税改革的目标之一是降低公司资本成本。本书关于股利税改革对公司权益资本成本的影响及机制验证了我国股利税改革的有效性，为新时代我国资本市场股利税制优化提供了理论支持。

1.2 研究方法

1.2.1 规范研究法

首先，本书第2章使用文献分析法，梳理了国内外含股利税的公司权益资本成本模型、股利税与公司权益资本成本的关系以及我国股利税改革的市场反应方面的文献研究的现状，评述了现有研究的贡献及不足，提出本书研究的必要性。其次，本书借助理论分析股利税与公司财务政策、权益资本成本的关系以及股利税影响公司权益资本成本的机制，并用规范研究方法，从公司、政府两个视角提出公司控制资本成本的措施以及政府完善股利税法规的建议。

1.2.2 实证研究法

（1）数理分析法。基于中国所得税制的特点，构建中国含股利税的资本成本模型，分析不同条件下股利税与权益资本成本的具体关系，为进一步研究股利税影响公司权益资本成本的影响机制奠定基础。

（2）统计分析法。本书第3章利用2000—2015年我国证监会全部行业A股上市公司数据，首先，利用GLS、PEG、OJ模型估算权益资本成本，借鉴Zhonglan Dai等（2013）、Faccio等（2011）估算融资约束、风险承担水平，计量公司平均财务杠杆、利润分配水平等，描述了21世纪以来上市公司总体平均权益资本成本、融资约束、财务杠杆、利润分配等的现状；其次，第3章依据增发新股、财务杠杆、股利分配、融资约束、风险承担对公司进行分组，对不同财务特征公司的权益资本成本进行描述性统计，分析其在股利税改革前后权益资本成本的变化趋势。

（3）计量模型法。本书第4章用多元回归模型、联立方程组和双重差分模型检验了2005年股利税减税对上市公司权益资本成本的影响；第5章用多元回归模型、联立方程组实证分析了2013年股利税差异化对上市公司权益资本成本的影响；第6章用多元回归方法和结构方程组，实证分析了2015年股利税差异化调整对上市公司权益资本成本的具体影响；第7章整体检验了股利税对上市公司权益资本成本的具体影响及机制，测试与比较了股利税改革的权益资本成本效应的差异。

1.2.3 比较分析法

本书第7章通过计算股利税改革的权益资本成本效应，比较了三次股利税改革对公司权益资本成本影响的差异，比较了公司财务政策在股利税减税、股利税差异化、股利税差异化调整影响公司权益资本成本过程中中介效应的非对称性和非均衡性，比较了公司融资政策、股利政策、融资约束与风险承担的调节效应的差异性。

1.3 研究思路与内容安排

1.3.1 研究思路

本书采用“文献综述—现状分析—实证检验—测算与比较—结论及建议”思路模式，研究我国股利税与上市公司权益资本成本，如图1-1所示。

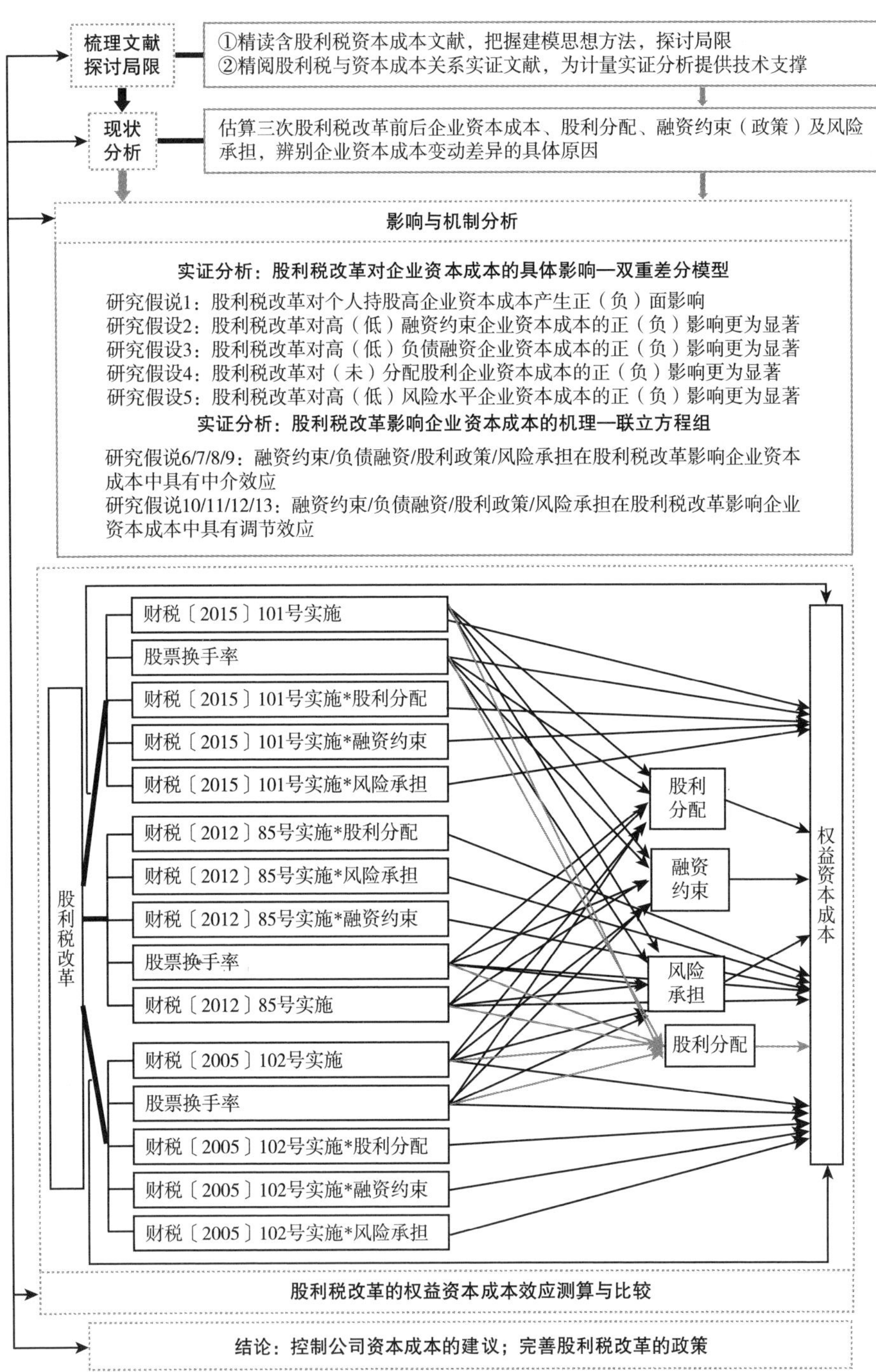

图1－1　股利税与权益资本成本的研究思路

第一步，梳理股利税与权益资本成本关系的研究文献，指出研究贡献与缺失。第二步，分析我国三次股利税改革前后公司权益资本成本现状，提出股利税影响公司权益资本成本的动因（见图1－1第二部分）。第三步，基于第二步的现状分析，以2005年股利税减税、2013年股利税差异化、2015年股利税差异化调整外生事件为依据，利用2000—2015年上市公司权益资本成本等数据，借助联立方程组、双重差分方程，实证分析股利税对上市公司权益资本成本的具体影响及影响机理（见图1－1第三部分）。第四步，以股利税对公司权益资本成本的具体影响及影响机制为基础，测算不同股利税改革的权益资本成本的直接与间接效应；分析不同财务政策在股利税改革影响上市公司权益资本成本过程中的差异（图1－1第四部分）。第五步，根据以上结论，从公司、政府视角提出控制资本成本、完善所得税法规的建议（图1－1第五部分）。第三步和第四步是本书的核心内容，其中，第三步是重点内容。

1.3.2　理论框架

如本书研究思路第三步所述，研究我国股利税对上市公司权益资本成本的影响，需要探讨2005年股利税减税、2013年股利税差异化和2016年股利税差异化调整对上市公司权益资本成本的不同影响。由于三次股利税改革影响权益资本成本的机制除了差异外，还存在许多共性，故本书将股利税、公司财务政策与公司权益资本成本有机结合，形成一个完整的股利税影响上市公司权益资本成本的理论框架，如图1－2所示。

本书沿着“股利税改革对权益资本成本的具体影响”、“股利税对权益资本成本的影响机制”以及“三次股利税改革的资本成本效应测度与比较”三条分析主线，研究了股利税与公司权益资本成本。第一条主线：三次股利税改革后，公司权益资本成本产生何种影响，有待实证检验结果来确定。第二条主线：2005年股利税减半、2013年1月1日股利税差异化与2015年股利税差异化调整，公司融资、股利政策、风险承担与融资约束是否发生变化，是否进一步对公司权益资本成本产生影响，同样需要经验检验进行证实，我们用有调节的中介变量方程组来检验。第三条主线：利用多变量中介效应方程组，比较三次股利税改革的资本成本效应差异，以及融资、股利政策及风险承担、融资约束的中介效应与调节效应的差异。

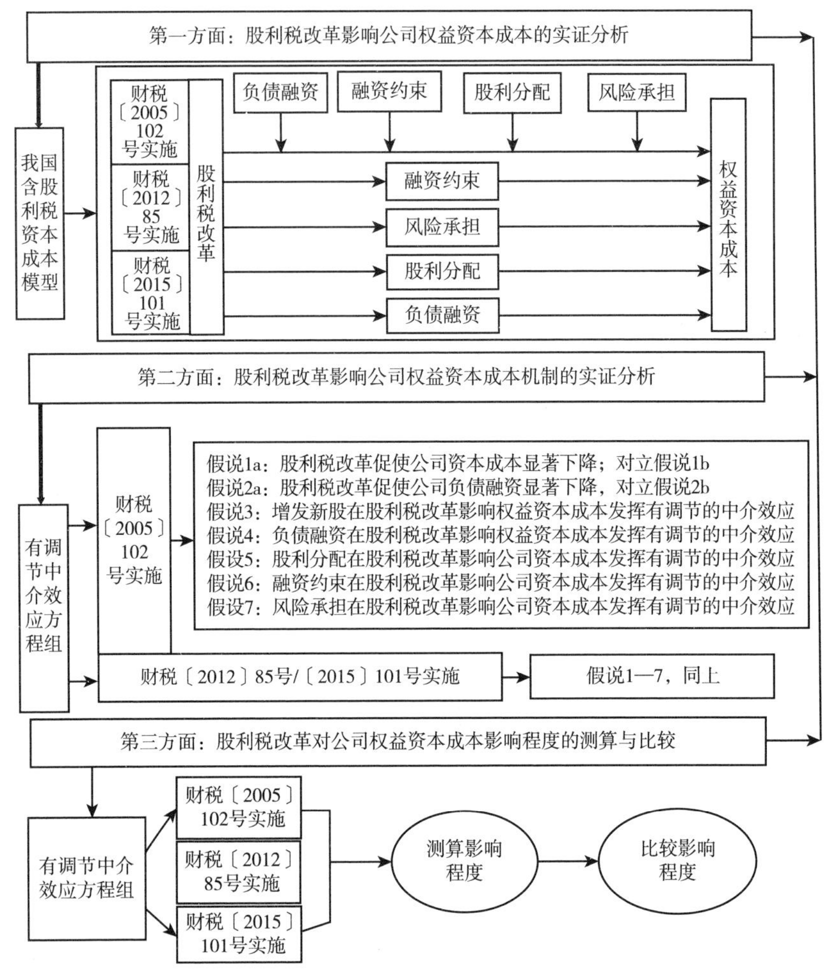

图 1-2　股利税与权益资本成本的理论框架

1.3.3　研究内容

本书的研究对象是我国证监会全部行业 A 股上市公司，研究目标是通过梳理股利税与权益资本成本相关文献，论述股利税影响公司权益资本成本的机制，分析我国股利税改革对上市公司权益资本成本的具体影响，为我国公司控制资本成本、完善我国股利税改革提出建议。本书的内容安排如图 1-3 所示。全书共分 8 章，具体安排如下。

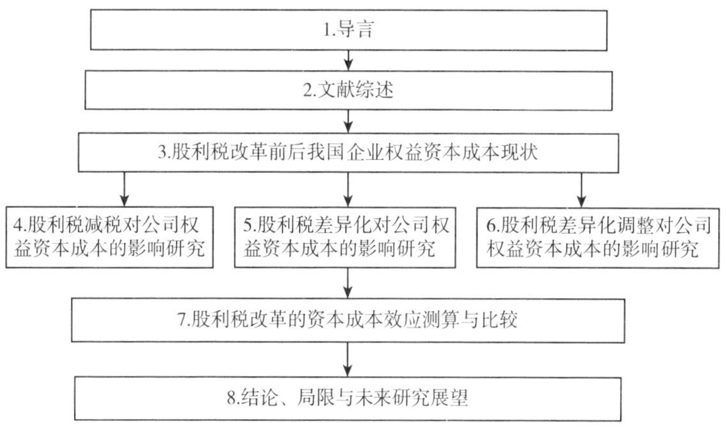

图1-3 股利税与权益资本成本的内容架构

第1章引论。本章主要概括了本书的研究背景、研究意义和研究方法，依据研究对象及研究目标，说明本书的研究思路、理论框架及研究内容，在此基础上总结本书的研究特色与创新点，目的是对本书作一个预览。

第2章股利税影响公司权益资本成本研究综述。自1977年米勒教授把个人所得税纳入资本结构理论并建立均衡模型后，国内外财务与税收学者展开了个人所得税影响公司权益资本成本的研究。本章综述了相关文献，归纳出含税权益资本成本构建的方法、不同条件下所得税与权益资本成本的具体关系及影响因素。通过梳理国内理论界关于股利税改革影响资本结构、资本成本等的相关研究，揭示理论界关于所得税与权益资本成本关系研究的缺陷，以及模型的构建方法。考虑我国所得税制特点，提出了本书研究的关键问题和采用的技术方法。

第3章股利税改革前后我国公司权益资本成本现状分析。首先，简述了我国的股利税法规，概括了我国股利税法规改革的历程，总结21世纪以来我国股利税的特点，其次，基于2004.1—2007.12、2011.1—2014.12、2015.1—2016.12期间中国沪深A股上市公司季度财务数据，估算三次股利税改革前后我国上市公司整体平均权益资本成本水平，估算在不同的财务杠杆、股利分配、融资约束、风险承担特征下上市公司权益资本成本水平，分析三次股利税改革前后上市公司资本成本等变化趋势，剖析上市公司权益资本成本差异的股利税动因，为本书全面研究股利税与上市公司权益资本成本的关系奠定基础。

第 4 章股利税减税对公司权益资本成本的影响分析。以 2000—2007 年我国证监会沪深 A 股上市公司的数据为依据，基于2005 年股利税减税准自然试验，实证分析股利税减税对上市公司权益资本成本的具体影响及机制。由于增发新股、负债融资、融资约束、股利分配、风险承担在股利税减税影响公司权益资本成本的中介/调节作用的显著性不同，因此，本章分别研究了以上变量与股利税、权益资本成本的关系，识别出具体渠道及作用的显著性。每节研究思路如下。

首先，构建模型①检验分析股利税减税对公司权益资本成本的具体影响。构建思路为：以公司权益资本成本 R_1、财税〔2005〕102 号实施 PT 为被解释变量和解释变量，2004. 1—2006. 5 期间股利税减税前，PT 取值为 0；2006. 6—2007. 11 期间股利税减税后，PT = 1。以企业规模、账面市值比等变量为模型的控制变量 Control 来构建模型①，分析参数 φ_{i1} 的大小、符号及显著性；若 φ_{i1} 显著为正（负），说明股利税减税对公司权益资本成本产生正（负）面影响。

$$R_1 = \varphi_{io} + \varphi_{i1}PT_1 + \sum \varphi_{ij}Control + \varepsilon_0 \quad ①$$

其次，识别股利税减税影响公司权益资本成本的具体渠道。本章构建模型②、模型③，识别增发新股 $Mediator_1$、融资约束 $Mediator_2$、负债融资 $Mediator_3$、股利分配 $Mediator_4$、风险承担 $Mediator_5$ 是否为股利税减税影响公司权益资本成本的中介渠道。

$$Mediator_i = \varphi_{io} + \varphi_{i1}PT_1 + \sum \varphi_{ij}Control + \varepsilon_0 \quad ②$$

$$R_1 = \varphi_{io} + \varphi_{i1}PT_1 + Mediator_i + \sum \varphi_{ij}Control + \varepsilon_0 \quad ③$$

最后，辨别不同渠道的具体作用。本章构建双重差分模型（ DID ）④来检验增发新股、融资约束、负债融资、股利分配、风险承担渠道在股利税减税影响公司权益资本成本的具体作用。构建思路如下：一是分别以增发新股、负债融资、融资约束、股利分配、风险承担的中位数为依据，把上市公司分为增发/未增发新股公司组、高/低负债融资公司组、高/低融资约束公司组、高/低股利分配公司组、高/低风险承担公司组，定义哑变量增发新股 $Mediator_1$、哑变量融资约束 $Mediator_2$、哑变量负债融资 $Mediator_3$、哑变量股利分配 $Mediator_4$、哑变量风险承担 $Mediator_5$。二是设置交互项 Mediator * IS，以检验增发新股、负债融资、融资约束、股利分配、风险承担在股利税减税影响公司权益资本成本中调节作用的显著性；重点分析参数 φ_{i3} 值的大小、符号及显著性，φ_{i3} 显著为正（负），说明增发新股、负债融资、融资约束、股利分配、风险承担公司在股利税减税影响权益资本成本中调节作用的显著性。

$$R_1 = \varphi_{io} + \varphi_{i1}PT_1 + \varphi_{i2}Mediator_i + \varphi_{i3}PT_1 * Mediator_i + \sum \varphi_{ij}Control + \varepsilon_0 \quad ④$$

依据五个计量模型方程组（①②③④）的回归结果，得出股利税减税对公司权益资本成本的具体影响，识别出增发新股、负债融资、股利分配、融资约束、风险水平的中介/调节作用，最终阐述股利税减税影响公司权益资本成本的机制。

第 5 章股利税差异化影响公司权益资本成本的机制研究。以 2010—2013 年我国证监会沪深 A 股上市公司财务数据为依据，基于2013 年股利税差异化改革的自然实验，利用模型（①②③④）实证分析股利税差异化对上市公司权益资本成本的具体影响及机制。每节研究思路如第 4 章。

第 6 章股利税差异化调整影响上市公司权益资本成本的机制研究。以 2014—2016 年我国证监会沪深 A 股上市公司的数据为依据，基于 2015 年股利税差异化调整自然实验，利用模型（①②③④）实证分析股利税差异化对上市公司权益资本成本的具体影响及机制。每节研究思路如第 4 章。

第 7 章股利税改革对公司权益资本成本影响程度的测算。本章前 3 节分别测算股利税减税、股利税差异化与差异化调整的权益资本成本效应，分析了增发新股、融资约束、负债融资、股利分配、风险承担在股利税改革影响企业资本成本中的中介或调节作用的显著性，揭示了股利税改革的权益资本成本效应的差异性。

前 3 节实证分析如下：

首先，借鉴温忠麟等（2012）构建有调节中介变量的联立方程组。构建步骤为：第一，以权益资本成本 R（股利税改革 PT）为因（自）变量，构建多元回归模型⑤，分析出股利税改革（PT）对公司权益资本成本的具体影响。第二，以负债融资（Lev）、股利政策（Div）、融资约束（FC）和风险承担（Rh）为因变量，构建模型⑤—模型⑨，分析出股利税改革对以上变量的影响。第三，在模型⑤的基础上，加入中介变量融资约束、负债融资、股利政策和风险承担，构建模型⑩，分析以上变量的中介效应；在模型⑩的基础上加入交乘项，构建模型⑪，分析以上变量的调节效应。由于分别检验三次股利税改革影响公司权益资本成本的机制，本章至少需要三个模型方程组的计量实证检验，实证计量工作量大。

$$
\begin{cases}
R_i = \varphi_o + \varphi_1 PT_i + \sum \varphi_i control + \varepsilon_X & ⑤ \\
Lev = \alpha_{10} + \alpha_{11} PT_i + \sum \varphi_{1i} control + \varepsilon_1 & ⑥ \\
Div = \alpha_{20} + \alpha_{21} PT_i + \sum \varphi_{2i} control + \varepsilon_2 & ⑦ \\
FC = \alpha_{30} + \alpha_{31} PT_i + \sum \varphi_{3i} control + \varepsilon_3 & ⑧ \\
Rh = \alpha_{40} + \alpha_{41} PT_i + \sum \varphi_{4i} control + \varepsilon_4 & ⑨ \\
R_i^* = \varphi_0' + \varphi_1' PT_i + \phi_1 Lev + \phi_2 Div + \phi_3 Fc + \phi_4 Rh + \sum \varphi_i control + & \\
\quad \varepsilon_Y & ⑩ \\
R_i^* = \varphi_0' + \varphi_1' PT_i + \phi_1 Lev + \phi_2 Div + \phi_3 FC + \phi_4 Rh + \eta_1 Lev * PT_i + & \\
\quad \eta_2 Div * PT_i + \eta_3 \beta Fc * PT_i + \eta_4 Rh * PT_i + \sum \varphi_i control + \varepsilon_Y & ⑪
\end{cases}
$$

其次，基于多元多重中介方程组，比较分析三次股利税改革对公司权益资本成本的影响差异。依据以上联立方程组，测算股利税改革的权益资本成本（直接、间接效应与总）效应，比较融资约束、负债融资、股利分配、风险承受在股利税改革影响权益资本成本中的效应、比重与差异。

第4节比较得出财务杠杆、股利分配、融资约束、风险承担在三次股利税改革的权益资本成本效应中的中介/调节作用的差异性、非对称性及差异性。

第8章结论、建议与展望。结合我国股利税改革对上市公司权益资本成本影响机制与效应，总结得出本书的研究结论，分别从公司和政府两个层面，提出公司控制资本成本以及政府完善我国股利税法规的建议，指出本书研究的不足、局限，并展望未来研究的方向。

1.4 本书的特色与创新

本书以国内外关于股利税影响权益资本成本的理论研究为基础，立足于我国股利税制特点，通过实证分析股利税改革对上市公司权益资本成本的具体影响及机制，测度与比较了我国股利税改革的权益资本成本效应，探究股利税改革与权益资本成本的具体关系。本书具体的特色与创新之处为：

第一，本书的研究充分吸收了西方学界关于股利税与权益资本成本的理论研究成果、先进理念，立足于中国的股利税改革实际，构建了适合我国股利税特点的公司含税权益资本成本模型，实证分析了不同条件下的股利税与公司权益资本成本的正、负相关关系，为分析我国股利税对上市公司权益资本成本的影响奠定了基础。

第二，本书利用规范研究和实证研究方法，准确、深入、全面地探讨了我国股利税改革对上市公司权益资本成本的具体影响及影响机制。本书为提高权益资本成本估算的精确度，利用戈登、OJ、PEG 三种方法及均值来估算公司权益资本成本。首先，基于我国股利税法规修订，分析了我国三次股利税改革前后上市公司权益资本成本的现状、变化趋势，并提出引起公司权益资本成本变化的股利税动因；理论上分析了股利税改革通过公司融资政策、股利政策、融资约束与风险承担来影响公司权益资本成本的具体路径，推导总结了股利税影响公司权益资本成本的机制。其次，借助多元多重中介方程组，比较分析了股利税改革影响公司权益资本成本的具体程度。

第三，分析、比较了三次股利税改革对公司权益资本成本的具体影响（总效应、直接效应、间接效应）及其差异，估量了负债融资、股利分配、融资约束、风险承担在股利税改革影响上市公司权益资本成本中的不同中介效应及调节效应，判断中介/调节效应的非对称性、非均衡性，并依此为依据，提出公司、政府实现各自目标的具体建议。

第四，本书是微观研究与宏观研究有机结合的结晶。一是本书首先估算了上市公司总体平均权益资本成本，估算不同财务特征公司在三次股利税改革前后的平均权益资本成本，分析了公司权益资本成本的变化趋势。二是本书分别依据 2005 年股利税减税、2013 年股利税差异化及 2015 年股利税差异化调整的改革实践，具体分析了股利税改革对上市公司权益资本成本的正面、负面影响以及影响机制，然后借助多元多变量中介效应方程组，比较分析了三次股利税改革的权益资本成本效应（总影响、直接影响、间接影响）。三是本书基于公司微观实践与宏观税收制度，提出公司控制成本、政府完善股利税制的具体措施。微观研究和宏观研究的相互结合，更符合当前我国新常态经济“三去一降”的国情，提出的结论、建议更具有针对性。

第 2 章

股利税影响公司权益资本成本的研究综述

有税的 MM 理论与 Miller 模型不仅证明了资本结构与公司价值无关的命题，也构建了含公司所得税、个人所得税的权益资本成本模型，分析了公司所得税、个人所得税对权益资本成本的影响。40 多年来，国外学者相继从不同视角对所得税与权益资本成本关系进行了深入的理论研究与实证检验，但至今仍未得出一个公认的结论。伴随着我国税制改革的逐步深入，我国理论界开始关注所得税与资本成本关系的研究，但截至目前，我国股利税影响公司权益资本成本的系统、深入经验研究不多。本章首先从股利税与公司权益资本成本关系、股利税与权益资本成本关系的影响因素两个视角，介绍了国外学者对股利税影响公司权益资本成本的研究现状；其次综述了国内股利税改革的经济效应研究文献；最后对国内外研究现状进行评价、总结，指出理论界目前研究的不足和本书的研究计划。

2.1 关于股利税与公司权益资本成本是否相关的研究

2.1.1 股利税与权益资本成本正相关

20 世纪 60 年代，传统观点代表者 MacDougall（1960）、Harberger（1966）、Hamada（1966）等定性分析发现，在企业发行新股融资、居民持有股票和债券、利润以现金股利分配的假设下，股利所得双重课税增加了企业资本成本，社会总投资减少，经济福利发生损失；建议政府采取归集抵免制，保持税收中性。Brennan（1970）构建了含税的资本资产定价模型（CAPM）来分析股利分配的税收效应，发现预期回报率（权益资本成本）为股票的股息率与一个税收参数的乘积。Lizenberger 和 Ramaswamy（1979，1980）实证分析发现两者间存在正相关性。Potherb 和 Summers（1984）基于英国税制改革利用上市公司的数据研究得出，股利税对资本收益价值产生显著影响，且税收对股利收益率和市场回报均产生显著影响。Blouin 等（2011）运用 GMM 模型实证发现，公司内部人士通过调整投资组合来应对税率的变化，特别是董事或高级职员持股比例高的公司对税收政策变化的反应更大。权益资本成本与股利税正相关的观点与 Guenther 等（2005）、Dhaliwal 等（2007）基于美国股利税减税的实证研究结论是一致的：Guenther 等（2005）认为，2003 年美国股利税削减后，公司平均权益资本成本下降；未来发行新股票的公司以及倾向于使用股息而非股票回购的公司的权益资本成本下降幅度更大，而预期未来收益增长更快的公司的权益资本成本下降幅度更小。Dhaliwal 等（2007）认为，2003 年《就业和增长税收减免经济协调法案》降低了股东税收，因为股利税是权益资本成本的组成部分，股利税降低使得公司权益资本成本下降 1.02%，机构投资者持有公司的权益资本成本的下降幅度更小，因为股利税的下降不适用于机构投资者。可见，股利税与权益资本成本正相关。

2.1.2　股利税与权益资本成本无关

20 世纪 70 年代和 80 年代，传统观点受到了 King（1977）、Auerbach（1987）等现代观点代表者的质疑：企业筹资除发行新股和举债外，还可以用留存收益，具有足够盈利的成熟企业可以少支付股利，用税收成本较低的留存利润为新项目融资；股利税双重税制的税收负担主要集中在超边际投资项目上，股利税不影响企业融资政策。两者无关的观点得到 Miller（1977）均衡模型的进一步验证：股利税与利息税相同或税收处于中性时，股利税不影响杠杆企业资本成本。保持税收中性成为政府提高市场配置资源效率税制改革的理想原则。Black 和 Scholes（1974）、Miller 和 Scholes（1982）的研究结果表明，税前收益率（权益资本成本）与股利收益率之间没有关系。

2.1.3　股利税与权益资本成本负相关

进入 21 世纪，Sikes 和 Verrecchia（2012）通过美国、法国与日本的减税实践发现，股利税、资本利得税的征收影响投资者预期税后现金流收益及风险，它们与权益资本成本的关系受到企业系统风险、市场风险溢价的影响。当企业系统性风险高、市场溢价高或无风险收益率很低时，股利税与权益资本成本负相关。李桂萍（2014）运用2006年中国股利税减半实践，实证分析发现上市公司平均权益资本成本在股利税减半后增加。Lizenberger 和 Ramaswamy（1980）的实证结论验证了普通股收益率与股利收益率之间存在非线性正相关关系。总体而言，由于研究假设、股利税制以及样本选择的差异，关于股利税与资本成本是否相关的结论存在差异。

2.2 关于影响股利税与公司资本成本关系因素的研究

1967 年，Farrar 和 Selwyn 理论分析发现股利政策是影响股利税与权益资本成本关系的因素。1972 年，Stapleton 提出除股利政策外，融资政策也是影响股利税与资本成本关系的因素。Sinn（1991）通过构建不同融资与股利政策下的资本成本模型进一步得出，不分配股利却发行新股的企业的权益资本成本较高；用股票回购取代股利支付且发行新股的企业，或用留存收益融资且支付股利的企业的权益资本成本较低。故企业可通过调整融资和股利政策来减少税收对资本成本的影响（张天胜，2005）。通过 2003 年美国减税实践，Guenther 等（2005）证实，将来准备发行新股或用股利支付替代股票回购的企业的资本成本下降幅度较大，Dhaliwal 等（2007）发现机构投资者持股比例高的公司的权益资本成本下降幅度较小。李桂萍（2014）使用 2006 年中国股利税减半的经验数据也发现，股利政策在股利税影响企业资本成本中发挥了有调节的中介作用。然而，Zhonglan Dai 等（2013）通过比较美国 1997 年和 2003 年股利税削减对企业权益资本成本的影响得出，对股利税与资本成本的关系产生影响的因素是融资约束，而非股利政策。Stinson 等（2016）进一步经验研究 2003 年美国股利税减税后的企业发现，权益资本成本显著下降的公司具有风险水平高且机构投资者持股比例显著提高的特点。简言之，无论是规范分析，还是实证研究，关于影响两者关系因素的研究结论仍然差异较大。

2.3　关于中国股利税改革对企业融资、股利支付等影响的研究

2.3.1　关于股利税减半对企业融资、股利支付等行为影响的研究

2005 年 6 月 13 日，财政部和国家税务总局联合颁布了财税〔2005〕102 号文件。孙静等（2015）认为，与资本利得相比，个人投资者获得股利收入要缴纳股利税，因此，股利税具有“税收惩罚”性。沪深两市上市公司股利分配的经验检验显示，我国企业股利分配的确存在税收惩罚，股利税的存在使个人投资者要求更高的股票收益率，削减股利税有利于中国证券市场的发展。基于 2005 年股利税减半征收政策，曾亚敏和张俊生（2005）实证分析发现，个人投资者股利税减半消息宣告后，股票的累计超常收益率与股利支付水平正相关，即中国股利所得税变动与权益资产价格正相关，符合股利税的传统观。李增福等（2010）对 875 家上市公司 2001—2008 年财务数据进行研究后发现，2005 年股利税减半政策在短期内促使公司增加现金股利支付，长期效应递减，且股利所得税削减对现金股利支付的影响与公司控股股东性质相关，与自然人持股比例无关。我国的中小股东利益的保护比较弱，削减股利税并不能有效解决上市公司现金股利支付比例低的问题。卢月根和王春飞（2012）实证分析指出，2005 股利税减半是股利增加的重要影响因素，股利税下降后，个人持股比例较高的公司更有可能增加股利支付。童锦治等（2015）通过计量分析发现，股利税与企业资产负债率正相关，股利税减税促使企业的资产负债率降低。金融市场化水平是影响两者关系的重要因素：金融市场化水平越高的地区，企业的资产负债率下降幅度越大；金融市场化水平过低的地区，企业的资本结构并没有发生显著变化，而且，股利税减税对非国企资本结构变化的影响大于国企。

2.3.2 关于股利税差异化对企业融资、股利支付等行为影响的研究

利用2013年1月1日中国股利税差异化征收实践，刘行等（2015）经验分析股利税差异化政策，认为：投资者持股时间长（短）的企业，其投资者的股利税负担会下降（上升），企业债务融资的比重显著降低（提高）；股利税差异化对较高股利支付比例的企业的资本结构的影响更为显著；股利税对不同类型债务融资比重的影响存在显著差异。贾建军等（2016）指出，差异化股利税政策从整体上没能降低股票交易的年度平均换手率，而证券投资基金持股比例较高的股票以及分红水平较高的股票的换手率下降，且差异化股利税政策生效后分红股票在其除权除息日附近的超额换手率显著下降，与政策改革的预期一致，表明差异化股利税政策显著降低了股票换手率，特别是对高分红水平与证券投资基金持股比例高的企业效果更为显著。贾凡胜等（2016）的实证结论表明，股利税差异化政策颁布期间，资本市场呈现出显著为正的市场反应；预期现金分红提升较大的企业的市场反应更显著；高管持股比例越高，企业的累计超额收益率越高；第一大股东持股比例越高，企业的累计超额收益率越低；股利税差异化改革提高了企业现金分红的预期水平，解决了股东与高管间的委托代理问题，却增加了中小股东与大股东间的代理问题。

Oliver Zhen Li 等（2017）提出，中国2012年股息税改革将个人投资者的股息税率与股票持股期限挂钩，个人投资者股息税率降低（提升）的公司更（不）愿意增加股息支付。这种效应集中于对控股股东和少数股东激励一致的企业。投资者对股利税改革的反应表现为减少红利日前的交易活动，从而降低股息税惩罚程度。可见，个人投资者税收政策变革会对企业股利政策产生影响。程军（2019）通过2011—2014年中国证券市场股票换手率的实证研究发现，股利税差异化政策在一定程度上发挥了抑制投机、有效引导长期投资的作用，但并未达到预期的效果。

Oliver Zhen Li 等（2021）通过研究股利税、投资者视野与波动性的特殊关系发现，股利税差异化改革后，高股息公司相对于低股息公司股价波动性具有特殊性；当投资者情绪高涨时，效果更明显；当派息公司有更多的散户投资者时，股价则表现出更大的不确定性，高股息公司的股价暴跌；高股息

公司的收益公告引发较少的个人投资者交易量，但价格反应更全面。因此，股息税通过抑制短期个人投资者的交易，稳定了资本市场，提高了股价信息质量。

2.3.3　关于股利税宏观效应的研究

叶建芳和郭琳（2010）指出，我国股利税存在经济性重复征税问题，政府对所有股票的股利征收个人所得税从理论上讲是不合理的，上市公司与非上市公司股利的个人所得税政策存在显著差异；从公司和股东个人层面解决经济性重复征税问题，采取统一的上市公司与非上市公司的股利税政策。从宏观视角，何辉等（2011）强调股利税是我国政府调节证券市场运行的重要政策工具，股利税具有收入再分配效应。通过对我国 2000—2008 年城镇居民调查数据的实证分析得出：股利税平均税率在城镇不同收入组别之间具有累进性；城镇股利税税后基尼系数小于税前基尼系数，股利税具有缩小收入差距的功用；不同时期的股利税收入再分配效应存在异质性；股利税下调导致股利税收入再分配效应变弱。昝星源（2015）认为，2005 年个人投资者股利税减半与 2013 年股利税差异化是政府宏观调控的一种手段，目的是发挥税收政策的导向作用，鼓励长期投资、抑制短期炒作，进而促进资本市场长期、稳定、健康发展。政策具有一定的社会经济目的，可能会牺牲个体纳税人的税收公平，并受到社会政策比例原则的限制。

罗明敏（2014）研究了我国台湾地区股利税征收实践，发现台湾股票市场课税制度修订过于频繁，对股票投资人和非股票投资人产生了不公平待遇。台股投资人的整体税负过重，存在重复征税、纳税人地位不平等、课税标的不公平等问题。1988 年 9 月，台湾股利税征收的宣告产生了较大的非理性预期影响，股票成交量巨幅下跌，股价下跌 36%，台湾股市指数、股票成交量及周转率显著降低。2012 年 3 月，台湾股利税征收的宣告在短期内对股市报酬率产生负向影响，长期看未对股市报酬率产生负向影响，但对台湾股票成交量产生了显著的负向长期闭锁效果。台湾股利税征收对台股报酬率波动的影响具有非对称性，存在门槛效应。郑田华（2016）认为，我国股利税改革尽管在一定程度上减少了双重征税，但政策制定的初衷仍然是鼓励长期投资而非消除重复征税，政策加大了非上市公司和上市公司税收间的不公平。

2.4 关于国内外股利税与权益资本成本研究现状的评价

现有研究主要以西方国家股利税与资本成本关系以及中国股利税改革对企业财务行为影响为主，缺乏对中国股利税改革与资本成本关系的规范分析和实证研究，特别是针对2013年1月1日、2015年9月7日中国实施的财税〔2012〕85号与财税〔2015〕101号对企业资本成本的影响研究更是空白。关于影响股利税与资本成本关系的因素研究，主要局限于企业的财务政策，没有充分考虑股东性质、构成、企业承担的风险以及经济发展水平等，此外，不同经济体与所得税制等异质性特征也是本书研究的一个重要方向。

第 3 章

股利税改革前后我国公司权益资本成本分析

文献综述及评价说明，股利税与公司权益资本成本的关系取决于所得税制特点、公司特点以及公司面对股利税改革的财务政策调整。研究中国股利税对上市公司权益资本成本的影响，需要从分析中国股利税制特点入手，结合公司特征，在剖析中国公司财务政策调整的基础上，研究我国股利税改革前后上市公司权益资本成本现状，为探究股利税对公司权益资本成本的具体影响及机制提供数据支持。

3.1 股利税减税前后上市公司权益资本成本分析

3.1.1 权益资本成本估算方法基础

权益资本成本是公司资本投资所要求的最低报酬率，也是股东基于风险向公司要求的报酬率。半个多世纪资本成本理论研究说明，权益资本成本估算主要采用事后的历史报酬率和事前的预期收益贴现率方法。常见的事后回报率方法包括资本资产定价模型、套利定价理论、法玛 - 法兰奇（Fama - French）三因素模型。（1）资本资产定价模型是夏普（Sharpe，1964）等提出的，风险资产收益率为无风险利率与风险溢价之和；（2）套利定价模型认为证券收益率是工业生产指数、违约风险溢价变化率、收益曲线扭曲程度及未预期通货膨胀因素的一次函数；（3）法玛 - 法兰奇（Fama - French）三因素模型认为投资组合（包括单个股票）的超额回报率可由市场资产组合、市值因子、账面市值比因子决定。事后回报率方法因不能精确地度量风险

(Blume and Friend, 1973; Sharpe, 1978; Froot and Frankel, 1989; Elton, 1999)、权益资本成本估值精度差，实际应用较少。

常用事前的预期收益贴现率方法包括 Gordon 模型、OJ 模型、PEG 模型、CT 模型、GLS 模型等。(1) Gordon 模型为 $R_e = dps_{t+1}/p_t + g$，其中，dps_{t+1}、p_t、g 分别为公司 t+1 期每股股利（年末税前派息比）、t 期期末股票收盘价和 t 期长期增长率；(2) OJ 模型为 $R = A + \sqrt{A^2 + \frac{eps_{t+1}}{p_t}\left[\frac{eps_{t+2} - eps_{t+1}}{eps_{t+1}} - (r_f - 0.03)\right]}$，其中，$A = (r_f - 0.03 + dps_{t+1}/p_t)/2$，$r_f$、$eps_{t+1}$、$dps_{t+1}$、$p_t$ 分别表示无风险利率、分析师预测的 t+1 年度的每股收益、t+1 年度每股股利和 t 期期末收盘价；(3) PEG 模型为 $R = \sqrt{\frac{eps_2 - eps_1}{p_0}}$，其中，$p_0$、$eps_1$、$eps_2$ 分别为 t 期每股股价、t+1 期每股盈余和 t+2 期每股盈余；(4) CT 模型认为股票价格为账面价值与非正常收益折现值之和：$p_0 = B_0 + \sum_{i=1}^{\infty}\frac{ae}{(1 + r_e)^i}$，当 t=5，$p_0 = bps_0 + \sum_{t=1}^{5}\frac{RIPS_t}{(1 + r_e)^t} + \frac{RIPS_5(1 + g_{ri})}{(r_e - g_{ri})^5}$，其中，RIPS 和 g_{ri} 分别为非正常盈余与非正常盈余的年增长率；(5) GLS 模型是 Gebhardt et al. (2001) 主张利用分析师预测数据和行业 Roe 历史数据，借助 $p_0 = bps_0 + \sum_{t=1}^{11}\frac{(Roe_t - r_e)bps_{t-1}}{(1 + r_e)^t} + \frac{(Roe_{12} - r_e)bps_{11}}{r_e(1 + r_e)^{11}}$ 而估算权益资本成本 R_{gls} 的方法，其中，Roe、bps 分别为预期净资产的收益率、每股净资产。事前预期收益贴现率估算方法能够全面反映公司现金流和潜在的成长性，较为精确地度量了预期收益率，成为估算权益资本成本常用的方法（Hail 和 Leuz, 2006）。鉴于每种权益资本成本估算方法都有一定的优点和局限，为更精确地估算权益资本成本，本书利用 Gordon、OJ、PEG、均值与 GLS 模型来估算上市公司权益资本成本。

3.1.2 股利税减税前后上市公司权益资本成本现状：总体数据

由于股利税减税政策（《财政部、国家税务总局关于股息红利有关个人所得税政策的补充通知》）于2005年6月13日颁布，为细致地分析以上减税政策对公司权益资本成本的影响，本书分别估算了2004—2006年上市公司的季度权益资本成本和年度权益资本成本，以全面反映股利税减税前后公司权益资本成本的水平及变化趋势。

3.1.2.1　股利税减税前后我国上市公司权益资本成本现状：季度数据

表3-1和图3-1列示了股利税减税前后公司权益资本成本的水平及变化趋势。采用OJ、PEG、Gordon（戈登）及其均值估算的2005年第二季度权益资本成本（R_{oj}、R_{peg}、R_{gordon}、$R_{均值}$）显著高于2005年第一季度权益资本成本，2005年第三季度权益资本成本又明显高于第二季度权益资本成本。从短期看，股利税减税后，公司权益资本成本呈现明显的增长趋势；但从长期看，2005年第四季度公司权益资本成本逐渐下降，2006年第三季度增加，2006年第四季度下降。显然，公司季度权益资本成本呈现出季节变动。为反映其长期变动趋势，表3-2、表3-3、表3-4、表3-5分别列示出OJ、PEG、Gordon（戈登）模型及均值法估算的权益资本成本的季节性分解。

表3-1　　　2004—2006年上市公司平均权益资本成本情况

方法	2004Q1	2004Q2	2004Q3	2004Q4	2005Q1	2005Q2	2005Q3	2005Q4	2006Q1	2006Q2	2006Q3	2006Q4
R_{oj}	0.0878	0.1839	0.2530	0.1497	0.1037	0.1227	0.2764	0.1215	0.1115	0.1145	0.2276	0.1153
R_{peg}	0.0835	0.1088	0.2454	0.0987	0.0988	0.1157	0.2757	0.1157	0.1072	0.1162	0.2320	0.1162
R_{gordon}	0.0222	0.0362	0.0621	0.0600	0.0174	0.0372	0.0464	0.0525	0.0272	0.0310	0.0569	0.0667
$R_{均值}$	0.0645	0.1096	0.1868	0.1028	0.0733	0.0919	0.1995	0.0966	0.0820	0.0872	0.1722	0.0994

资料来源：利用国泰安数据库2003—2007年每季度上市公司的财务数据，借助OJ、PEG和Gordon模型及均值来估算公司季度权益资本成本。

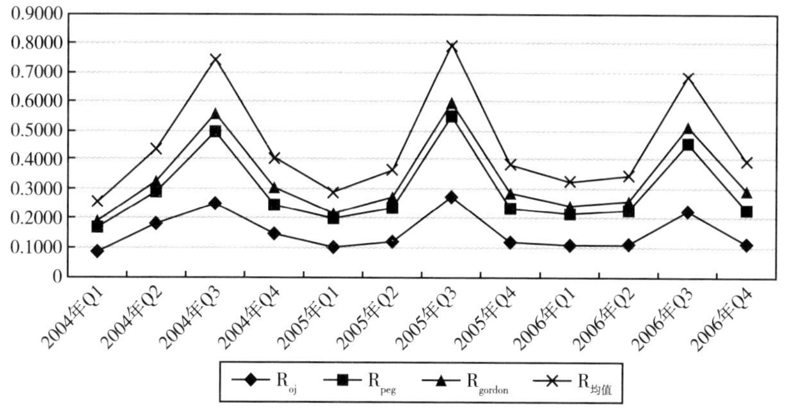

图3-1　2004—2006年公司权益资本成本

季节分解后的数据显示，受股利税减税改革的影响，2005 年第 2、第 3 季度上市公司平均权益资本成本显著增加：OJ 模型估算的权益资本成本由 0. 1478 相继增加至 0. 1508、0. 1691；PEG 模型估算的权益资本成本由 0. 1428 相继增加至 0. 1495 和 0. 1538；Gordon 模型估算的权益资本成本由 0. 0294 增加至 0. 0477 和 0. 0358；均值法估算的公司权益资本成本由 0. 0964 增长至 0. 1161 和 0. 1246。

表 3 – 2　2003—2007 年公司季度权益资本成本的季节性分解：OJ 模型

DATE_	原始序列	移动平均数序列	原始序列与移动平均数序列的比率（%）	季节性因素（%）	季节性调整序列	平滑的趋势循环序列	不规则（误差）分量
2003Q3	0. 2780	0. 0000	0. 0000	163. 4499	0. 1701	0. 1261	1. 3492
2003Q4	0. 0929	0. 0000	0. 0000	85. 0291	0. 1093	0. 1348	0. 8104
2004Q1	0. 0878	0. 1607	54. 6530	70. 1798	0. 1251	0. 1523	0. 8213
2004Q2	0. 1839	0. 1544	119. 1062	81. 3412	0. 2261	0. 1693	1. 3357
2004Q3	0. 2530	0. 1686	150. 0593	163. 4499	0. 1548	0. 1713	0. 9037
2004Q4	0. 1497	0. 1726	86. 7449	85. 0291	0. 1761	0. 1678	1. 0492
2005Q1	0. 1037	0. 1573	65. 9355	70. 1798	0. 1478	0. 1579	0. 9359
2005Q2	0. 1227	0. 1631	75. 2184	81. 3412	0. 1508	0. 1561	0. 9661
2005Q3	0. 2764	0. 1561	177. 0943	163. 4499	0. 1691	0. 1557	1. 0860
2005Q4	0. 1215	0. 1580	76. 8866	85. 0291	0. 1429	0. 1529	0. 9344
2006Q1	0. 1115	0. 1560	71. 4858	70. 1798	0. 1589	0. 1503	1. 0574
2006Q2	0. 1145	0. 1438	79. 6383	81. 3412	0. 1408	0. 1441	0. 9768
2006Q3	0. 2276	0. 1422	160. 0281	163. 4499	0. 1392	0. 1408	0. 9891
2006Q4	0. 1153	0. 1385	83. 2491	85. 0291	0. 1356	0. 1361	0. 9961
2007Q1	0. 0966	0. 1351	71. 5291	70. 1798	0. 1376	0. 1323	1. 0400
2007Q2	0. 1007	0. 0000	0. 0000	81. 3412	0. 1238	0. 1305	0. 9490

资料来源：以 OJ 模型估算的上市公司权益资本成本为基础，借助 SPSS 19. 0 进行季节分解获得表 3 – 2。

表3-3　2003—2007年上市公司季度权益资本成本的季节性分解：PEG模型

DATE_	原始序列	移动平均数序列	原始序列与移动平均数序列的比率（%）	季节性因素（%）	季节性调整序列	平滑的趋势循环序列	不规则（误差）分量
2003Q3	0.0997	0.0000	0.0000	179.2399	0.0556	0.1786	0.3115
2003Q4	0.2611	0.0000	0.0000	74.1911	0.3519	0.1761	1.9986
2004Q1	0.0835	0.1383	60.3869	69.1780	0.1207	0.1711	0.7056
2004Q2	0.1088	0.1747	62.2782	77.3910	0.1406	0.1580	0.8898
2004Q3	0.2454	0.1341	182.9978	179.2399	0.1369	0.1357	1.0088
2004Q4	0.0987	0.1379	71.5606	74.1911	0.1330	0.1387	0.9589
2005Q1	0.0988	0.1397	70.7483	69.1780	0.1428	0.1427	1.0009
2005Q2	0.1157	0.1472	78.5872	77.3910	0.1495	0.1479	1.0111
2005Q3	0.2757	0.1515	182.0102	179.2399	0.1538	0.1522	1.0104
2005Q4	0.1157	0.1536	75.3378	74.1911	0.1559	0.1539	1.0133
2006Q1	0.1072	0.1537	69.7463	69.1780	0.1550	0.1511	1.0252
2006Q2	0.1162	0.1428	81.3868	77.3910	0.1501	0.1480	1.0147
2006Q3	0.2320	0.1429	162.3513	179.2399	0.1294	0.1476	0.8770
2006Q4	0.1162	0.1458	79.7256	74.1911	0.1566	0.1487	1.0536
2007Q1	0.1186	0.1392	85.2165	69.1780	0.1714	0.1481	1.1578
2007Q2	0.0899	0.0000	0.0000	77.3910	0.1162	0.1478	0.7860

资料来源：以PEG模型估算的上市公司权益资本成本为基础，借助SPSS 19.0进行季节分解获得表3-3。

表3-4　2003—2007年上市公司季度权益资本成本的季节性分解：Gordon模型

DATE_	原始序列	移动平均数序列	原始序列与移动平均数序列的比率（%）	季节性因素（%）	季节性调整序列	平滑的趋势循环序列	不规则（误差）分量
2003Q3	0.0663	0.0000	0.0000	129.6453	0.0511	0.0484	1.0568
2003Q4	0.0719	0.0000	0.0000	133.1716	0.0540	0.0475	1.1358
2004Q1	0.0222	0.0492	45.1679	59.2464	0.0375	0.0458	0.8179
2004Q2	0.0362	0.0481	75.2599	77.9367	0.0464	0.0455	1.0218
2004Q3	0.0621	0.0451	137.6177	129.6453	0.0479	0.0437	1.0954
2004Q4	0.0600	0.0439	136.5965	133.1716	0.0451	0.0427	1.0563
2005Q1	0.0174	0.0442	39.3888	59.2464	0.0294	0.0397	0.7396
2005Q2	0.0372	0.0403	92.4224	77.9367	0.0477	0.0398	1.2000

续表

DATE_	原始序列	移动平均数序列	原始序列与移动平均数序列的比率（%）	季节性因素（%）	季节性调整序列	平滑的趋势循环序列	不规则（误差）分量
2005Q3	0.0464	0.0384	120.9121	129.6453	0.0358	0.0397	0.9024
2005Q4	0.0525	0.0408	128.5977	133.1716	0.0394	0.0410	0.9611
2006Q1	0.0272	0.0393	69.2553	59.2464	0.0459	0.0418	1.0995
2006Q2	0.0310	0.0419	73.9857	77.9367	0.0398	0.0432	0.9216
2006Q3	0.0569	0.0455	125.1925	129.6453	0.0439	0.0600	0.7320
2006Q4	0.0667	0.0657	101.5994	133.1716	0.0501	0.0778	0.6434
2007Q1	0.1080	0.0693	155.9567	59.2464	0.1823	0.0969	1.8817
2007Q2	0.0454	0.0000	0.0000	77.9367	0.0583	0.1064	0.5475

资料来源：以 Gordon 模型估算的上市公司权益资本成本为基础，借助 SPSS 19.0 进行季节分解获得表 3-4。

表 3-5　2003—2007 年上市公司季度权益资本成本的季节性分解：均值

DATE_	原始序列	移动平均数序列	原始序列与移动平均数序列的比率（%）	季节性因素（%）	季节性调整序列	平滑的趋势循环序列	不规则（误差）分量
2003Q3	0.0663			160.1154	0.0414	0.0578	0.7162
2003Q4	0.0719			84.6892	0.0849	0.0704	1.2065
2004Q1	0.0645	0.0781	82.6129	76.0664	0.0848	0.0955	0.8881
2004Q2	0.1096	0.1082	101.2939	79.1290	0.1385	0.1139	1.2165
2004Q3	0.1868	0.1159	161.1387	160.1154	0.1167	0.1168	0.9991
2004Q4	0.1028	0.1181	87.0265	84.6892	0.1214	0.1161	1.0456
2005Q1	0.0733	0.1137	64.4679	76.0664	0.0964	0.1117	0.8626
2005Q2	0.0919	0.1169	78.6310	79.1290	0.1161	0.1140	1.0190
2005Q3	0.1995	0.1153	172.9894	160.1154	0.1246	0.1154	1.0799
2005Q4	0.0966	0.1175	82.2128	84.6892	0.1141	0.1148	0.9935
2006Q1	0.0820	0.1163	70.4922	76.0664	0.1078	0.1116	0.9663
2006Q2	0.0872	0.1095	79.6347	79.1290	0.1102	0.1103	0.9991
2006Q3	0.1722	0.1102	156.2613	160.1154	0.1075	0.1141	0.9423
2006Q4	0.0994	0.1166	85.2304	84.6892	0.1174	0.1178	0.9965
2007Q1	0.1077	0.1145	94.0611	76.0664	0.1416	0.1195	1.1851
2007Q2	0.0787			79.1290	0.0995	0.1203	0.8266

资料来源：以 OJ、PEG 和 Gordon 三模型均值估算的上市公司权益资本成本为基础，借助 SPSS 19.0 进行季节分解获得表 3-4。

3.1.2.2 股利税减税前后我国上市公司权益资本成本现状：年度数据

表3-6列示了2002—2007年上市公司年度权益资本成本均值、中位数、上（下）四分位数、偏度及峰度的水平。图3-2显示了2002—2007年上市公司年度权益资本成本的变化趋势。表3-6与图3-2均显示，2005年公司权益资本成本呈现出显著增加态势，2006年达到极大值后开始下降。

表3-6　　2002—2007年上市公司权益资本成本水平

年份	权益资本成本	样本量	均值	中位数	下四分位数	上四分位数	偏度	峰度
2002	R_{oj}	403	0.0853	0.0710	0.0466	0.1096	1.8184	7.1098
	R_{peg}	403	0.0789	0.0653	0.0419	0.1006	1.8741	7.5840
	R_{gordon}	403	0.0629	0.0477	0.0229	0.0788	3.4399	22.1953
	$R_{均值}$	403	0.0757	0.0636	0.0451	0.0934	1.7125	6.5744
2003	R_{oj}	363	0.1017	0.0819	0.0528	0.1276	1.7011	7.4965
	R_{peg}	363	0.0969	0.0767	0.0493	0.1249	1.7833	8.2921
	R_{gordon}	363	0.0713	0.0560	0.0264	0.0954	1.6461	6.0039
	$R_{均值}$	363	0.0900	0.0750	0.0505	0.1196	1.7295	8.7197
2004	R_{oj}	382	0.0958	0.0831	0.0550	0.1246	1.0136	3.7979
	R_{peg}	382	0.0841	0.0724	0.0448	0.1088	1.0703	3.9006
	R_{gordon}	382	0.0762	0.0550	0.0255	0.1086	2.4613	14.3260
	$R_{均值}$	382	0.0854	0.0755	0.0500	0.1097	1.2226	4.8958
2005	R_{oj}	529	0.1298	0.1062	0.0763	0.1612	2.0225	6.5475
	R_{peg}	529	0.1178	0.0955	0.0646	0.1468	2.0643	6.6853
	R_{gordon}	529	0.0751	0.0568	0.0252	0.1000	2.0930	6.4034
	$R_{均值}$	529	0.1075	0.0937	0.0667	0.1325	1.8074	5.2899
2006	R_{oj}	692	0.1739	0.1509	0.0956	0.2277	1.2694	5.0744
	R_{peg}	692	0.1663	0.1433	0.0880	0.2206	1.2894	5.1370
	R_{gordon}	692	0.0876	0.0652	0.0322	0.1165	3.3658	24.1840
	$R_{均值}$	692	0.1426	0.1294	0.0849	0.1809	1.2812	5.6943
2007	R_{oj}	189	0.1497	0.1114	0.0722	0.1671	2.4383	10.8760
	R_{peg}	189	0.1386	0.1022	0.0621	0.1536	2.5075	11.3280
	R_{gordon}	189	0.0987	0.0843	0.0343	0.1412	1.3804	5.1059
	$R_{均值}$	189	0.1290	0.1048	0.0726	0.1623	2.0192	8.7392

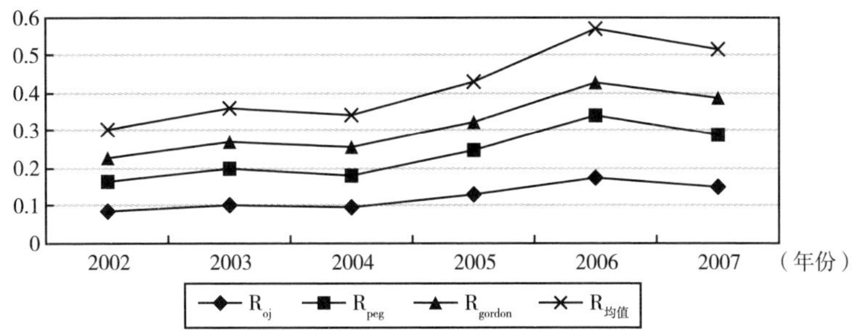

图3－2　2002—2007公司权益资本成本变化趋势

由于股利税减税政策为2005年第二季度发布，因此，本书剔除2005年数据，以2002年、2003年、2004年作为股利税减税前的年份，以2006年、2007年作为股利税减税后的年份，分别得到股利税减税前后各1170个和941个有效观测值。如表3－7所示，OJ、PEG、Gordon和均值四种方法估算的权益资本成本均值、中位数在股利税减税改革后比改革前显著增加，通过了T检验和Z检验，检验值在1%水平下显著。

表3－7　股利税减税改革前后均值与中位数检验

	股利税减税改革前			股利税减税改革后			改革后－改革前	
	样本量	均值	中位数	样本量	均值	中位数	均值之差（T值）	中位数之差（Z值）
R_{oj}	1170	0.0944	0.0771	941	0.1695	0.1396	0.0752***	0.0625***
R_{peg}	1170	0.0866	0.0707	941	0.1613	0.1319	0.0747***	0.0612***
R_{gordon}	1170	0.0713	0.0531	941	0.0954	0.0713	0.0242***	0.0182***
均值	1170	0.0841	0.0703	941	0.1421	0.1233	0.0580***	0.0530***

注：***表示回归系数在1%水平下显著。

3.1.3　股利税减税前后公司权益资本成本现状：不同财务特征公司

公司权益资本成本、股东收益率常受到公司财务政策与特点的影响。融资政策包括债务融资与股权融资，公司可以通过增发股票或者举债进行融资；公司可根据盈利等情况制定股利支付政策，股利支付包括低股利支付和高股利支付；另外，公司自身融资约束、风险承担的水平，也影响着公司权益资本成本。

本部分分别按照增发、负债融资、股利支付、融资约束、风险承担程度对公司进行分组，考察不同财务特征公司在股利税减税前后权益资本成本的变化趋势。

3.1.3.1　股利税减税前后（未）增发公司权益资本成本变化趋势

本书样本数据来自于CSMAR和RESSET数据库，以公司是否增发新股为依据，把上市公司分为增发新股公司组和未增发新股公司组。表3-8列示了2002—2007年用OJ、PEG、Gordon及均值四种方法估算的公司年度权益资本成本。图3-3和图3-4分别显示了2002—2007年未增发新股公司和增发新股公司权益资本成本变化趋势。对于未增发新股公司而言，2005年后公司权益资本成本（OJ和PEG模型的估值）增加，2006年达到顶点，2007年开始下降；而对于增发新股公司而言，除PEG与Gordon估算公司权益资本成本外，其他方法估算的权益资本成本在2005年下降，2006年增加。股利税减税对未增发公司权益资本成本的影响与对增发新股公司权益资本成本的影响不存在明显差异。

表3-8　2002—2007年未增发新股公司与增发新股公司权益资本成本变化情况

公司类型	权益资本成本	2002年	2003年	2004年	2005年	2006年	2007年
未增发新股公司	R_{oj}	0.0850	0.1020	0.0960	0.1300	0.1740	0.1500
	R_{peg}	0.0710	0.0820	0.0830	0.1060	0.1510	0.1110
	R_{gordon}	0.0940	0.1340	0.1410	0.1320	0.1550	0.1340
	$R_{均值}$	0.0890	0.0970	0.1580	0.1530	0.1590	0.1090
增发新股公司	R_{oj}	0.0630	0.0710	0.0760	0.0750	0.0880	0.0990
	R_{peg}	0.0480	0.0560	0.0550	0.0570	0.0650	0.0840
	R_{gordon}	0.1090	0.1190	0.1250	0.1160	0.1250	0.1300
	$R_{均值}$	0.1080	0.0990	0.1800	0.1010	0.1770	0.0910

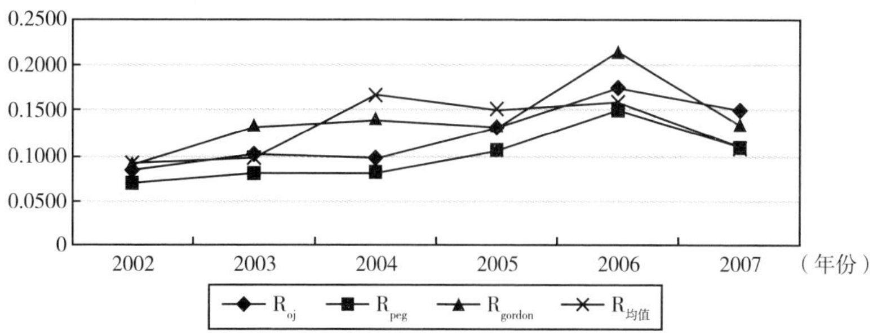

图3-3　2002—2007未增发新股公司权益资本成本变化趋势

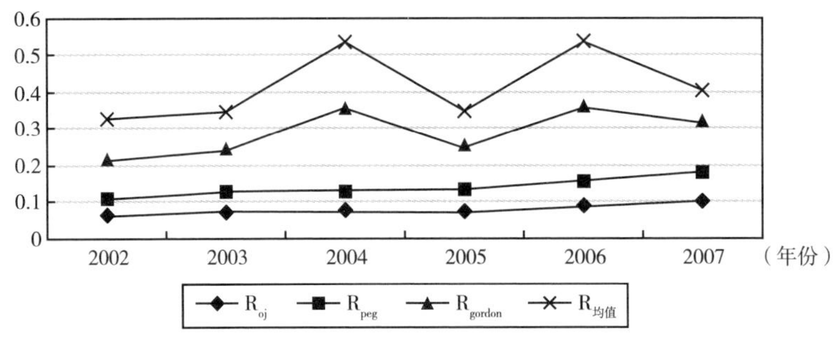

图 3－4　2002—2007 增发新股公司权益资本成本变化趋势

本章分别以 2002—2004 年、2006—2007 年作为股利税减税前和股利税减税后的期间，得到 1829 个有效观测值，其中，增发新股、未增发新股公司各有 78 家、1751 家，约占总体的 4% 和 96%。以未增发新股公司为样本，其均值和中位数在股利税减税后都显著增加（见表 3－9）：以 OJ、PEG 和 Gordon 模型及均值法估算的权益资本成本均值在股利税减税后分别增加 0.0747、0.741、0.02 和 0.0563，且通过了显著性水平 1% 的 T 检验；以上四种方法估算的权益资本成本中位数在股利税减税后分别显著增加 0.0633、0.0621、0.017 和 0.0257，且通过了显著性水平 1% 的 Mann－Whitney 检验。以增发新

表 3－9　股利税减税前后（未）增发公司权益资本成本变化情况

		股利税减税前		股利税减税后		股利税减税后－股利税减税前	
		均值	中位数	均值	中位数	均值之差（T 检验）	中位数之差（Z 检验）
未增发公司	R_{oj}	0.0940	0.0767	0.1687	0.1400	0.0747***	0.0633***
	R_{peg}	0.0863	0.0704	0.1604	0.1325	0.0741***	0.0621***
	R_{gordon}	0.0700	0.0524	0.0900	0.0694	0.0200***	0.0170***
	$R_{均值}$	0.0834	0.0699	0.1397	0.1226	0.0563***	0.0257***
增发公司		股利税减税前		股利税减税后		股利税减税后－股利税减税前	
		均值	中位数	均值	中位数	均值之差（T 检验）	中位数之差（Z 检验）
	R_{oj}	0.1138	0.0967	0.1824	0.1392	0.0686***	0.0425**
	R_{peg}	0.1023	0.0939	0.1750	0.1244	0.0726***	0.0305**
	R_{gordon}	0.1377	0.1108	0.1752	0.1226	0.0375***	0.0018
	$R_{均值}$	0.1179	0.1021	0.1775	0.1444	0.0596***	0.0423**

注：***、** 表示回归系数在 1%、5% 水平下显著。

股公司为样本，其均值和中位数在股利税减税后都显著增加：以 OJ、PEG 和 Gordon 模型及均值法估算的权益资本成本平均数在股利税减税后分别增加 0.0686、0.726、0.0375 和 0.0596，且通过了显著性水平 1% 的 T 检验；以上四种方法估算的权益资本成本中位数在股利税减税后分别显著增加 0.0425、0.0305、0.0018 和 0.0423，除 Gordon 估算的权益资本成本外，其他三种方法均通过了显著性水平 5% 的 Mann – Whitney 检验。

3.1.3.2　股利税减税前后高（低）负债融资公司权益资本成本变化趋势

除股权融资外，公司外部融资还包括负债融资。以负债率的中位数为依据，小于负债率中位数的公司定义为低负债融资公司组，大于等于负债率中位数的公司定义为高负债融资公司。表 3 – 10 报告了股利税减税前后高负债融资公司与低负债融资公司权益资本成本的变化情况；图 3 – 5 和图 3 – 6 分别列示了股利税减税前后低负债融资与高负债融资公司权益资本成本变化趋势。如表 3 – 10 所示，2002 年以来低负债融资公司、高负债融资公司权益资本成本持续增加，2006 年达到顶点，之后（2007 年）开始下降。与低负债

表 3 – 10　股利税减税前后（高）低负债融资公司权益资本成本变化情况

类型	2002 年		2003 年		2004 年		2005 年		2006 年		2007 年	
	低负债	高负债	低负债	高负债	低负债	高负债	低负债	高负债	低负债	高负债	低负债	高负债
R_{oj}	0.0855	0.0843	0.1053	0.0988	0.0924	0.1022	0.1018	0.1085	0.1573	0.1919	0.1351	0.1577
R_{peg}	0.0777	0.0799	0.0993	0.0954	0.0801	0.0913	0.1159	0.1212	0.1491	0.1850	0.1236	0.1483
R_{gordon}	0.0588	0.0721	0.0735	0.0690	0.0807	0.0764	0.0614	0.0669	0.0853	0.1024	0.0989	0.1105
$R_{均值}$	0.0740	0.0788	0.0927	0.0878	0.0844	0.0900	0.0931	0.0989	0.1306	0.1598	0.1192	0.1388

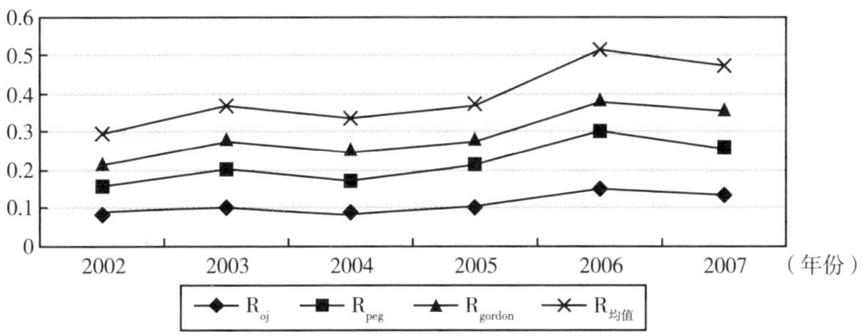

图 3 – 5　股利税减税前后低负债融资公司权益资本成本变化趋势

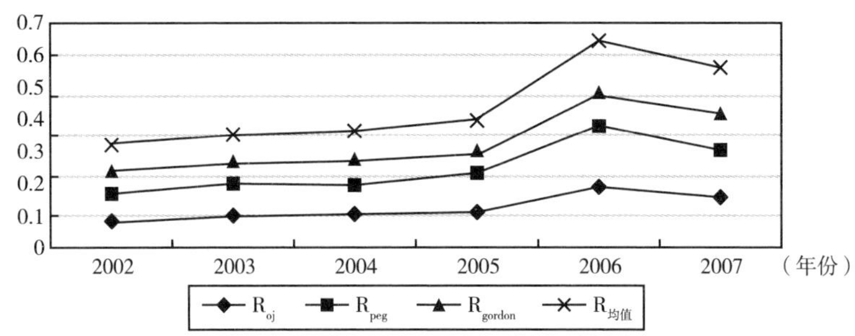

图 3-6　股利税减税前后高负债融资公司权益资本成本变化趋势

融资公司相比，股利税减税后，2005 年、2006 年高负债融资公司权益资本成本上升的幅度比较大。股利税减税对高负债融资公司权益资本成本的影响超过对低负债融资公司权益资本成本的影响。

3.1.2.3　股利税减税前后（未）分配股利公司权益资本成本现状

如果公司定期派发股利，股利税减税促使股东预期获取的红利增加；如果公司不分配股利，在其他条件一定的条件下，股利税减税不会对未分配股利公司产生显著影响。以分配股利现金额中位数为依据，上市公司分为分配股利组和未分配股利组。表 3-11 报告了未分配股利公司与分配股利公司权益资本成本在股利税减税前后的变化情况；图 3-7 和图 3-8 分别列示了未分配股利公司与分配股利公司的权益资本成本在股利税减税前后的变化趋势。如表 3-11 所示，2005 年股利税减税后，全部公司权益资本成本增加，但对于未分配股利公司而言，2006 年、2007 年权益资本成本持续下降；对于分配股利公司而言，2005 年股利税减税后公司权益资本成本增加，2006 持续增加，直到 2007 年开始下降。相比低分配股利公司，股利税减税后，高股利分配公司权益资本成本增加期限更长，效应更长久。股利税减税对高股利分配公司权益资本成本的影响更为显著。

表 3-11　股利税减税前后（未）分配股利公司权益资本成本变化情况

公司类型	2002 年		2003 年		2004 年		2005 年		2006 年		2007 年	
	未分配	分配	未分配	分配	未分配	分配	未分配	分配	未分配	分配	未分配	分配
R_{oj}	0.0707	0.0949	0.0910	0.1112	0.0865	0.1044	0.2911	0.1805	0.1695	0.1809	0.1489	0.1477
R_{peg}	0.0724	0.0829	0.0909	0.1026	0.0785	0.0897	0.2906	0.1714	0.1700	0.1671	0.1466	0.1351
R_{gordon}	0.0617	0.0658	0.0630	0.0791	0.0631	0.0904	0.0696	0.0858	0.0781	0.1055	0.0156	0.1217
$R_{均值}$	0.0682	0.0812	0.0816	0.0976	0.0760	0.0949	0.2171	0.1459	0.1392	0.1512	0.1037	0.1348

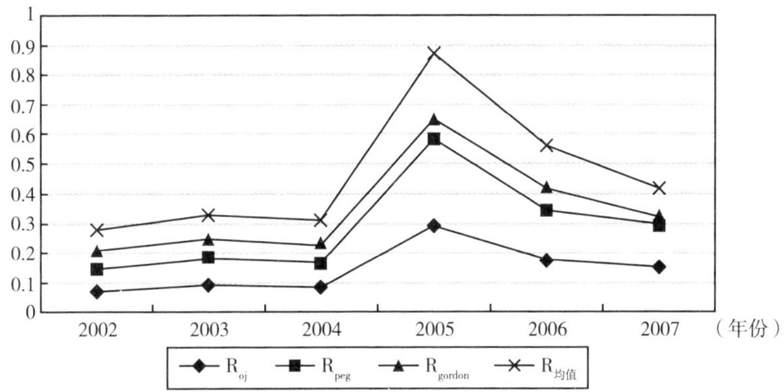

图3-7 股利税减税前后未分配股利公司权益资本成本变化趋势

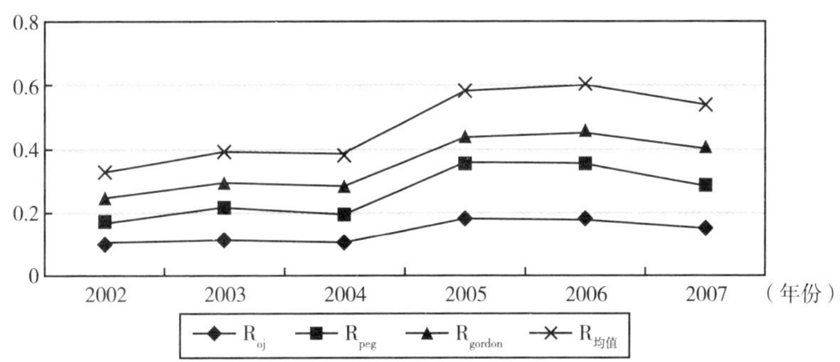

图3-8 股利税减税前后分配股利公司权益资本成本变动趋势

3.1.3.4 股利税减税前后高（低）融资约束公司权益资本成本现状

融资约束是公司在进行内部融资和外部融资时，由于市场本身不完美（不对称信息、代理成本等因素）所引起的内外融资成本存在差异的现象。本章借鉴李焰等（2009），利用上市公司数据构建融资约束综合财务指标评分模型 $FC_{i,t}$ 估算融资约束综合计分，$FC = 0.18(CF/K)_{i,t} + 0.16(IN/K)_{i,t} + 0.17GI_{i,t} + 0.11(CA/K)_{i,t} - 0.11DE_{i,t} + 0.12(DI/K)_{i,t} + 0.15(EB/I)_{i,t}$，其中，CF、K、IN、GI、CA、DE、DI、EB 和 I 分别为经营活动现金流、年初总资产、固定资产投资、存货增长率、现金及现金等价物、债务权益比、现金股利分配额、息税前利润与利息费用。公司 FC 分值越小越可能受到融资约束。我们令小于融资约束下四分位数的公司为高融资约束公司，大于融资约束上四分位数的公司为低融资约束公司。

表3-12 报告了股利税减税前后高融资约束公司与低融资约束公司权益

资本成本的变动情况；图3-7和图3-8分别显示出两类公司权益资本成本的变动趋势。低融资约束公司与高融资约束公司在股利税减税后权益资本成本显著提高：平均而言，与改革前2004年度相比，股利税减税后第一年度2006年低融资约束公司权益资本成本提高约72%，第二年度2007年提高幅度约39%；而高融资约束公司权益资本成本2006年、2007年分别提高61%、50%，可见，股利税减税后，与高融资约束公司相比，低融资约束公司权益资本成本增加幅度更大，且减税效应随着时间的推移逐渐减弱。

表3-12　股利税减税前后高（低）融资约束公司权益资本成本变动情况

类型	低融资约束公司					高融资约束公司				
	2002年	2003年	2004年	2006年	2007年	2002年	2003年	2004年	2006年	2007年
R_{oj}	0.0850	0.0998	0.0958	0.1791	0.1370	0.0863	0.1041	0.0991	0.1681	0.1506
R_{peg}	0.0790	0.0950	0.0851	0.1722	0.1259	0.0788	0.0994	0.0866	0.1599	0.1402
R_{gordon}	0.0592	0.0644	0.0706	0.0800	0.0858	0.0677	0.0794	0.0870	0.1106	0.1195
$R_{均值}$	0.0744	0.0864	0.0838	0.1438	0.1162	0.0776	0.0943	0.0909	0.1462	0.1368

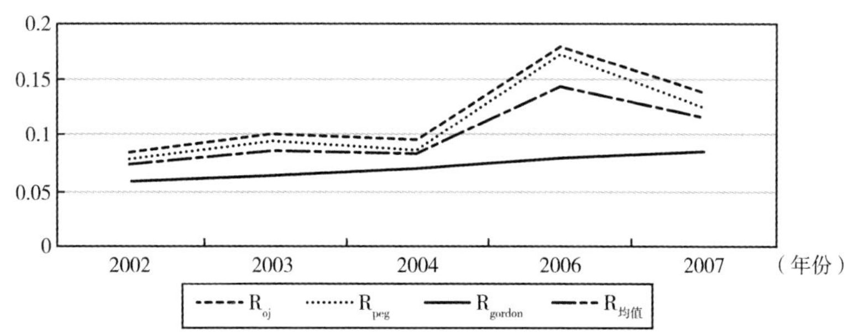

图3-9　股利税减税前后低融资约束公司权益资本成本变化趋势

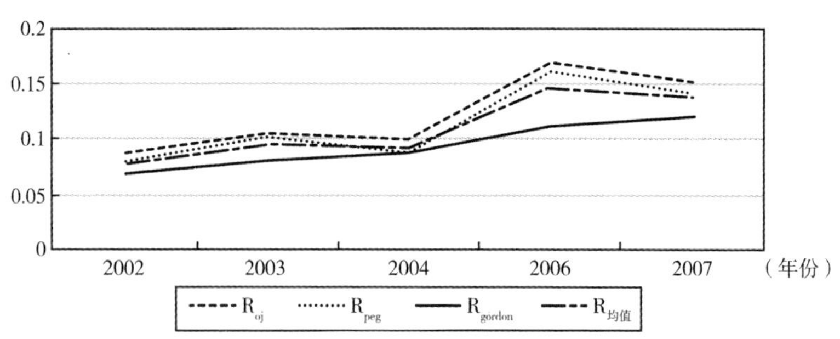

图3-10　股利税减税前后高融资约束公司权益资本成本变化趋势

3.1.3.5　高（低）风险承担公司股利税减税期间的权益资本成本

税收改革和风险承担紧密联系。为规避未来风险、提供安全稳定的市场运行环境，政府通常改革税制，进而风险管理成为深化税收征管改革的主线与核心内容。不同风险承担程度公司对股利税减税改革产生不同的市场反应。从上市公司权益资本成本变化情况来看（见表3－13），随着股利税减税政策，即2005年6月13日财税〔2005〕102号的实施，全部上市公司平均权益资本成本显著增加：平均而言，与改革前2004年相比，股利税减税后第一年度2006年低风险承担公司权益资本成本提高约51.2%，第二年度2007年提高幅度约24.1%；而高风险承担公司权益资本成本2006年、2007年分别提高84.86%、56.13%（见图3－11、图3－12）。显然，股利税减税后，与低风险承担公司相比，高风险承担公司权益资本成本增加幅度更大；股利税减税对高风险承担公司权益资本成本的影响超过对低风险承担公司权益资本成本的影响；对于全部上市公司的权益资本成本而言，股利税减税效应随着时间的推移逐渐减弱。

表3－13　股利税减税前后高（低）风险承担公司权益资本成本

	低风险公司权益资本成本					高风险公司权益资本成本				
	股利税减税之前			股利税减税之后		股利税减税之前			股利税减税之后	
	2002年	2003年	2004年	2006年	2007年	2002年	2003年	2004年	2006年	2007年
R_{oj}	0.1019	0.1268	0.1101	0.1830	0.1503	0.0747	0.0871	0.0885	0.1721	0.1449
R_{peg}	0.0887	0.1184	0.0966	0.1698	0.1381	0.0724	0.0844	0.0779	0.1678	0.1368
R_{gordon}	0.0944	0.1175	0.1317	0.1589	0.1317	0.0443	0.0439	0.0478	0.0561	0.0529
$R_{均值}$	0.0950	0.1209	0.1128	0.1706	0.1400	0.0638	0.0718	0.0714	0.1320	0.1115

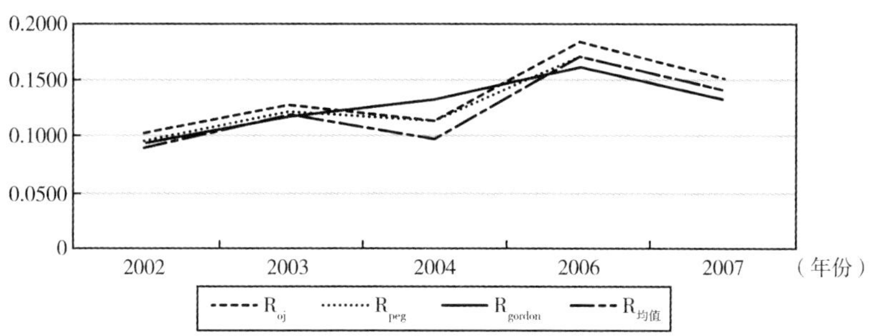

图3－11　股利税减税前后低风险承担公司权益资本成本变动趋势

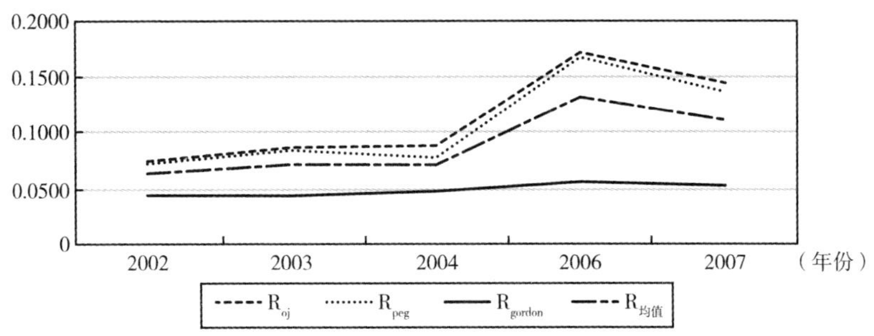

图 3－12　股利税减税前后高风险承担公司权益资本成本变动趋势

3.2　股利税差异化前后上市公司权益资本成本分析

2008 年受全球金融危机的影响，我国股市剧烈震荡。为鼓励我国长期投资，抑制短期炒作，发挥税收政策的导向作用，促进资本市场长期稳定健康发展，2012 年 11 月 16 日，财政部、国家税务总局、证监会联合颁布财税〔2012〕85 号，股利税实施第二次改革（以下简称股利税差异化），自 2013 年 1 月 1 日起，对上市公司股息红利实施差别化股利税政策：个人从公开发行和转让市场取得的上市公司股票，持股期限在 1 个月以内（含 1 个月）的，其股息红利所得全额计入应纳税所得额，实际税率为 20%；持股期限在 1 个月以上至 1 年（含 1 年）的，暂减按 50% 计入应纳税所得额，实际税率为 10%；持股期限超过 1 年的，暂减按 25% 计入应纳税所得额，实际税率为 5%。股利税差异化改革在一定程度上优化了资本性收益的税收结构，鼓励了长期价值投资，促进了税收宏观经济调控作用的发挥，改善了我国证券市场税收制度环境。股利税差异化改革后，股利税负降低的公司增加了股利支付，特别是代理成本较低的公司（李真等，2014），投资者持股时间长（短），公司的债务融资比重显著降低（提高），股利税差异化对股利支付力度大的公司资本结构的影响比较显著（刘行，2015）。差异化股利税显著降低了公司的股票换手率（贾建军等，2016），现金分红预期提升，公司高管与股东间的委托—代理问题得以部分解决（贾凡胜等，2016）。本节从上市公司总体与不同财务特征公司视角，考察股利税差异化期间公司权益资本成本的变化趋势。

3.2.1 我国股利税差异化前后上市公司权益资本成本分析：总体公司

股利税作为投资者在获取上市企业股息红利所得缴纳的一种税收，常被政府作为重要手段来维护资本市场健康发展、调节微观经济主体利益关系。上一章我们分析股利税减税，发现上市公司权益资本成本增加。由于受税制、税收转嫁以及避税等因素的影响，股利税差异化后上市公司权益资本成本究竟怎样发生变化，需要我们进一步进行检验，股利税与公司资本成本的关系研究自然成为西方经济、金融与会计学界长期以来关注的热点问题（Guenther et al.，2005）。本节主要从上市公司总体视角分析股利税差异化前后权益资本成本的现状。

表3－14描述了股利税差异化前后上市公司总体平均权益资本成本变化情况。随着股利税差异化政策的实施，即2013年1月1日财税〔2012〕85号开始执行后，短期看，全部上市公司平均权益资本成本增加，但随着时间推移，2014年上市公司平均权益资本成本显著下降；长期看，股利税差异化后上市公司平均权益资本成本比差异化之前显著降低，平均下降约3.44%。如图3－13所示，2013年股利税差异化实施后，上市公司整体平均权益资本成本呈现下降的趋势，由此可以看出，股利税差异化降低了市场主体的股权交易成本，上市公司权益融资成本下降，股东获取的投资报酬率呈现一定程度的降低。股利税差异化政策实施后，个人股东持股时间增长的公司发行红利所适用的税率变低，而持股时间缩短的公司发行红利所适用的税率提高，显然，股利税差异化后，投资者短期投机行为并没有得到较好抑制，但从公司视角看，的确降低了权益资本成本，有利于公司股权融资的增加。

表3－14　股利税差异化前后上市公司总体平均权益资本成本

	股利税差异化之前				股利税差异化之后			差异
	2009年	2010年	2011年	之前均值	2013年	2014年	之后均值	之前－之后
R_{oj}	0.1552	0.0952	0.0871	0.1125	0.0971	0.0425	0.0698	－0.0427
R_{peg}	0.1472	0.0913	0.0811	0.1065	0.0918	0.0966	0.1142	－0.0123
R_{gordon}	0.0882	0.1147	0.0989	0.1006	0.0921	0.0127	0.0524	－0.0482
$R_{均值}$	0.1302	0.1004	0.0890	0.1065	0.0937	0.0506	0.0788	－0.0344

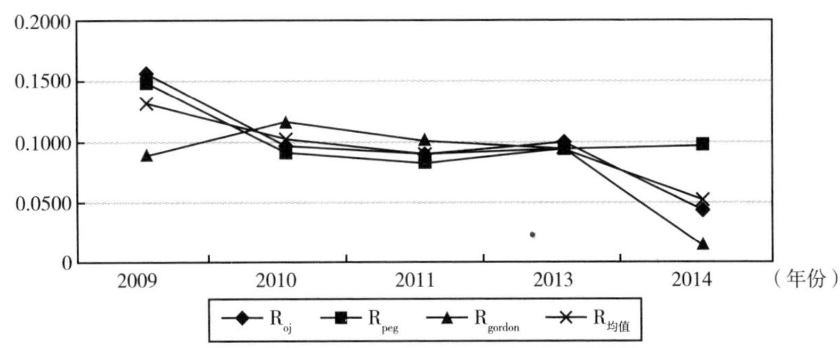

图 3－13　股利税差异化前后上市公司权益资本成本变动趋势

3.2.2　股利税差异化前后上市公司权益资本成本：不同财务特征公司

根据以往学者的研究，税与资本成本的关系常受到公司避税行为等因素的影响，财务特征不同的公司对股利税改革的反应不同，由此，我们分别以增发新股、财务杠杆、股利分配、融资约束及风险承担水平的高低不同对上市公司进行分组，考察不同财务特征上市公司权益资本成本在股利税差异化前后的变化趋势。

3.2.2.1　股利税差异化前后（未）增发上市公司权益资本成本分析

融资行为与权益资本成本关系早在 20 世纪 70 年代被认为与所得税相关（Stapleton，1972）。股权分置改革之后，中国上市公司股权再融资的主要方式由增发新股替代配股。面对股利税差异化改革，增发新股公司与未增发新股公司的权益资本成本的变化是否存在差异，值得我们去探究。本节我们研究增发/未增发新股公司权益资本成本在股利税差异化前后的差异。以是否增发新股为依据，把上市公司分为增发新股公司组与未增发新股公司组，选取 2009—2011 年、2013—2014 年分别作为股利税差异化实施前和实施后的样本期间。以 OJ、PEG、Gordon 及三者均值四种方法来估算公司权益资本成本，剔除 ST 公司、金融行业公司以及回归模型、财务数据不全以及缺失的样本公司，最终，我们得到 2965 个有效观测值。如表 3－15 显示，增发公司、未增发公司分别为 508 家、2457 家，分别占样本总体的 17% 和 83%，且增发公司所占比重有逐年增加的趋势，特别是定向增发融资方式比重较高，公开增发新股比重较低。本节数据来源于 CSMAR 和 RESSET 数据库。

表 3 – 15　　差异化股利税政策实施样本年度分布

是否增发		2009 年	2010 年	2011 年	2013 年	2014 年	观测值
增发新股	公开增发	8	2	4	4	0	18
	定向增发	76	74	58	168	114	490
未增发新股		496	556	535	626	244	2457
合计		580	632	597	798	358	2965

表 3 – 16 报告了股利税差异化前后增发公司与未增发公司权益资本成本的变化情况。股利税差异化后，2013 年、2014 年增发新股公司平均权益资本成本分别出现 3. 2% 、46. 4% 环比速度的下降（见图 3 – 14）；2013 年未增发新股公司平均权益资本成本并没有显著下降，反而出现一定程度的增加，2014 年未增发新股公司平均权益资本成本环比下降 48. 2% （见图 3 – 15）。因此，从整体看，股利税差异化之后，增发新股公司与未增发新股公司权益资本成本均下降见表 3 – 17。分别把股利税差异化之前和之后的年份作为整体，我们发现，对于增发新股公司而言，用 OJ、PEG、Gordon 和均值四种方法估算的公司权益资本成本股利税差异化之后比之前分别下降 4. 42% 、0. 21% 、7. 3% 和 3. 65% ；而对于未增发新股公司而言，股利税差异化后，用 OJ、PEG、Gordon 和均值四种方法估算的公司权益资本成本比之前分别下降 4. 25% 、2. 26% 、4. 69% 和 2. 73% ；平均看，相比未增发新股公司，股利税差异化影响增发新股公司权益资本成本的下降幅度更大。

表 3 – 16　　增发/未增发公司股利税差异化前后权益资本成本变化

	增发新股公司					未增发新股公司				
	差异化之前			差异化之后		差异化之前			差异化之后	
	2009 年	2010 年	2011 年	2013 年	2014 年	2009 年	2010 年	2011 年	2013 年	2014 年
R_{oj}	0. 1435	0. 0841	0. 0934	0. 0846	0. 0410	0. 1561	0. 0962	0. 0867	0. 0982	0. 0427
R_{peg}	0. 1379	0. 0803	0. 0882	0. 1071	0. 0930	0. 1479	0. 0923	0. 0807	0. 1031	0. 0656
R_{gordon}	0. 1140	0. 1588	0. 1362	0. 1158	0. 0108	0. 0862	0. 1116	0. 0968	0. 0896	0. 0129
$R_{均值}$	0. 1318	0. 1077	0. 1059	0. 1025	0. 0549	0. 1301	0. 0998	0. 0881	0. 1036	0. 0538

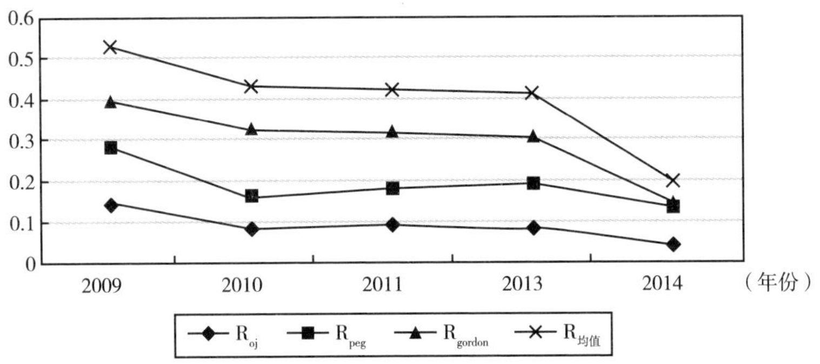

图 3－14　股利税差异化期间增发新股公司权益资本成本变动趋势

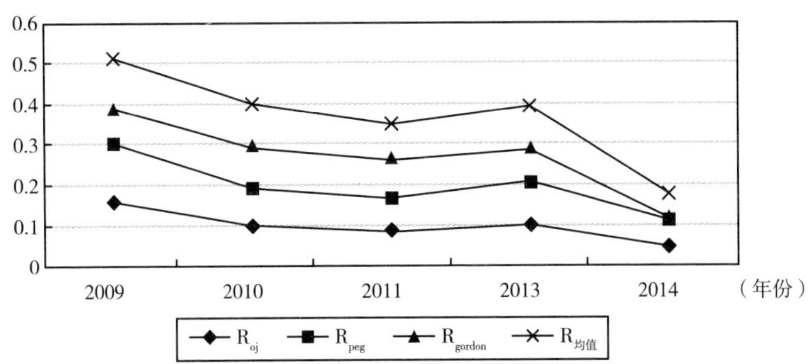

图 3－15　股利税差异化期间未增发公司权益资本成本变化趋势

表 3－17　股利税差异化前后增发公司与未增发公司权益资本成本变化情况

	增发新股公司权益资本成本均值变动			未增发新股公司权益资本成本均值变动		
	差异化之前	差异化之后	之后－之前	差异化之前	差异化之后	之后－之前
R_{oj}	0. 107	0. 0628	－0. 0442	0. 113	0. 0705	－0. 0425
R_{peg}	0. 1021	0. 1	－0. 0021	0. 107	0. 0844	－0. 0226
R_{gordon}	0. 1363	0. 0633	－0. 073	0. 0982	0. 0513	－0. 0469
$R_{均值}$	0. 1152	0. 0787	－0. 0365	0. 106	0. 0787	－0. 0273

3. 2. 2. 2　（高）低杠杆公司股利税差异化前后权益资本成本现状分析

公司融资政策不仅包括增发新股融资，还包括负债融资。尽管 MM 理论形成于 20 世纪后半叶的发达国家，但它对于中国上市公司仍然具有一定的适用性。我国取消“先征后返”所得税优惠政策后，所得税率越高公司的财务杠杆也越高（吴联生和岳衡，2006）。MM 理论的 Miller（1977）均衡模型诠释了所得税、资本结构与资本成本的关系：税收非中性条件下，公司权益资本成本是股利税的函数，在公司所得税、利息税不变的条件下，完全权益融资公司资本成本小于负债利息率时，公司权益资本成本与股利税正相关；完全权益融资公司资本成本大于负债利息率时，公司权益资本成本与股利税负相关。我国股利税差异化政策实施后，股利税发生变化，因此，不同财务杠杆水平的公司权益资本成本可能发生不同程度的变化。本节分析高（低）杠杆公司股利税差异化前后权益资本成本。

本节借鉴刘行等（2015）用财务杠杆（Lev）系数衡量公司负债融资水平的高低，Lev 为期末有息债务（期末短期借款、长期借款、一年内到期的非流动负债和应付债券的和）除以总资产的比值。以 2009—2011 年和 2013—2014 年为股利税差异化改革前、后的样本期间。研究样本为沪深 A 股上市公司，样本剔除财务状况存在异常的 ST、PT 上市公司，实证模型所需财务数据缺失的上市公司，权益资本成本估值异常的上市公司。最终得到股利税差异化前后 3001 家上市公司数据，其中，高负债融资公司 1503 家年度观测值，低负债融资公司 1498 家年度观测值。本节数据来源于 CSMAR 和 RESSET 数据库。本节对公司分组的依据如下：财务杠杆系数低于中位数的公司组作为低负债融资公司组，高于中位数的公司组作为高负债融资公司组。股利税差异化前后高（低）负债融资公司权益资本成本变化情况如表 3－18 所示。

表 3－18　股利税差异化前后高（低）财务杠杆公司权益资本成本变化表

	高财务杠杆公司					低财务杠杆公司				
	差异化之前			差异化之后		差异化之前			差异化之后	
	2009 年	2010 年	2011 年	2013 年	2014 年	2009 年	2010 年	2011 年	2013 年	2014 年
R_{oj}	0.1571	0.1020	0.0948	0.0985	0.0406	0.1530	0.0887	0.0804	0.0952	0.0437
R_{peg}	0.1506	0.0986	0.0891	0.1033	0.1078	0.1433	0.0842	0.0742	0.0906	0.1059
R_{gordon}	0.0664	0.0890	0.0788	0.0773	0.0100	0.1139	0.1413	0.1162	0.1097	0.0143
$R_{均值}$	0.1247	0.0965	0.0876	0.0997	0.0528	0.1367	0.1047	0.0903	0.1082	0.0546

对于高负债融资公司而言，股利税差异化后，2013 年以 OJ、PEG、Gordon 及三种方法均值估算的公司权益资本成本环比分别增加 3. 89%、16%、-2%与 13%，2014 年公司权益资本成本环比分别下降 58. 73%、-4. 29%、87. 02%及 47. 03%。显然，股利税差异化后，高负债融资公司权益资本成本先上升后下降（见图 3 - 16）。对于低负债融资公司而言，2013 年以 OJ、PEG、Gordon 及三种方法均值估算的公司权益资本成本环比增加 18. 46%、22. 08%、-5. 61%及 19. 83%，2014 年公司权益资本成本环比下降 54. 12%、-16. 86%、86. 98%和 49. 51%。可见，股利税差异化后，低负债融资权益资本成本也呈现先上升后下降的变化趋势（见图 3 - 17）。

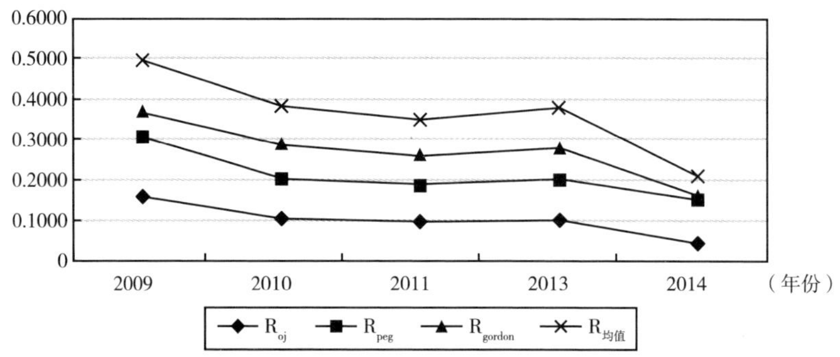

图 3 - 16　股利税差异化前后高负债融资公司权益资本成本变化趋势

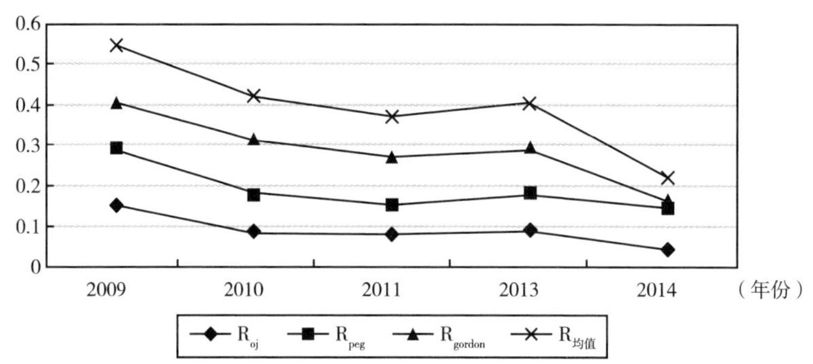

图 3 - 17　股利税差异化前后低负债融资公司权益资本成本变化趋势

以 2009—2011 年、2013—2014 年分别作为股利税差异化之前、之后时期。从整体上看，股利税差异化实施后，以 OJ、PEG、Gordon 及三种方法均值估算的高负债融资公司权益资本成本分别下降 4. 84%、0. 72%、3. 44%和 2. 67%，而低负债融资公司权益资本成本分别下降 3. 79%、0. 23%、6. 18%

和2.92%。平均而言，低负债融资公司权益资本成本下降幅度高于高财务杠杆公司，即相比高负债融资公司，低负债融资公司权益资本成本下降更为显著（见表3-19）。

表3-19　股利税差异化前后高（低）负债融资公司权益资本成本变化情况

	高负债融资公司权益资本成本均值变动			低负债融资公司权益资本成本均值变动		
	差异化之前	差异化之后	之后-之前	差异化之前	差异化之后	之后-之前
R_{oj}	0.1180	0.0696	-0.0484	0.1074	0.0695	-0.0379
R_{peg}	0.1127	0.1056	-0.0072	0.1006	0.0982	-0.0023
R_{gordon}	0.0780	0.0437	-0.0344	0.1238	0.0620	-0.0618
$R_{均值}$	0.1029	0.0763	-0.0267	0.1106	0.0814	-0.0292

3.2.2.3　股利税差异化前后高（低）股利分配公司权益资本成本现状分析

Farrar和Selwyn在1967年分析美国的税制特点时提出，如果股利税高于资本利得税，公司会用股票回购取代现金股利，股东则对于高股利分配率的股票要求较高的必要报酬率，为了控制、降低股权资本成本，公司可以采取低股利分配政策。2003年美国实施《就业与经济增长减税协调法案》，股利税与资本利得税削减为15%，公司权益资本成本下降，下降幅度约为1.02%，特别是发行新股公司和用股利支付代替股票回购公司（Guenther et al.，2005）与分配股利公司相比，不分配股利公司权益资本成本下降幅度较大（Sikes et al.，2012）。

本节以现金股利为依据对上市公司进行分组：如果现金股利（用每股股利来表示）大于其上四分位数时，则定义为高股利分配公司；如果现金股利小于其下四分位数时，则定义为低股利分配公司。本节剔除了金融行业上市公司、ST和PT上市公司，以及估算权益资本成本所需数据缺失的样本公司，最终得到2754家公司有效观测值，其中，高股利分配公司1757家，低股利分配公司957家。本节数据来源于CSMAR和RESSET数据库。高股利分配公司与低股利分配公司股利税差异化前后权益资本成本变化情况如表3-20所示。

表 3－20 股利税差异化前后高（低）股利分配公司权益资本成本变化

	高股利分配公司					低股利分配公司				
	差异化之前			差异化之后		差异化之前			差异化之后	
	2009 年	2010 年	2011 年	2013 年	2014 年	2009 年	2010 年	2011 年	2013 年	2014 年
R_{oj}	0. 1536	0. 0877	0. 0831	0. 0939	0. 0454	0. 1528	0. 0975	0. 0983	0. 1082	0. 0326
R_{peg}	0. 1441	0. 0820	0. 0754	0. 0762	0. 0999	0. 1469	0. 0937	0. 0930	0. 0666	0. 1069
R_{gordon}	0. 0751	0. 1017	0. 0777	0. 0833	0. 0166	0. 1231	0. 1653	0. 1509	0. 1222	0. 0088
$R_{均值}$	0. 1244	0. 0905	0. 0785	0. 0645	0. 0552	0. 1410	0. 1189	0. 1141	0. 0762	0. 0514

股利税差异化后，2013 年高股利分配公司以 OJ、PEG、Gordon 及三种方法均值估算的权益资本成本环比分别增长 12. 98%、0. 97%、7. 21% 与 －17. 81%，2014 年环比分别下降 51. 67%、－31. 1%、80. 02% 与 14. 41%。可见，股利税差异化后，高股利分配公司权益资本成本呈现先上升后下降的变化趋势见图 3－18。对于低股利分配公司而言，股利税差异化后，2013 年公司权益资本成本环比分别增长 －10. 06%、28. 43%、18. 98% 和 33. 2%，2014 年环比分别下降 69. 88%、－60. 6%、92. 7% 与 32. 5%。显然，股利税差异化后，低股利分配公司权益资本成本呈现下降的趋势（见图 3－19）。

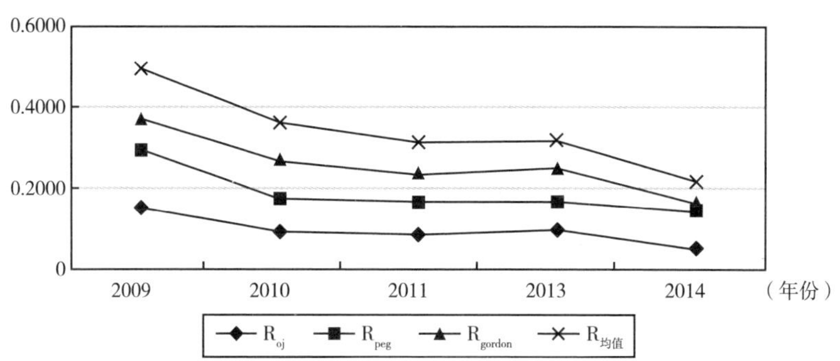

图 3－18 股利税差异化前后高股利分配权益资本成本变化趋势

如果以 2009—2011、2013—2014 为股利税差异化之前、之后的时期，表 3－21 显示出，从整体上看，相比股利税差异化之前时期，股利税差异化之后高股利分配公司以 OJ、PEG、Gordon 及三种方法均值估算的权益资本成本分别下降 3. 85%、1. 25%、3. 45% 与 3. 79%，而低股利分配公司权益资本成本分别下降 4. 58%、2. 45%、8. 09% 和 6. 08%。显然，相比高股利分配公司，低股利分配公司权益资本成本下降幅度更大。

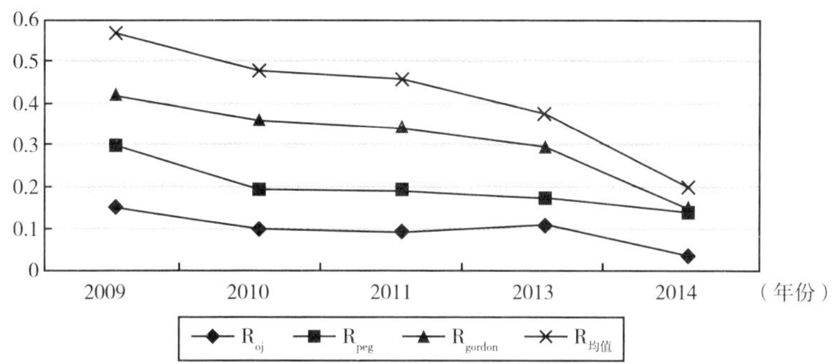

图3－19　股利税差异化前后低股利分配公司权益资本成本变化趋势

表3－21　高（低）股利分配公司股利税差异化前后权益资本成本差异

	高股利分配公司权益资本成本均值变动			低股利分配公司权益资本成本均值变动		
	差异化之前	差异化之后	之后－之前	差异化之前	差异化之后	之后－之前
差异	0.1081	0.0696	－0.0385	0.1162	0.0704	－0.0458
R_{oj}	0.1005	0.0880	－0.0125	0.1112	0.0867	－0.0245
R_{peg}	0.0848	0.0500	－0.0349	0.1464	0.0655	－0.0809
R_{gordon}	0.0978	0.0599	－0.0379	0.1246	0.0638	－0.0608

3.2.2.4　高（低）融资约束公司股利税差异化前后权益资本成本分析

融资约束是由于市场本身不完美（不对称信息、代理成本等因素）所引起的公司在进行内部融资和外部融资时，内外融资成本存在差异的现象。我国资本市场尚不成熟，尽管公司融资渠道不断拓宽，但融资工具仍然不够丰富，选择空间依然有限。随着外部宏观经济和政策环境的变动，企业的融资决策常受到冲击。2012年底，我国公司面临稳定的经济“新常态”环境，除投资者股息红利税调整外，公司适用的所得税法规政策确定不变。随着2013年1月1日我国股利税差异化政策的实施，公司的外部融资环境急剧变化。由于持有股票期限超过1年的个人投资者所获取的股息红利所得税税率降低为5%，期限短于1个月所获得的股息红利所得税税率提高至20%，现有投资者更愿意选择较长期的权益投资，而不是频繁地进行投机套利，股票市场价格波动趋于稳定。相比债券投资，由于股票利息率为20%，大于长期持有的股利税率5%，潜在投资者更倾向于投资股票，股权融资成本降低。因而，公司股权融资渠道更加顺畅，融资约束有所缓解，供给资金更加丰富。不同融资约束水平公司面临股利税差异化政策的实施，其权益资本成本变化呈现不同的变化。由此，本节考察高（低）融资约束公司股利税差异化前后权益资本成本。

本节分别以大（小）于融资约束综合计分的上、下四分位数为低（高）融资约束组公司，共搜集到2009—2011年、2013—2014年期间2995家上市公司数据，表3－22报告了高（低）融资约束公司股利税差异化前后权益资本成本变化情况。股利税差异化后，2013年高融资约束与低融资约束公司权益资本成本开始增加，2014年开始下降，如图3－20、图3－21所示。但从长期看，股利税差异化后，OJ、PEG和Gordon估算及三方法均值估算的高融资约束权益资本成本分别下降4.47%、0.32%、6.21%、3.32%，而低融资约束公司权益资本成本分别下降4.02%、0.06%、3.93%、2.33%。总体上来看，相比低融资约束公司，高融资约束公司权益资本成本在股利税差异化后下降的幅度更大，如表3－23所示。

表3－22　股利税差异化前后高（低）融资约束公司权益资本成本变化

	高融资约束公司					低融资约束公司				
	差异化之前			差异化之后		差异化之前			差异化之后	
	2009年	2010年	2011年	2013年	2014年	2009年	2010年	2011年	2013年	2014年
R_{oj}	0.1669	0.1092	0.0925	0.1135	0.0428	0.1487	0.0883	0.0850	0.0920	0.0424
R_{peg}	0.1569	0.1049	0.0861	0.1376	0.1079	0.1418	0.0845	0.0793	0.1167	0.1062
R_{gordon}	0.1140	0.1495	0.1230	0.1204	0.0132	0.0739	0.0974	0.0899	0.0831	0.0125
$R_{均值}$	0.1460	0.1207	0.1005	0.1238	0.0546	0.1215	0.0901	0.0847	0.0973	0.0537

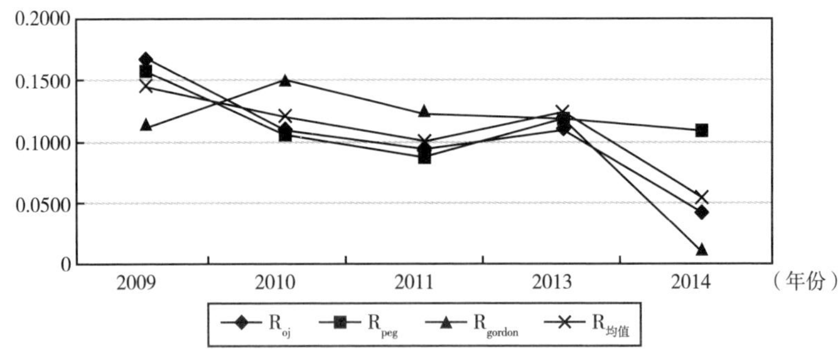

图3－20　股利税差异化前后高融资约束公司权益资本成本变动趋势

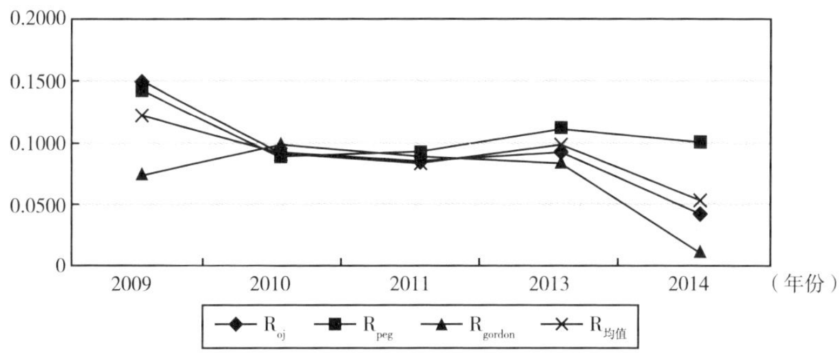

图3-21 股利税差异化前后低融资约束公司权益资本成本变动趋势

表3-23 高（低）融资约束公司股利税差异化前后权益资本成本差异

公司类型	高融资约束公司权益资本成本均值变动			低融资约束公司权益资本成本均值变动		
差异	差异化之前	差异化之后	之后-之前	差异化之前	差异化之后	之后-之前
R_{oj}	0.1229	0.0781	-0.0447	0.1074	0.0672	-0.0402
R_{peg}	0.1160	0.1127	-0.0032	0.1065	0.1059	-0.0006
R_{gordon}	0.1288	0.0668	-0.0621	0.0871	0.0478	-0.0393
$R_{均值}$	0.1224	0.0892	-0.0332	0.0987	0.0755	-0.0233

3.2.2.5 高（低）风险承担公司股利税差异化前后权益资本成本分析

2013年1月1日我国个人投资者从上市公司获取的股息红利按持股期限缴纳差异化股利税，不同风险承担水平的公司面临股利税的变化，其权益资本成本变化是否发生变化？变化程度是否存在差异？本节对此进行分析。以2009—2011年、2013—2014年分别为差异化之前、之后时期，风险承担以资产收益率变化程度表示，$Risk = |csr_{it} - \overline{csr}|/\overline{csr}$，表示公司资产收益率相对其均值的变化程度，比值越大（小）表示公司经营风险性越大（小）。本节以Risk中位数为依据，分别把大（小）于中位数的公司定义为高（低）风险承担公司。表3-24报告了股利税差异化后高风险承担公司与低风险承担公司权益资本成本变动情况。对于低风险承担公司而言，股利税差异化后，2013年公司权益资本成本显著增加，平均增加12.37%，2014年公司权益资本成本环比下降47.54%，如图3-22所示。而高风险承担公司在2013年显著增加，平均增加16.49%，2014年环比下降47.8%，如图3-23所示。从长期看，按OJ、PEG、Gordon及均值估算的低风险承担公司权益资本成本分别下降4.32%、0.07%、4.89%、2.92%，而低风险承担公司权益资本成本分别

下降 8.69%、9.95%、5.66%、8.21%。从股利税差异化之前（2009—2011年）、差异化之后（2013—2014 年）整体公司平均权益资本成本变化情况来看（见表 3－25），股利税差异化后，高风险承担公司权益资本成本（OJ、PEG、Gordon 及均值法的估值）下降（4.32%、0.07%、4.89%、2.92%），低风险承担公司权益资本成本（OJ、PEG、Gordon 及均值法的估值）也显著下降（8.69%、9.95%、5.66%、8.21%）。可见，相比高风险承担公司而言，低风险承担公司权益资本成本在股利税差异化后下降幅度更大。

表 3－24　股利税差异化前后高（低）风险承担公司权益资本成本变化情况

	高风险承担公司					低风险承担公司				
	差异化之前			差异化之后		差异化之前			差异化之后	
	2009 年	2010 年	2011 年	2013 年	2014 年	2009 年	2010 年	2011 年	2013 年	2014 年
R_{oj}	0.1553	0.0963	0.0896	0.0977	0.0434	0.1568	0.0951	0.0895	0.0986	0.0448
R_{peg}	0.1469	0.0923	0.0835	0.1195	0.1042	0.1482	0.0910	0.0833	0.1236	0.1076
R_{gordon}	0.0883	0.1143	0.1009	0.0907	0.0138	0.0884	0.1145	0.1007	0.0965	0.0140
$R_{均值}$	0.1302	0.1009	0.0913	0.1026	0.0538	0.1311	0.1002	0.0912	0.1062	0.0555

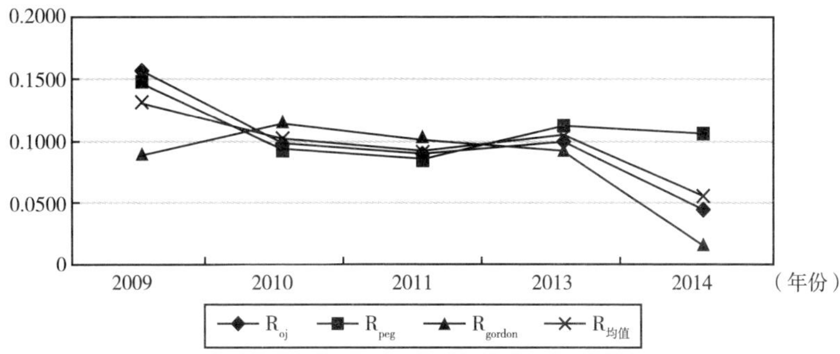

图 3－22　股利税差异化前后高风险承担公司权益资本成本变化趋势

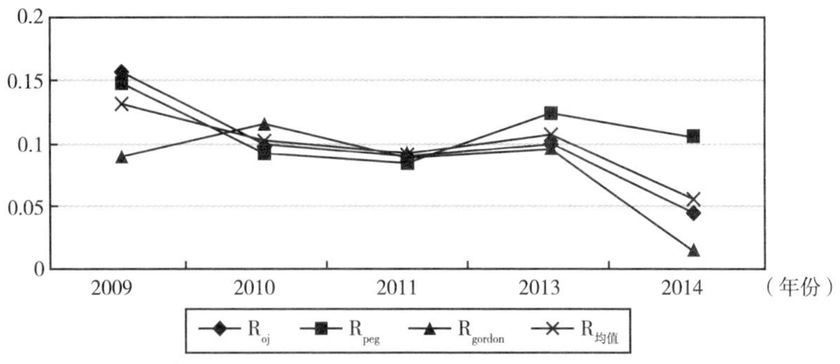

图 3－23　股利税差异化前后低风险承担公司权益资本成本变化趋势

表3-25　股利税差异化前后高（低）风险承担公司权益资本成本差异

	高风险承担公司权益资本成本均值变动			低风险承担公司权益资本成本均值变动		
	差异化之前	差异化之后	之后-之前	差异化之前	差异化之后	之后-之前
R_{oj}	0.1137	0.0705	-0.0432	0.1138	0.0269	-0.0869
R_{peg}	0.1075	0.1069	-0.0007	0.1075	0.0080	-0.0995
R_{gordon}	0.1012	0.0523	-0.0489	0.0979	0.0413	-0.0566
$R_{均值}$	0.1075	0.0782	-0.0292	0.1075	0.0254	-0.0821

3.3　股利税差异化调整前后公司权益资本成本分析

股利税是投资者获取上市公司股息红利所得缴纳的个人所得税，是资本市场联结投资者与公司利益关系的纽带，常被政府用来调节微观经济主体利益关系，维护资本市场的健康发展。2013年1月1日我国实施财税〔2012〕85号，上市公司股息红利采用差别化股利税政策，资本性收益的税收结构在一定程度上得到优化，长期价值投资适度增加，税收宏观经济调控作用得到有效发挥，我国证券市场税收制度环境得以改善。为进一步鼓励长期投资，有效改变重复征税及税负不公，保障个人投资者的切身利益，降低融资成本，疏通资本市场资金流入实体经济的渠道，营造资本市场长期稳定发展的良好生态环境，2015年9月7日，财政部、国家税务总局、证监会联合颁布财税〔2015〕101号（以下简称股利税差异化调整）：自2015年9月8日起，对从公开发行和转让市场取得股票并持股1年以上的投资者增加股利税收的优惠力度，即持股超过1年所取得的股息红利所得暂免征收个人所得税；而对持股期限在1个月以内（含1个月）和1个月至1年的股票股息红利所得，原政策保持不变，实际税率仍为20%和10%。

股利税与公司资本成本的关系由于受到税制特点、税负转嫁及税收规避等的影响，自20世纪70年代以来一直是西方财务、税收学界关注的热点之一。关于股利税差异化调整是否实现政府调控目标，降低公司融资成本，需要依据公司财务行为反应及特点进行细致的分析。本节基于中国财税

〔2015〕101 号实施后外生事件，分别以 2014.1—2015.3 和 2015.12—2016.12 为 2015 年事件前后观察样本期间，利用 2014—2016 年沪深 A 股上市公司季度权益资本成本等财务数据来分析股利税差异化调整前后公司权益资本成本变化情况。研究样本为剔除 ST、PT、金融行业、实证模型财务数据缺失及权益资本成本异常的沪深 A 股上市公司，最终我们得到5607 个公司季度观测值，本节数据来源于 CSMAR 和 RESSET 数据库。

3.3.1 股利税差异化调整前后公司权益资本成本分析：上市公司整体

表 3-26 报告了股利税差异化调整前后我国上市公司权益资本成本变化情况。从上市公司整体来看，2015 年第三季度上市公司平均权益资本成本显著增加，随后大幅度下降。由于 2015 年第二季度发生股灾，第三季度股市进行调整，分析上市公司权益资本成本变化趋势时，我们剔除了 2015 年第二和第三季度的财务数据。在比较股利税差异化调整之前与之后的公司权益资本成本变化情况时，利用 2015 年第一和第四季度数据可以看出，OJ、PEG、Gordon 及均值法估算的上市公司权益资本成本分别下降 0.13%、0.58%、1.44%和 0.71%；股利税差异化调整后，上市公司平均权益资本成本明显降低，如图 3-24 所示。

表 3-26 股利税差异化调整前后公司权益资本成本变化情况

	2014Q1	2014Q2	2014Q3	2014Q4	2015Q1	2015Q2	2015Q3	2015Q4	2016Q1	2016Q2	2016Q3	2016Q4
R_{oj}	0.0989	0.0708	0.0769	0.0974	0.0708	0.0685	0.1063	0.0695	0.0891	0.0594	0.0841	0.0861
R_{peg}	0.0965	0.1073	0.1269	0.0881	0.0807	0.0736	0.1277	0.0749	0.0784	0.0886	0.1413	0.0851
R_{gordon}	0.0946	0.1041	0.1285	0.0881	0.0797	0.0720	0.0982	0.0653	0.0775	0.0871	0.1413	0.0849
$R_{均值}$	0.0966	0.0941	0.1108	0.0912	0.0770	0.0714	0.1108	0.0699	0.0817	0.0784	0.1222	0.0854

注：Q_1、Q_2、Q_3 和 Q_4 分别表示第一、第二、第三和第四季度。后同。

由于公司财务特征影响股利税与公司权益资本成本的关系，本节分别从负债融资、股利分配、融资约束、风险承担等特征分析不同类型公司权益资本成本在股利税差异化调整改革前后的变化趋势。

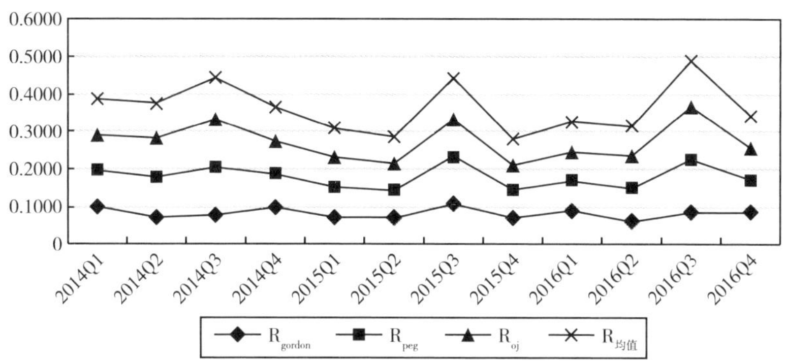

图3-24　股利税差异化调整前后公司权益资本成本变化趋势

3.3.2　股利税差异化调整前后高（低）负债融资公司权益资本成本分析

以财务杠杆率中位数为依据，把上市公司分为高负债融资公司（大于财务杠杆率中位数）和低负债融资公司（低于财务杠杆率中位数）。表3-27报告了高负债融资公司与低负债融资公司在股利税差异化调整前后时期的公司季度权益资本成本变化情况。2015年第三季度与第二季度相比较，Gordon、PEG、OJ及均值估算公司权益资本成本，高负债融资公司分别下降1.75%、0.63%、1.58%、0.07%，低负债融资公司分别下降0.45%、0.47%、4.12%、0.34%。从均值法估算的上市公司权益资本成本看，低负债融资公司权益资本成本下降的幅度更大，如图3-25和图3-26所示。

表3-27　股利税差异化调整前后高（低）负债公司权益资本成本变化情况

		2014Q1	2014Q2	2014Q3	2014Q4	2015Q1	2015Q2	2015Q3	2015Q4	2016Q1	2016Q2	2016Q3	2016Q4
高负债融资公司	R_{gordon}	0.0256	0.0529	0.0333	0.0853	0.0265	0.056	0.0385	0.0768	0.0220	0.0478	0.0261	0.0761
	R_{peg}	0.1046	0.1213	0.1136	0.0918	0.0759	0.0791	0.0728	0.0809	0.0875	0.1043	0.1072	0.0891
	R_{oj}	0.1025	0.1182	0.1153	0.0920	0.0748	0.0775	0.0617	0.0813	0.0865	0.1029	0.1069	0.0889
	$R_{均值}$	0.0775	0.0975	0.0874	0.0897	0.0591	0.0708	0.0701	0.0797	0.0653	0.0850	0.0800	0.0847
低负债融资公司	R_{gordon}	0.0241	0.0530	0.0291	0.0709	0.0230	0.0497	0.0452	0.0659	0.0210	0.0463	0.0252	0.0630
	R_{peg}	0.0881	0.0944	0.1046	0.0813	0.0663	0.0676	0.0629	0.0680	0.0724	0.0792	0.0865	0.0773
	R_{oj}	0.0868	0.0918	0.1058	0.0816	0.0658	0.0665	0.0253	0.0686	0.0718	0.0779	0.0866	0.0772
	$R_{均值}$	0.0663	0.0797	0.0799	0.0779	0.0517	0.0612	0.0578	0.0675	0.0551	0.0678	0.0661	0.0725

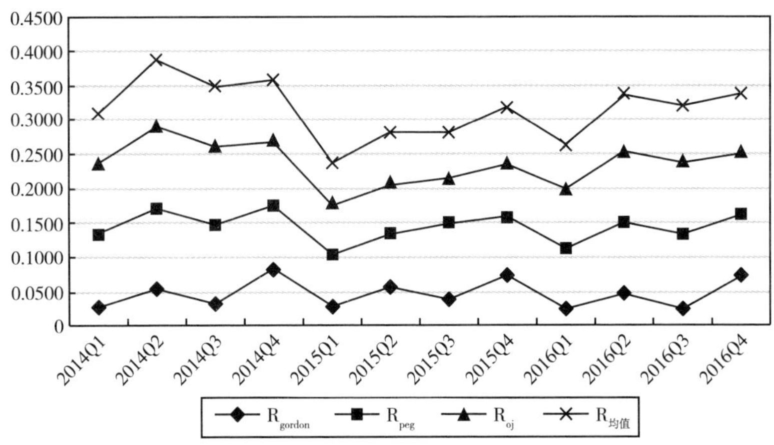

图 3－25　股利税差异化调整前后高负债公司权益资本成本变化趋势

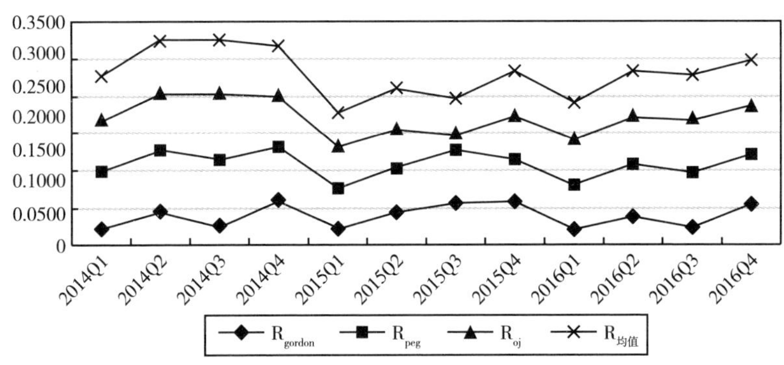

图 3－26　股利税差异化调整前后低负债公司权益资本成本变化趋势

3.3.3　股利税差异化调整前后高（低）股利分配公司权益资本成本分析

以股利分配率中位数为依据，把公司分为高股利分配公司（大于股利分配率中位数）和低股利分配公司（低于股利分配率中位数）。表 3－28 报告了高股利分配公司与低股利分配公司的权益资本成本在股利税差异化调整后的变化情况。由于高股利分配公司因缺乏第一季度相关财务数据，没有估计出权益资本成本值，同时 2015 年第二季度发生股灾，因而，我们比较股利税差异化调整年度与之前年度（2014 年）Gordon、PEG、OJ 估算的权益资本成本的差异后发现，低股利分配公司权益资本成本分别下降2.83%、0.71%、0.71%和1.42%，而高股利分配公司分别下降0.7%、1.35%、1.33%和1.13%。从均值法估值看，低股利分配公司权益资本成本下降的幅度比较大。图3-27与图3-28同样显示出，股利税差异化调整年度公司权益资本成本均下降，低股利分配公司下降得更为显著，股利税差异化调整对低股利分配公司影响更显著。

表3-28　股利税差异化调整前后高（低）股利分配公司权益资本成本变化情况

		2014Q1	2014Q2	2014Q3	2014Q4	2015Q1	2015Q2	2015Q3	2015Q4	2016Q1	2016Q2	2016Q3	2016Q4
低股利分配公司	R_{gordon}	0.0449	0.0530	0.0521	0.0804	0.0446	0.0528	0.0456	0.0521	0.0215	0.0472	0.0257	0.0664
	R_{peg}	0.0968	0.1082	0.1109	0.0678	0.0707	0.073	0.0648	0.0607	0.0790	0.0901	0.0991	0.0661
	R_{oj}	0.0951	0.1054	0.1124	0.0688	0.0700	0.0717	0.0520	0.0617	0.0783	0.0888	0.0990	0.0662
	$R_{均值}$	0.0723	0.0889	0.0851	0.0723	0.0618	0.0658	0.0541	0.0582	0.0596	0.0754	0.0746	0.0662
高股利分配公司	R_{gordon}		0.0485		0.0775		0.0490		0.0705		0.0318		0.0696
	R_{peg}		0.1336		0.0912		0.0770		0.0777		0.1029		0.0870
	R_{oj}		0.1282		0.0913		0.0748		0.0780		0.1007		0.0868
	$R_{均值}$		0.1034		0.0867		0.0669		0.0754		0.0785		0.0811

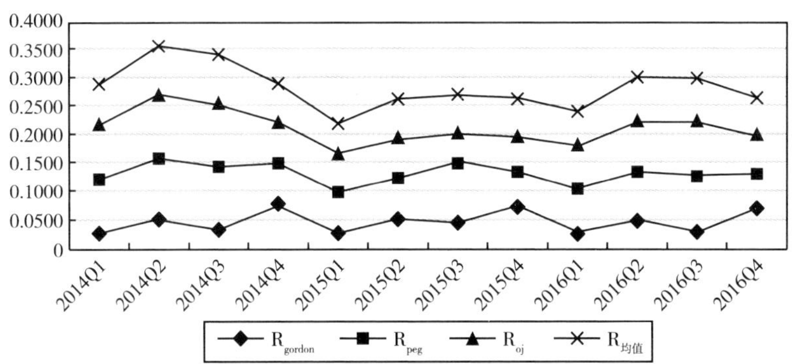

图3-27　股利税差异化调整前后低股利分配公司权益资本成本变化趋势

3.3.4　股利税差异化调整前后高（低）风险承担公司权益资本成本分析

以风险承担中位数为依据，把低（高）于中位数的公司定义为低（高）

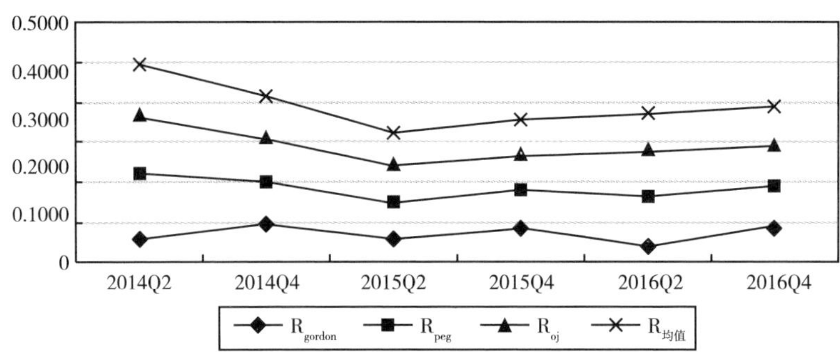

图 3－28　股利税差异化调整前后高股利分配公司权益资本成本变化趋势

风险承担公司，表 3－29 报告了高风险承担公司与低风险承担公司权益资本成本在股利税差异化调整前后的变化情况。从季度数据看，不考虑其他因素，对于高风险承担公司而言，2015 年第三季度与第二季度相比，PEG、OJ 和均值估算的权益资本成本分别下降 3.71%、0.22% 和 0.44%；如剔除 2015 年股灾影响，比较 2015 年第四季度与 2014 年第四季度的公司权益资本成本可以发现，Gordon、OJ 与均值法估算的公司权益资本成本分别下降 3.07%、1.35%、1.44%。对于低风险承担公司而言，2015 年第三季度与第二季度相比，PEG、OJ 与均值法估算的公司权益资本成本分别下降 1.12%、3.13%、1.24%；如考虑股灾影响，比较 2015 年第四季度与 2014 年第四季度数据，Gordon、PEG、OJ 与均值法估算的公司权益资本成本分别下降 2.72%、2.79%、4.98% 和 3.5%。可见，股利税差异化调整后，低风险承担公司的权益资本成本比高风险承担公司下降得更为显著（见图 3－29、图 3－30）。

表 3－29　股利税差异化调整前后高（低）股利分配公司权益资本成本变化情况

		2014Q1	2014Q2	2014Q3	2014Q4	2015Q1	2015Q2	2015Q3	2015Q4	2016Q1	2016Q2	2016Q3	2016Q4
高风险公司	R_{gordon}	0.0209	0.0453	0.0313	0.0661	0.0210	0.0354	0.0613	0.0354	0.0188	0.0428	0.0265	0.0658
	R_{peg}	0.0856	0.0962	0.1146	0.0868	0.0591	0.0979	0.0608	0.0879	0.0661	0.0795	0.1013	0.0735
	R_{oj}	0.0843	0.0939	0.1162	0.0774	0.0589	0.0639	0.0617	0.0639	0.0655	0.0785	0.1015	0.0735
	$R_{均值}$	0.0636	0.0785	0.0874	0.0768	0.0464	0.0657	0.0613	0.0624	0.0501	0.0669	0.0764	0.0709
低风险公司	R_{gordon}	0.0287	0.0609	0.0333	0.0908	0.0279	0.0584	0.0636	0.0796	0.0237	0.0508	0.0252	0.0721
	R_{peg}	0.1076	0.1212	0.1046	0.0968	0.0814	0.0801	0.0689	0.0857	0.0900	0.1004	0.0975	0.0919
	R_{oj}	0.1055	0.1177	0.1060	0.0967	0.0801	0.0782	0.0469	0.0859	0.0890	0.0988	0.0972	0.0916
	$R_{均值}$	0.0806	0.0999	0.0813	0.0948	0.0631	0.0722	0.0598	0.0837	0.0676	0.0833	0.0733	0.0852

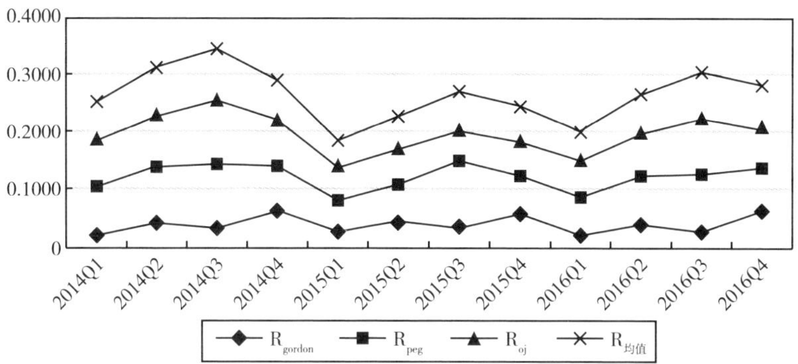

图3－29　股利税差异化调整后高风险公司权益资本成本变化趋势

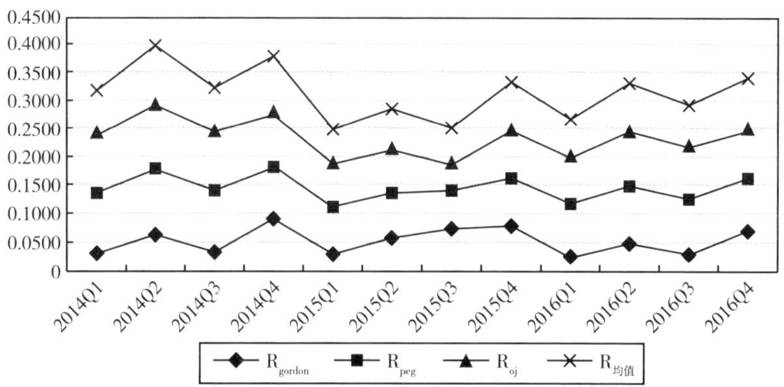

图3－30　股利税差异化调整后低风险公司权益资本成本变化趋势

3.3.5　股利税差异化调整前后高（低）融资约束公司权益资本成本分析

本节将大于融资约束综合计分的上四分位数的公司定义为低融资约束公司，将小于融资约束综合计分的下四分位数的公司定义为高融资约束公司，把上市公司分为高融资约束公司组与低融资约束公司组。表3－30列示了股利税差异化调整期间高融资约束与低融资约束公司权益资本成本的变化情况。考虑股灾的影响以及股利税差异化调整政策的实施，我们比较2015年第四季度与2014年第四季度权益资本成本的差异后发现，对于低融资约束公司而言，Gordon、PEG、OJ与均值法估算的公司权益资本成本分别下降0.87%、0.98%、0.95%和0.94%；对于高融资约束公司而言，Gordon、PEG、OJ与均值法估算的权益资本成本分别下降0.69%、1.61%、1.59%和1.3%。可见，股利税差异化调整后，相比低融资约束公司而言，高融资约束公司权益资本成本下降的幅度更大，即高融资约束公司权益资本成本受股利税差异化调整政策的影响更大，如图 3－31 和图 3－32 所示。

表 3－30　股利税差异化调整前后低（高）融资约束公司权益资本成本变化情况

		2014Q1	2014Q2	2014Q3	2014Q4	2015Q1	2015Q2	2015Q4	2016Q1	2016Q2	2016Q3	2016Q4
低融资约束公司	R_{gordon}	0.0275	0.0684	0.0642	0.0949	0.0303	0.0717	0.0862	0.0283	0.0585	0.0536	0.0798
	R_{peg}	0.0837	0.1011	0.1269	0.0836	0.0696	0.0745	0.0738	0.0749	0.0843	0.1224	0.0829
	R_{oj}	0.0823	0.0985	0.1287	0.0836	0.0689	0.0732	0.0741	0.0741	0.0830	0.1226	0.0827
	$R_{均值}$	0.0645	0.0893	0.1066	0.0874	0.0563	0.0731	0.0780	0.0591	0.0753	0.0995	0.0818
高融资约束公司	R_{gordon}	0.0297	0.0731	0.0379	0.0996	0.0312	0.0654	0.0927	0.0296	0.0602	0.1350	0.0916
	R_{peg}	0.1040	0.1131	0.1272	0.0922	0.0717	0.0728	0.0761	0.0807	0.0924	0.1727	0.0871
	R_{oj}	0.1018	0.1093	0.1279	0.0923	0.0705	0.0710	0.0764	0.0797	0.0908	0.1724	0.0869
	$R_{均值}$	0.0785	0.0985	0.0976	0.0947	0.0578	0.0697	0.0817	0.0634	0.0811	0.1600	0.0886

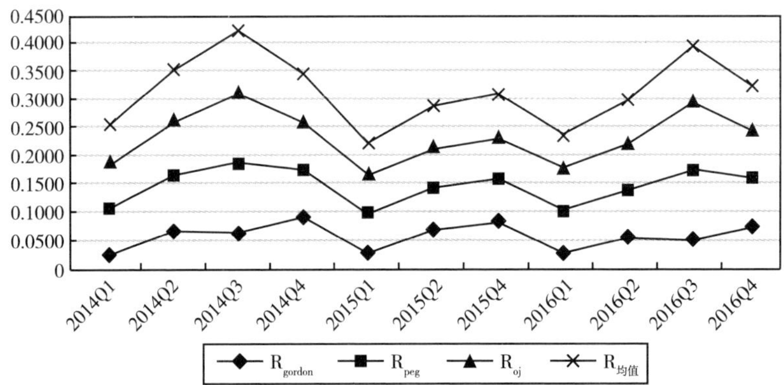

图 3－31　股利税差异化调整前后低融资约束公司权益资本成本变化趋势

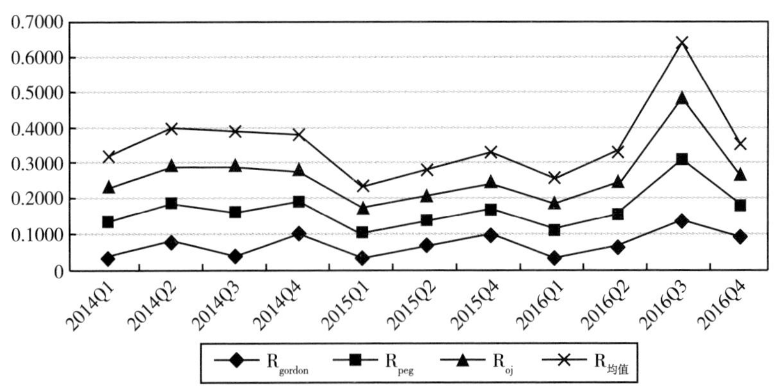

图 3－32　股利税差异化调整前后高融资约束公司权益资本成本变化趋势

综上所述，21世纪我国进行了三次股利税改革：2005年股利税减税、2013年差异化及2015年股利税差异化调整。我国股利税改革前后公司权益资本成本的变化趋势显示，股利税改革是公司权益资本成本的重要影响因素，三次股利税改革后，上市公司权益资本成本均发生显著的变化。一方面，2005年股利税减税后，上市公司总体平均权益资本成本增加；2013年股利税差异化后，上市公司总体平均权益资本成本下降；2015年股利税差异化调整后，上市公司总体平均权益资本成本也显著下降。另一方面，股利税改革后，不同财务特征公司的权益资本成本发生不同程度的变化：2005年股利税减税后，未增发新股公司、高负债融资公司、高股利分配公司、低融资约束公司与高风险承担公司的权益资本成本增加幅度大；2013年股利税差异化后，增发新股公司、低负债融资公司、低股利分配公司、高融资约束公司与低风险承担公司的权益资本成本降低幅度大；2015年股利税差异化调整后，增发新股公司、低负债融资公司、低股利分配公司、高融资约束公司与低风险承担公司的权益资本成本降低幅度更大。因此，股利税是影响公司权益资本成本的重要因素。股利税与公司权益资本成本的关系与公司的融资政策、股利政策、风险承担等财务特征密切相关。本书第4章、第5章、第6章分别实证分析股利税减税、差异化及差异化调整对公司权益资本成本的具体影响及机制。

第 4 章

股利税减税对公司权益资本成本的影响研究

4.1 股利税减税、增发新股与权益资本成本关系的分析

4.1.1 理论分析与研究假设

1998 年 7 月上市公司股权再融资方式开始试点，由单一配股转换为公开增发新股；2001 年 3 月 28 日证监会颁布《上市公司新股发行管理办法》，上市公司公开增发新股真正实施；2005 年我国进行股权分置改革，定向增发新股成为上市公司主要的融资手段。资本成本在经济分析中扮演着重要的角色，股利税影响着公司及投资者的财务活动，增发新股影响着资本市场股权供给量，股利税削减[①]影响着投资者股权投资的需求量。伴随着股权供求关系的变化，公司权益资本成本究竟如何发生变化，增发新股公司与未增发新股公司的权益资本成本变化是否存在显著的差异性，这些都有待于本节给出分析。

已有文献主要研究了股利税与权益资本成本间的关系。Harberger（1966）等提出增发新股公司权益资本成本为 $\pi = \frac{i(1-t_i)}{(1-t_c)(1-t_d)}$，其中，$t_c$、$t_d$、$t_i$ 分别为公司所得税、股利税、利息税。当股利税削减时，权益资本成本下降。股利税与权益资本成本正相关。Miller（1977）利用均衡模型提出在税收中性

---

① 2005 年 6 月 13 日发布的《财政部国家税务总局关于股息红利有关个人所得税政策的补充通知》规定，投资者获得的股利以 10% 的税率缴纳个人所得税。

条件下，股利税与权益资本成本无关；在税收非中性条件下，公司权益资本成本是股利税的函数：公司财务杠杆既定时，完全权益融资公司资本成本小（大）于负债利息率，则权益资本成本与股利税正（负）相关。2005 年 6 月 13 日我国实施财税〔2005〕102 号，个人投资者股利税减为 10%，同期我国股票市场风险溢价较高，年度平均溢价超过 16%（郑晓亚，2014），完全权益融资公司资本成本高于负债利息率，符合 Miller（1977）、Sikes and Verrecchia（2012）股利税与权益资本成本负相关的条件。因此，股利税减税改革后，上市公司权益资本成本增加。

上市公司公开发行新股前通常进行正向盈余管理（孙铮和王跃堂，1999；章卫东，2007），公开增发新股时，股价与募集资金总额成正比；定向增发新股前，上市公司为使控股股东低价获取更多股份，存在负向盈余管理（章卫东，2013）。股利税减税后，上市公司增发新股的方式主要为定向增发，比重达到 62%，发行新股公司整体上进行了负向盈余管理，调低利润，拉低股价，使得控股股东以同样价值资产获得更多的股份。由于影响股票价格的所有因素都影响权益资本成本，且作用方向相反（Guenther，2005），由此，相比未增发新股公司，增发新股公司的权益资本成本上升幅度更大。增发新股在股利税减税影响公司权益资本成本中发挥了正向促进作用，即股利税减税后，增发新股的公司权益资本成本上升幅度大于未增发新股公司。故提出股利税减税、增发新股与权益资本成本关系的研究假设：

H_1：其他条件不变的条件下，股利税减税后，公司权益资本成本显著增加。

H_2：增发新股在股利税减税影响公司权益资本成本中发挥了调节作用。

4.1.2 研究设计

4.1.2.1 样本选择与变量设定

本节基于 2005 年 6 月 13 日发布的财税〔2005〕102 号股利税减税文件，把财税〔2005〕102 号股利税减税改革作为准自然实验，选取 2002—2004 年、2006—2007 年分别作为股利税减税之前、之后的期间。研究样本为沪深 A 股上市公司，样本筛选如下：①剔除财务状况存在异常的 ST、PT 及金融行业上市公司；②剔除实证模型所需财务数据缺失的上市公司；③剔除权益资本成本估值异常的上市公司。本节数据来源于 CSMAR 和 RESSET 数据库。本节数据分析主要采用 STATA13 软件进行，并对所有连续变量在 1% 和 99% 水平下进行了 Winsorize 处理。表 4－1 显示，增发新股公司 78 家，占样本总体的 4%；未增发公司 1751 家，占样本总体的 96%。其中，2002—2004 年股利税减税前为公开增发新股，2006—2007 年大幅转向定向增发新股，且定向增发占比超过公开增发。最终获得 1829 家公司年度观测值。

表 4－1　股利税减税政策实施样本公司年度分布情况表

是否增发		2002 年	2003 年	2004 年	2006 年	2007 年	小计
增发新股	公开增发	12	5	4	6	3	30
	定向增发	0	0	0	27	21	48
未增发新股		310	310	334	628	169	1751
合计		322	315	338	661	193	1829

4.1.2.2　变量设定与检验模型

（1）变量设定。

①被解释变量。被解释变量为公司权益资本成本 R，本节采用 OJ 模型、PEG、Gordon、GLS 方法进行估算。OJ 模型为 $r_e = A+\sqrt{A^2+\frac{eps_1}{p_0}\left[\left(\frac{eps_2-eps_1}{eps_1}\right)-(r_f-0.03)\right]}$，其中，$A=(r_f-0.03+dps_1/P_0)/2$，$r_f$、$eps_1$、$dps_1$ 和 p_0 分别表示无风险利率、分析师预测的 t＋1 年的每股收益、每股股利和 t 年末收盘价。PEG 模型估算公式为：$R=\sqrt{(eps_2-eps_1)/p_0}$，$eps_1$ 和 p_0 的定义同上。戈登模型为 $r_e = dps_{t+1}/p_t+g$，其中，dps_{t+1}、p_t、g 分别表示公司 t＋1 期的每股股利、t 期期末的收盘价格、长期增长率。本节的每股股利采用上市公司年末的派息比税前来表示，长期增长率用可持续增长率来替代，可持续增长率＝销售净利率×总资产周转率×留存收益率×期初权益期末总资产乘数。GLS 模型是 Gebhardt，Lee 和 Swaminathan（2001）依据股票价格等于账面价值加上预期未来剩余收益（经济利润）现值的假设而推导出的模型：$P_0=B_0+\frac{FROE_1-r_e}{1+r_e}B_0+\frac{FROE_2-r_e}{(1+r_e)^2}B_1+\frac{FROE_3-r_e}{(1+r_e)^3}B_2+\cdots+\frac{FROE_{11}-r_e}{(1+r_e)^{11}}B_{10}+\frac{FROE_{12}-r_e}{(1+r_e)^{11}}B_{11}$，其中，$B_0$是期初每股账面价值，k 是历史的每个公司的股利

支付率，$FROE_1$、$FROE_2$、$FROE_3$分别为分析师对前三年权益收益率的预测值，$FROE_{12}$为历史的行业权益收益率。

②解释变量。解释变量为股利税减税改革Ref_i哑变量，减税前年份（2002年、2003年、2004年）定义为0，减税后年份（2006年、2007年）定义为1。中介变量为增发新股IS，本章令增发新股融资额大于0的公司为增发新股公司，IS=1；令增发新股融资额为0的公司为未增发新股公司，IS=0。

③控制变量。依据以往研究文献的经验，本节控制了如下变量：投资者持股时间、公司规模、净资产收益率、股权集中度、账面市价比、股利分配率和行业。以上变量的定义如表4-2所示。

表4-2　主要变量定义

变量性质	变量代码	变量名	变量定义
被解释变量	R	权益资本成本	R_{oj}、R_{peg}、R_{gordon}、R_{gls}分别利用OJ、PEG、Gordon和GLS模型估算
解释变量	Ref	股利税减税	股利税减税之后取1，否则取0
中介/调节变量	IS	增发新股	增发新股取1，否则取0
控制变量	Hd	持股时间	股票年换手率乘以-1
	Size	公司规模	年末总资产的自然对数
	Roe	净资产收益率	净利润比净资产
	Sh	股权集中度	前十大股东持股比例
	Bm	账面市价比	年末总资产比市场价值
	Div	股利分配率	普通股每股现金股利比每股收益额
	Ind	行业	属于本行业取1，否则为0

（2）检验模型。

本节以2005年6月13日实施的股利税减税政策为外生事件，分析股利税减税对公司权益资本成本的影响，以及增发新股在两者间的作用，揭示增发新股公司与未增发新股公司权益资本成本受股利税减税影响程度的差异。多元线性回归模型（1）、模型（2）主要检验股利税减税对公司权益资本成本、增发新股的影响；回归模型（3）主要检验增发新股在股利税减税影响公司权益资本成本中的中介效应；近似双重差分模型（4）用来检验增发新股在股利税减税影响公司权益资本成本中的调节作用。模型（1）—模型（4）如下所示：

$$R_{i,t} = \alpha_0 + \alpha_1 Ref_{i,t} + \alpha_i Control + \varepsilon_{i,t} \tag{1}$$

$$IS_{i,t} = \alpha_0 + \alpha_1 Ref_{i,t} + \alpha_i Control + \varepsilon_{i,t} \tag{2}$$

$$R_{i,t} = \alpha_0 + \alpha_1 Ref_{i,t} + \alpha_2 IS_{i,t} + \alpha_i Control + \varepsilon_{i,t} \tag{3}$$

$$R_{i,t} = \alpha_0 + \alpha_1 Ref_{i,t} + \alpha_2 IS_{i,t} + \alpha_3 Ref * IS_{i,t} + \alpha_i Control + \varepsilon_{i,t} \tag{4}$$

4.1.3 描述性统计

表4－3报告了股利税减税前后公司权益资本成本、前十大股东持股比例、公司规模、净资产收益率、账面市价比、发行新股及持股时间的平均数与中位数。公司权益资本成本的OJ、PEG估值相比Gordon、GLS模型的估值偏高。比较股利税减税前和减税后的公司权益资本成本，发现增发新股与未增发新股公司权益资本成本都显著增加，且增发新股公司权益资本成本增长的幅度比较大（见表4－4）。公司权益资本成本R与Hd、Size均显著正相关，且主要变量间没有共线性（见表4－5）。

表4－3　　公司权益资本成本等变量的描述性统计

Variable	N	mean	mode	sd	max	min
R_{oj}	1829	0.130	0.130	0.098	0.876	0.002
R_{peg}	1829	0.122	0.122	0.097	0.866	0.004
R_{gordon}	1829	0.083	0.083	0.084	0.969	0.001
R_{gls}	1818	0.055	0.055	0.029	0.167	0.006
Sh	1829	0.423	0.423	0.437	3.420	0.000
Size	1829	21.500	21.500	1.070	27.900	18.540
Roe	1829	0.083	0.083	0.093	2.923	−0.211
Bm	1829	0.819	0.819	0.217	1.775	0.088
IS	1829	0.043	0.043	0.202	1.000	0.000
Hd	1829	−0.841	−0.841	0.753	−0.034	−4.905

表4－4　　增发新股公司与未增发新股公司权益资本成本的单变量检验

	改革前			改革后			均值t检验	中位数检验
	平均值	标准差	中位数	平均值	标准差	中位数		
增发新股公司权益资本成本	0.042	0.031	0.036	0.069	0.0198	0.063	0.027***	0.027***
未增发新股公司权益资本成本	0.044	0.031	0.041	0.068	0.023	0.064	0.024***	0.023***

注：***表示在1%的水平下显著。

表4-5 主要变量相关系数表

	R_{oj}	R_{peg}	Rgls	R_{gordon}	Hd	Sh	size	roe	Bm	IS
R_{oj}	1									
R_{peg}	0.9951	1								
R_{gls}	0.5938	0.5746	1							
R_{gordon}	0.2233	0.2149	0.2159	1						
Hd	-0.2938	-0.2967	-0.3448	-0.035	1					
Sh	0.1941	0.1955	0.1348	0.2746	-0.1858	1				
size	0.2588	0.2334	0.3861	0.1808	-0.0077	0.0994	1			
roe	0.1922	0.172	0.2719	0.6511	-0.0387	0.2331	0.1887	1		
Bm	-0.0001	-0.0066	0.1083	-0.1764	0.3047	-0.3142	0.2722	-0.2093	1	
IS	0.0775	0.0766	0.0449	0.1830	-0.0985	0.1877	0.1655	0.0595	-0.0654	1

4.1.4 回归结果

表4-6报告了股利税减税、增发新股与权益资本成本关系的回归结果。Panel A、Panel B和Panel C分别为用OJ、PEG和GLS模型估算权益资本成本回归的结果。模型（1）Ref股利税减税的回归系数在1%显著性水平下为0.055，说明股利税减税促进公司权益资本成本显著提高。模型（2）Ref股利税减税的回归系数在10%水平下不显著，说明股利税减税对增发新股并没有产生影响。模型（3）Panel A和Panel B增发新股的回归系数在10%水平下不显著，尽管PanelC增发新股的回归系数在5%水平下显著。由于股利税减税并不影响增发新股，因此，增发新股在股利税减税影响公司权益资本成本过程中并未发挥中介作用。模型（4）股利税减税与增发新股的交乘项Ref*IS的回归系数在10%的水平下不显著，说明增发新股在股利税减税影响公司权益资本成本中并没有发挥调节作用，即股利税减税对增发新股公司权益资本成本的影响与对未增发新股公司权益资本成本的影响不存在显著的差异，不支持股利税减税后增发新股公司比未增发新股公司的权益资本成本上升的幅度更为显著的观点（杨特等，2017）。

表4－6　股利税减税、增发新股与权益资本成本关系回归结果

Panel A				
	(1)	(2)	(3)	(4)
VARIABLES	R_{oj}	IS	R_{oj}	Roj
Ref	0.055*** (9.200)	0.063 (0.173)	0.055*** (9.195)	0.055*** (9.081)
IS			−0.006 (−0.570)	−0.010 (−0.534)
Ref * IS				0.006 (0.268)
size	0.013*** (5.761)	0.830*** (6.012)	0.013*** (5.782)	0.013*** (5.781)
roe	0.120*** (5.118)	−2.820 (−1.280)	0.120*** (5.105)	0.120*** (5.108)
Bm	0.048*** (4.240)	−1.277* (−1.953)	0.047*** (4.205)	0.047*** (4.211)
Constant	−0.260*** (−5.602)	−21.810*** (−7.519)	−0.264*** (−5.623)	−0.264*** (−5.623)
Observations	1829	1816	1829	1829
R－squared	0.241		0.241	0.241
R^2_a	0.234	0.000	0.233	0.233
F	33.80	0.000	31.93	30.23
Panel B				
	(1)	(2)	(3)	(4)
VARIABLES	Rpeg	IS	Rpeg	Rpeg
Ref	0.057*** (9.581)	0.063 (0.173)	0.057*** (9.576)	0.057*** (9.433)
IS			−0.005 (−0.454)	−0.012 (−0.647)
Ref * IS				0.011 (0.478)
size	0.011*** (4.613)	0.830*** (6.012)	0.011*** (4.629)	0.011*** (4.630)
roe	0.102*** (4.364)	−2.820 (−1.280)	0.102*** (4.354)	0.102*** (4.361)

续表

Panel B				
	(1)	(2)	(3)	(4)
VARIABLES	Rpeg	IS	Rpeg	Rpeg
Bm	0.046*** (4.134)	-1.277* (-1.953)	0.046*** (4.105)	0.046*** (4.121)
Constant	-0.204*** (-4.428)	-21.810*** (-7.519)	-0.207*** (-4.445)	-0.208*** (-4.446)
Observations	1829	1816	1829	1829
R - squared	0.230		0.230	0.230
R^2_a	0.223	0.000	0.222	0.222
F	31.80	0.000	30.03	28.45
Panel C				
	(1)	(2)	(3)	(4)
VARIABLES	Rgls	IS	Rgls	Rgls
Ref	0.012*** (8.205)	0.063 (0.173)	0.012*** (8.202)	0.012*** (7.965)
IS			-0.006** (-2.327)	-0.011** (-2.350)
Ref * IS				0.007 (1.298)
size	0.005*** (8.402)	0.830*** (6.012)	0.005*** (8.662)	0.005*** (8.660)
roe	0.082*** (8.731)	-2.820 (-1.280)	0.082*** (8.670)	0.082*** (8.702)
Bm	0.035*** (11.958)	-1.277* (-1.953)	0.035*** (11.829)	0.035*** (11.879)
Constant	-0.110*** (-9.164)	-21.810*** (-7.519)	-0.114*** (-9.420)	-0.114*** (-9.421)
Observations	1818	1816	1818	1818
R - squared	0.463		0.465	0.466
R^2_a	0.458	0.000	0.460	0.460
F	91.45	0.000	86.88	82.43

注：*** p<0.01，** p<0.05，* p<0.0 括号内为T统计量。

4.2 股利税减税、财务杠杆与权益资本成本关系的分析

4.2.1 理论分析与研究假设

公司所得税、个人所得税之间存在差异，公司通常基于债务利息的税盾效应进行适度的负债融资。当个人投资者股利税、资本利得税发生变化时，为保护投资者权益、实现价值最大化目标，公司会进一步调整融资、股利等财务政策，从而导致权益资本成本发生变化（Stapleton，1972）。Miller（1977）均衡模型也显示出，在税收非中性条件下，公司财务杠杆与股利税相关。Graham（1999）实证分析发现资本所得税与资本结构负相关；刘行等（2015）发现我国实施股利差别化改革后，股利税下降（上升）的公司财务杠杆显著降低（提高）。可见，股利税与公司财务杠杆正相关。财税〔2005〕102 号实施后，股利税减半，上市公司财务杠杆下降。MM 理论认为公司权益资本成本是财务杠杆的函数，具体而言，不考虑交易成本、破产风险和信息不对称等条件，若仅存在公司所得税，由于债务利息可在所得税前扣除，利息免税收益与债务同时增加，财务风险增加，公司权益资本成本相应增加。财务杠杆对公司权益资本成本产生直接影响（Dempsey，2001）。存在个人所得税时，股利税的提高（降低）将减少（增加）投资者的税后收益，投资者会向公司要求更高（较低）的税前报酬率，这将增加（减少）公司股权融资成本，公司会增加（减少）债务融资，财务杠杆变大（小），进一步影响公司权益资本成本。可见，股利税减税影响公司财务杠杆，公司财务杠杆又进一步影响公司权益资本成本。据此，本节提出研究假设：

H_1：在其他条件不变的情况下，股利税减税促使公司财务杠杆显著下降。

H_2：财务杠杆在股利税减税影响公司权益资本成本中发挥了中介作用。

H_3：财务杠杆在股利税减税影响公司权益资本成本中发挥了调节作用。

4.2.2 研究设计

4.2.2.1 样本选择与检验模型

本节基于2005年6月13日发布的财税〔2005〕102号股利税减税文件为研究事件，选取2002—2004年、2006—2007年分别作为股利税减税之前、之后的期间。研究样本为沪深A股上市公司，样本筛选如下：①剔除财务状况存在异常的ST、PT及金融行业上市公司；②剔除实证模型所需财务数据缺失的上市公司；③剔除权益资本成本估值异常的上市公司。本节数据来源于CSMAR和RESSET数据库。本节数据分析主要采用STATA13软件进行，并对所有连续变量在1%和99%水平下进行了Winsorize处理，最终获得1829家公司年度观测值。

为检验假设H_1、H_2和H_3，本节以2005年6月13日实施的股利税减税政策为外生事件，分析财务杠杆在股利税减税影响公司权益资本成本中的具体作用，揭示股利税减税后高负债融资公司与低负债融资公司权益资本成本变动程度的差异。多元线性回归模型（1）、模型（2）主要检验股利税减税对公司权益资本成本、财务杠杆的影响；回归模型（3）主要检验财务杠杆在股利税减税影响公司权益资本成本中的中介效应；近似双重差分模型（4）用来检验财务杠杆在股利税减税影响公司权益资本成本中的调节作用。模型（1）—模型（4）如下所示：

$$R_{i,t} = \alpha_0 + \alpha_1 Ref_{i,t} + \alpha_i Control + \varepsilon_{i,t} \tag{1}$$

$$Lev_{i,t} = \alpha_0 + \alpha_1 Ref_{i,t} + \alpha_i Control + \varepsilon_{i,t} \tag{2}$$

$$R_{i,t} = \alpha_0 + \alpha_1 Ref_{i,t} + \alpha_2 Lev_{i,t} + \alpha_i Control + \varepsilon_{i,t} \tag{3}$$

$$R_{i,t} = \alpha_0 + \alpha_1 Ref_{i,t} + \alpha_2 Lev_{i,t} + \alpha_3 Ref * LEV_{i,t} + \alpha_i Control + \varepsilon_{i,t} \tag{4}$$

其中，被解释变量为公司权益资本成本R，本节采用OJ模型、PEG、Gordon、GLS方法进行估算。解释变量为股利税减税改革Ref哑变量。中介/调节变量为财务杠杆Lev，借鉴刘行等（2015），Lev等于期末有息债务（期末短期借款、长期借款、一年内到期的非流动负债和应付债券的和）除以总资产。依据以往研究文献的经验，控制了如下变量：投资者持股时间（HOLD）、公司规模（SIZE）、净资产收益率（ROE）、股权集中度（SHARE）、账面市价比（BM）、股利分配率（DIV）和行业（HANGYE）。

以上变量的定义如表4－2所示。

4.2.2.2 描述性统计

表4－7报告了2005年股利税减税改革前后主要变量的单因素检验。2005年股利税减税改革后，权益资本成本R均值在1%置信水平下显著提高了7.2%；财务杠杆LEV均值在10%置信水平下降低了1.4%；融资约束FC均值下降，说明股利税减税改革后融资约束严重程度变弱；公司规模SIZE、净资产收益率ROE、前十大股东持股比例SHARE的均值显著上升，持股时间、账面市价比的均值显著下降。由此得出，2005年股利税减税改革后，上市公司平均权益资本成本上升，公司财务杠杆率下降。初步支持本节的假设H_1。

表4－7　　股利税减税改革等主要变量的单因素检验

变量	改革前		改革后		改革后—改革前	
	平均值	中位数	平均值	中位数	均值之差（t值）	中位数之差（z值）
R	0.095	0.077	0.167	0.139	0.072***	0.062***
LEV	0.233	0.232	0.219	0.214	－0.014*	－0.018*
FC	0.261	0.000	0.233	1.000	－0.028*	1.000
HOLD	－0.348	－0.285	－1.411	－1.304	－1.063***	－1.019***
SIZE	21.353	21.218	21.648	21.529	0.295***	0.311***
ROE	0.073	0.066	0.095	0.078	0.022***	0.012***
SHARE	0.305	0.190	0.571	0.390	0.266***	0.200***
BM	0.861	0.876	0.768	0.808	－0.053***	－0.068***
DIV	0.302	0.208	0.305	0.231	0.003	0.205

注：***、*分别表示回归系数在1%、10%水平下显著。

表4－8列示了2005年股利税减税改革变量与其他主要变量的相关系数。股利税减税改革（Ref）与权益资本成本（R）的相关系数为0.387，在1%置信水平下显著，说明2005年股利税减税改革对公司权益资本成本产生显著的正面影响。股利税减税改革（Ref）与财务杠杆（LEV）的相关系数为－0.091，在1%水平下显著，说明2005年股利税减税改革对公司财务杠杆产生负面影响。权益资本成本（R）与财务杠杆（LEV）的相关系数为0.155，在1%置信水平下显著，说明财务杠杆与公司权益资本成本存在显著的正相关关系。权益资本成本（R）与公司规模（SIZE）、净资产收益率

（ROE）、前十大股东持股比例（SHARE）均显著正相关，说明公司规模、净资产收益率、前十大股东持股比例均对权益资本成本有正向影响。权益资本成本（R）与持股时间（HOLD）、融资约束（FC）显著负相关，说明持股时间、融资约束对权益资本成本产生负面影响。各主要变量间的相关系数较小，通过了显著性检验，不存在多重共线性。

表4-8　　股利税减税改革等主要变量的相关系数

	R	Ref	LEV	FC	HOLD	SIZE	ROE	SHARE	BM	DIV
R	1.000	0.387***	0.155***	-0.025*	-0.296***	0.249***	0.184***	0.199***	0.006	0.018
Ref	0.387***	1.000	-0.091***	-0.044**	-0.716***	0.124***	0.122***	0.312***	-0.226***	-0.004
LEV	0.155***	-0.091***	1.000	-0.020*	-0.114***	0.206***	0.061***	0.096***	0.247***	-0.163***
FC	-0.025*	-0.044**	-0.020*	1.000	0.043**	-0.022	0.011	-0.002	-0.003	-0.009
HOLD	-0.296***	-0.716***	-0.114***	0.043**	1.000	0.017	-0.040***	-0.207***	0.303**	0.018
SIZE	0.249***	0.124***	0.206***	-0.022	0.017	1.000	0.179***	0.010***	0.283***	0.075**
ROE	0.184***	0.122***	0.061***	0.011	-0.040***	0.179***	1.000	0.230***	-0.221***	0.014
SHARE	0.199***	0.312***	0.096***	-0.002	-0.207***	0.010***	0.230***	1.000	-0.340***	-0.018
BM	0.006	-0.226***	0.247***	-0.003	0.303**	0.283***	-0.221***	-0.340***	1.000	0.040*
DIV	0.018	-0.004	-0.163**	-0.009	0.018	0.075***	0.014	-0.018	0.040*	1.000

注：***、**、*分别表示回归系数在1%、5%、10%水平下显著。

4.2.3　回归结果分析

表4-9报告了股利税减税改革、财务杠杆与权益资本成本关系的回归分析结果。表中的Panel A和Panel B分别显示用PEG、OJ模型估算权益资本成本回归的结果。Panel A四个回归方程的VIF值分别为1.64、1.64、1.64、1.90，Panel B四个回归方程的VIF值分别为4.16、4.23、4.07、4.17，全部回归模型的VIF值均小于5，说明变量间均不存在共线性。Panel A中，模型（1）显示了2005年股利税减税改革对公司权益资本成本的具体影响，模型（1）R对Ref的回归系数在1%的置信水平下显著为0.05，表明2005年股利税减税改革后，上市公司权益资本成本显著提高了5.0%。模型（2）显示了2005年股利税减税改革对公司财务杠杆的具体影响，模型（2）LEV对Ref回归系数在1%置信水平下显著为-0.056，说明2005年股利税减税改革促使上市

公司财务杠杆下降5.6%，假设 H_1 成立。在模型（1）基础上引入财务杠杆得到模型（3），R 对 LEV 的回归系数在1%置信水平下为0.034，说明公司财务杠杆每增加1个百分点，公司权益资本成本增加3.4%，即财务杠杆对上市公司权益资本成本发挥了正向作用。模型（1）、模型（2）和模型（3）的 Ref 回归系数均显著，说明财务杠杆在2005年股利税减税改革影响公司权益资本成本过程中发挥了中介效应，假设 H_2 成立。模型（4）R 对 Ref * LEV 的回归系数在5%置信水平下显著为0.015，说明与低负债融资公司相比，股利税减税改革对高负债融资公司权益资本成本的正向影响被显著地削弱，即2005年股利税减税改革后，高负债融资公司比低负债融资公司权益资本成本少增加1.5%，财务杠杆在2005年股利税减税改革影响公司权益资本成本中的负向调节作用显著，假设 H_3 成立。Panel B 第（1）列、第（3）列、第（4）列 Ref 的回归系数在1%的置信水平下显著为正，验证了 H_1。Panel B 显示，第（2）列 LEV 对 Ref 的回归系数在1%的置信水平下显著为负；第（3）列 R 对 LEV 的回归系数 $\gamma_3=0.031$，在1%置信水平下显著为正，LEV 的中介效应显著；第（4）列 R 对 Ref * LEV 的回归系数 $\mu_4=0.051$，在1%置信水平下显著，说明 LEV 的调节作用显著。因此，在其他条件不变的情况下，财务杠杆（LEV）在2005年股利税减税影响公司权益资本成本中不仅发挥着中介作用，同时发挥着正向调节作用，从而进一步验证 H_3。

表4-9　股利税减税改革、财务杠杆与公司权益资本成本的回归结果

Panel A				
	(1)	(2)	(3)	(4)
VARIABLES	R	LEV	R	R
Ref	0.054*** (10.15)	-0.052*** (-5.71)	0.056*** (10.31)	0.045*** (6.20)
LEV			0.023* (1.88)	0.001 (0.04)
Ref * LEV				0.052** (2.18)
HOLD	-0.013*** (-3.71)	-0.048*** (-7.93)	-0.012*** (-3.34)	-0.011*** (-3.04)
SIZE	0.013*** (6.76)	0.017*** (5.07)	0.013*** (6.52)	0.013*** (6.47)

续表

Panel A				
	(1)	(2)	(3)	(4)
VARIABLES	R	LEV	R	R
ROE	0.122*** (5.54)	-0.066* (-1.76)	0.123*** (5.61)	0.122*** (5.56)
SHARE	0.019*** (4.15)	0.008 (0.96)	0.019*** (4.11)	0.019*** (4.08)
BM	0.052*** (5.14)	0.128*** (7.46)	0.049*** (4.78)	0.046*** (4.52)
DIV	0.001 (0.18)	-0.035*** (-5.61)	0.002 (0.41)	0.001 (0.34)
HANGYE	-0.028*	-0.048*	-0.027	-0.027
Constant	-0.265*** (-6.61)	-0.196*** (-2.86)	-0.261*** (-6.48)	-0.250*** (-6.19)
Observations	2227	2227	2227	2227
R-squared	0.242	0.138	0.243	0.245
r-squared_adjusted	0.235	0.131	0.236	0.238
F	37.08	18.61	35.45	34.04
Panel B				
	(1)	(2)	(3)	(4)
VARIABLES	R	LEV	R	R
Ref	0.056*** (10.56)	-0.025*** (-5.84)	0.058*** (10.80)	0.047*** (6.56)
LEV			0.031** (2.51)	0.008 (0.53)
Ref*LEV				0.051** (2.17)
HOLD	-0.012*** (-3.40)	-0.017*** (-8.33)	-0.011*** (-2.94)	-0.010*** (-2.64)
SIZE	0.011*** (5.76)	0.025*** (11.53)	0.011*** (5.46)	0.011*** (5.42)
ROE	0.101*** (4.63)	0.001 (0.21)	0.103*** (4.72)	0.102*** (4.67)

续表

Panel B				
	(1)	(2)	(3)	(4)
VARIABLES	R	LEV	R	R
SHARE	0.019*** (4.10)	-0.001** (-2.51)	0.018*** (4.05)	0.018*** (4.02)
BM	0.049*** (4.91)	0.236*** (20.70)	0.045*** (4.46)	0.043*** (4.20)
DIV	-0.007** (-2.01)	-0.011*** (-3.76)	-0.006* (-1.70)	-0.007* (-1.77)
HANGYE	Control	Control	Control	Control
Constant	-0.220*** (-5.53)	-0.465*** (-10.29)	-0.214*** (-5.38)	-0.204*** (-5.09)
Observations	2227	4586	2227	2227
R-squared	0.231	0.306	0.233	0.235
r-squared_adjusted	0.225	0.303	0.226	0.228

注：***、**、*分别表示回归系数在1%、5%、10%水平下显著。

4.3 股利税减税、股利分配与权益资本成本关系的分析

4.3.1 理论分析与研究假设

Farrar 和 Selwyn（1967）首先基于美国税制特点提出，如果股利税高于资本利得税，公司常用股票回购取代现金股利，股东对于高股利分配率的股票会要求较高的必要报酬率，为了控制、降低权益资本成本，公司可以采取低股利分配政策。Brennan（1970）利用税后 CAPM 理论进一步得出，资本利得税可以被延期支付，由于股利税通常高于资本利得税，因而公司多留存盈余、少（不）分配股利对于投资者来说是有利的，市场预期股利分配公司权益资本成本高于不分配股利公司。我国财税〔2005〕102 号实施后，股利支付水

平与股票的累计超额收益率正相关（曾亚敏等，2005）；上市公司短期内现金股利支付增加，长期内效应递减，现金股利支付对股利税减免的反应与公司控股股东性质相关，而与自然人持股比例无关（李增福等，2010）；股利税减半刺激了上市公司进行现金分红（赵虹等，2012），预期派现倾向高与现金股利支付强的上市公司对股利税降低的市场反应比较显著，而市场流通股的市场反应较为“平淡”（杨宝等，2013）；贾凡胜（2016）通过股利税差异化实践发现，股利税改革影响了公司的股利政策，公司提高了现金分红的预期。以上分析显示，在其他条件不变的情况下，股利税与公司现金股利负相关。

Miller & Modigliani（1961）的股利无关论认为，在完美资本市场中，股东可以通过自制股利方式满足自身现金流需求，股利决策与资本成本无关。然而，现实生活中股利政策决定着股东利益的保护以及股东财富最大化目标的实现。汪平等（2016）发现基于权益资本成本的现金股利动态调整机制有利于股东财富最大化目标的实现。已有研究表明股利支付与公司价值等密切相关。“一鸟在手”理论被财务工作者普遍采纳：股利政策与公司价值、资本成本息息相关，股利支付的越多，权益资本成本越低，公司股价越高，公司价值越大；现金股利有利于公司价值的提高，股利分配的稳定性对提高公司价值是至关重要的，公司现金股利不平稳程度影响着投资者的行为偏好，也显著影响了投资者的预期投资收益（陈名芹等，2017）；2008年半强式分红政策实施后，公司被动分红对投资者长期股票投资超额收益产生负向影响（马宏，2017）。信号传递理论认为股利支付传递着管理当局所掌握的内部信息情况，如果预期公司发展前景良好，常会通过增加股利的方式来告诉股东和潜在投资者；如果预期公司发展前景暗淡，现有股利常会维持不变或者降低。投资者据此来预测其投资风险，高（低）股利支付传递公司业绩好（差）的信息，投资风险较低（高），投资者要求较低（高）的报酬率，公司权益资本成本较低（高）。此外，现金股利是一种有效的公司治理机制，能够缓解控股股东代理问题，公司支付现金股利能够显著降低权益资本成本（罗琦等，2017），权益资本成本与股利分配呈负向变动关系，现金股利分配多（少）的公司，权益资本成本低（高）。2005年股利税减半政策实施后，公司权益资本成本提高，由于权益资本成本会受到股利分配政策的负面影响以及资本成本有黏性，因此，多分配股利的公司权益资本成本上升幅度高于少（不）分配现金股利的公司。公司主动现金分红与投资者获取的长期股票投资超额收益呈显著的正相关关系（马宏，2017）。结合股利税与股利分配的关系以及公司融资成本的黏性，多分配现金股利公司的权益资本成本下降的幅度比较小；而少（不）分配现金股利的公司权益资本成本下降幅度比较大。据此，本节提出股利税减税对高（低）现金股利公司权益资本成本影响的研究假设：

H_1：股利分配在股利税减税影响公司权益资本成本中发挥了中介作用。

H_2：股利分配在股利税减税影响公司权益资本成本中发挥了调节作用。

4.3.2 研究设计

本节以2002—2004年、2006—2007年分别作为股利税减税之前、之后的期间。研究样本对以下沪深A股上市公司进行了剔除：①财务状况存在异常的ST、PT及金融行业上市公司；②实证模型所需财务数据缺失的上市公司；③权益资本成本估值异常的上市公司。数据来源于CSMAR和RESSET数据库。数据分析主要采用STATA13软件进行，并对所有连续变量在1%和99%水平下进行了Winsorize处理，最终获得2111家公司年度观测值。

为检验假设H_1、H_2，本节以2005年6月13日实施的股利税减税政策为外生事件，分析股利分配在股利税减税影响公司权益资本成本中的作用，揭示股利税减税后高股利分配公司与低股利分配公司权益资本成本变动程度的差异。多元线性回归模型（1）、模型（2）主要检验股利税减税对公司权益资本成本、股利分配的影响；回归模型（3）主要检验股利分配的中介效应，近似双重差分模型（4）用来检验股利分配的调节作用。模型（1）—模型（4）如下所示：

$$R_{i,t} = \alpha_0 + \alpha_1 Ref_{i,t} + \alpha_i Control + \varepsilon_{i,t} \tag{1}$$

$$Div_{i,t} = \alpha_0 + \alpha_1 Ref_{i,t} + \alpha_i Control + \varepsilon_{i,t} \tag{2}$$

$$R_{i,t} = \alpha_0 + \alpha_1 Ref_{i,t} + \alpha_2 Div_{i,t} + \alpha_i Control + \varepsilon_{i,t} \tag{3}$$

$$R_{i,t} = \alpha_0 + \alpha_1 Ref_{i,t} + \alpha_2 Div_{i,t} + \alpha_3 Ref * Div_{i,t} + \alpha_i Control + \varepsilon_{i,t} \tag{4}$$

其中，被解释变量为公司权益资本成本R，本节采用OJ模型、PEG、Gordon、GLS方法进行估算。解释变量为股利税减税改革Ref哑变量。中介/调节变量为股利分配DIV。依据以往研究文献的经验，控制了如下变量：投资者持股时间（Hold）、公司规模（Size）、净资产收益率（Roe）、股权集中度（Share）、账面市价比（Bm）和行业（Industry）。以上变量的定义如表4－2所示。

4.3.3　描述性统计

表4－10报告了2005年股利税减半政策实施前后变量的单因素检验。2005年股利税减半后，上市公司权益资本成本上升，其中，高股利分配公司权益资本成本R均值上升0.031，低股利分配公司权益资本成本R上升0.023。2005年股利税减半政策实施后，高股利分配公司权益资本成本上升的幅度高于低股利分配公司。此外，股利税减税后，持股时间、账面市价比降低，财务杠杆、公司规模、净资产收益率及前十大股东持股比例均显著增加。

表4－10　公司权益资本成本、股利分配等主要变量的单因素检验

变量	高股利分配公司						低股利分配公司					
	政策前		政策后		均值后—前	中位数后—前	政策前		政策后		均值后—前	中位数后—前
	平均值	中位数	平均值	中位数			平均值	中位数	平均值	中位数		
R	0.046	0.040	0.077	0.064	0.031***	0.024***	0.081	0.062	0.104	0.081	0.023***	0.019***
Hold	－0.295	－0.232	－1.335	－1.259	－1.040***	－1.027***	－0.368	－0.307	－1.426	－1.314	－1.057***	－1.007***
Lev	0.185	0.169	0.19	0.177	0.005*	0.008*	0.245	0.243	0.226	0.224	－0.019**	－0.019***
Size	21.383	21.223	21.707	21.598	0.324***	0.365***	21.34	21.196	21.61	21.447	0.270***	0.251***
Roe	0.076	0.070	0.092	0.075	0.016***	0.005	0.073	0.064	0.097	0.079	0.024***	0.015***
Share	0.282	0.180	0.511	0.320	0.229***	0.140***	0.329	0.190	0.584	0.415	0.255***	0.225***
Bm	0.869	0.880	0.786	0.843	－0.082***	－0.037*	0.852	0.870	0.762	0.801	－0.090***	－0.069***

注：***、**、*分别表示回归系数在1%、5%、10%水平下显著。

表4－11列示了2005年股利税减半后主要变量间的相关系数。2005年股利税减半政策实施后，R与Ref显著正相关，R与Div、Hold、Lev、Bm显著负相关，R与Size、Roe、Share显著正相关，主要变量间不存在共线性。

表 4－11　2005 年股利税减半政策实施等主要变量的相关系数表

	R	Post	Div	Hold	Lev	Size	Roe	Share	Bm
R	1	0.147***	－0.200***	－0.040*	－0.050**	0.171.***	0.653***	0.265***	－0.175***
Ref	0.147***	1	－0.065***	－0.713***	－0.035	0.124***	0.122***	－0.282***	－0.210***
Div	－0.200***	－0.065***	1	0.094***	－0.140***	0.017	－0.011	－0.74***	0.053**
Hold	－0.040*	－0.713***	0.094***	1	－0.069***	0.026	－0.035	－0.185***	0.296***
Lev	－0.050**	－0.035	－0.140***	－0.069***	1	0.044**	－0.092***	－0.089***	0.181***
Size	0.171***	0.124***	0.017	0.026	0.044**	1	0.189***	0.100***	0.289***
Roe	0.653***	0.122***	－0.011	－0.035	－0.092***	0.189***	1	0.236***	－0.211***
Share	0.265***	0.282***	－0.74***	－0.185***	－0.089***	0.100***	0.236***	1	0.306***
Bm	－0.175***	－0.210***	0.053**	0.296***	0.181***	0.289***	－0.211***	－0.306***	1

注：R 为 R_{gordon} 与 R_{PEG} 的均值，***、**、* 分别表示回归系数在 1%、5%、10% 水平下显著。

4.3.4　回归结果分析

表 4－12 报告了 2005 年股利税减税政策实施对高/低股利分配不同公司权益资本成本的影响差异。表 4－12 第（1）列、第（2）列分别为以 R_{gordon} 与 R_{peg} 为被解释变量、2005 年股利税减半政策实施（Ref）为解释变量的模型（1）回归结果，回归模型通过了显著性检验，Ref 回归系数在 1% 水平下显著为正，说明上市公司权益资本成本在 2005 年股利税减半后显著提高。表 4－12 第（3）列显示了股利税减税对公司股利分配的影响，其股利税减税 Ref 的回归系数显著为负，说明股利税减税后，公司股利分配下降。表 4－12 第（4）列、第（5）列分别为以 R_{gordon} 和 R_{peg} 为被解释变量、2005 年股利税减半政策实施（Ref）和股利分配（Div）为解释变量的模型（2）回归结果，回归模型通过了显著性检验；模型（2）调整 R^2 值大于模型（1），说明模型（2）在模型（1）基础上引入 Div 解释变量后拟合优度提高；Ref 和 Div 的回归系数在 1% 水平下显著，Div 的回归系数为负，说明 2005 年股利税减半后公司股利分配与权益资本成本负相关。结合第（1）—（3）列可以看出，股利分配在股利税减税影响公司权益资本成本中发挥了部分中介效应，假设 H_1 成立。表 4－12 第（6）列、第（7）列分别为以 R_{gordon} 与 R_{peg} 为被解释变量、股利分配（Div）和股利税减税政策实施＊股利分配（Ref＊Div）为解释

变量的模型（4）回归结果，模型（4）调整 R^2 值大于模型（2），说明模型（4）在模型（2）基础上增加 Ref * Div 交互项后拟合优度提高；Ref、Div 和 Ref * Div 的回归系数在 5% 水平下显著，Ref * Div 显著为正，说明 2005 年股利税减税后，与低股利分配公司相比，高股利分配公司权益资本成本上升幅度比较显著，研究假设 H_2 得以验证。

表 4 - 12　2005 年股利税减税、股利分配与权益资本成本关系的回归结果

	(1)	(2)	(3)	(4)	(5)	(6)	(7)
Variables	R_{gordon}	R_{peg}	Div	R_{gordon}	R_{peg}	R_{gordon}	R_{peg}
Ref	0.011 *** (2.886)	0.057 *** (10.377)	-0.127 *** (-4.330)	0.011 *** (2.808)	0.057 *** (10.357)	0.030 *** (7.960)	0.058 *** (9.660)
Div				-0.022 *** (-8.481)	-0.014 *** (-5.857)	-0.040 *** (-8.959)	-0.022 *** (-5.387)
Ref * div						0.027 *** (4.929)	0.012 ** (2.440)
Hold	0.008 *** (3.052)	-0.011 *** (-3.071)	-0.072 *** (-3.687)	0.008 *** (3.006)	-0.011 *** (-3.089)	0.008 *** (3.040)	-0.011 *** (-3.089)
Size	0.010 *** (6.745)	0.011 *** (5.560)	0.011 *** (7.392)	0.011 *** (7.351)	0.012 *** (5.640)	0.011 *** (7.578)	0.011 *** (5.621)
Roe	0.548 *** (34.423)	0.103 *** (4.616)	0.875 *** (7.398)	0.548 *** (34.982)	0.102 *** (4.614)	0.549 *** (35.270)	0.102 *** (4.605)
Share	0.026 *** (7.771)	0.019 *** (3.960)	0.025 *** (2.875)	0.026 *** (7.909)	0.019 *** (3.963)	0.026 *** (7.863)	0.019 *** (3.967)
Bm	-0.014 * (-1.890)	0.044 *** (4.237)	-0.109 ** (-1.978)	-0.012 * (-1.664)	0.044 *** (4.281)	-0.011 (-1.529)	0.044 *** (4.268)
lev	-0.006 (-0.655)	0.029 ** (2.290)	-0.645 *** (-9.560)	-0.015 * (-1.703)	0.027 ** (2.091)	-0.020 ** (-2.210)	0.027 ** (2.116)
Constant	-0.161 *** (-5.475)	-0.226 *** (-5.521)	-2.130 *** (-8.770)	-0.172 *** (-5.941)	-0.229 *** (-5.583)	-0.173 *** (-6.017)	-0.229 *** (-5.578)
Industry	Control	Control		Control	Control	Control	Control
Observations	2111	2111	2111	2111	2111	2111	2111
R - squared	0.479	0.232	0.1985	0.496	0.233	0.502	0.233
R^2_a	0.474	0.226	0.1916	0.492	0.226	0.497	0.226
F	113.0	37.21	28.78	114.3	35.28	110.8	33.42

注：***、**、* 分别表示回归系数在 1%、5%、10% 水平下显著，括号内为 T 值。

4.4 股利税减税、风险承担与权益资本成本关系的分析

4.4.1 理论分析与研究假设

公司风险承担反映了管理层在投资决策中对风险投资项目的选择偏好，它常被管理层用来识别投资机会。近年来，随着我国资本市场的逐步完善，管理者因规避风险导致的投资不足现象得到了学界的高度关注。相关学者的研究表明适度的风险承担有利于公司价值的最大化，低水平的风险承担会降低公司的资本配置效率（Faccio，2016）。新成立企业的风险承担水平与其绩效间存在倒U型关系，企业承担适度风险时绩效较好，而企业规避风险和承担过高风险都会导致绩效降低，进而影响企业的资本配置效率（董保宝和葛宝山，2014）。影响公司风险承担水平的因素有很多。李海霞和王振山（2015）发现，CEO权力越大，公司风险承担水平越高。解维敏和唐清泉（2013）认为，良好的公司治理机制能激励上市公司承担风险，大股东持股比例与公司风险承担之间存在U型关系，管理层持股有利于公司更高水平的风险承担，私有产权控股对公司风险承担有正的影响。王振山和石大林（2014）得出，机构投资者持股比例和公司财务弹性都与公司风险承担正相关，而且两者间的交互效应与公司风险承担负相关。盛明泉和车鑫（2016）则从战略管理的视角检验了公司风险承担水平对资本结构动态调整的影响。研究结果表明，公司的风险承担水平能够加快资本结构调整的速度，减少实际资本结构偏离目标的程度。王阳和郑春艳（2012）发现，上市公司风险承担对其股价波动有显著的正向影响。个人投资者及证券投资基金持股比例提高（下降），意味着机构投资者持股比例下降（提高），公司相应承担的风险水平下降（提高），股东预期要求的报酬率降低（增加）。公司股利分配的提高（降低）影响着代理成本的变动，进而对公司风险承担产生影响，最终对公司股权资本成本产生影响。因此，风险承担在股利税差异化影响公司股权资本成本中不仅发挥了桥梁作用，也影响了作用程度。基于此，本节提出假设：

H_1：风险承担在股利税减税影响公司权益资本成本中具有中介作用。

H_2：风险承担在股利税减税影响公司权益资本成本中具有调节作用。

4.4.2 研究设计

4.4.2.1 样本选择与检验模型

以2002—2004年、2006—2007年分别作为股利税减税之前、之后的期间。研究样本剔除了沪深A股财务状况存在异常的ST、PT、金融行业上市公司、实证模型所需财务数据缺失的上市公司、权益资本成本估值异常的上市公司；对所有连续变量在1%和99%水平下进行了Winsorize处理，最终获得2107家公司年度观测值。数据来源于CSMAR和RESSET数据库，数据分析主要采用STATA13软件进行。

为检验假设H_1、H_2，本节以2005年6月13日实施的股利税减税政策为外生事件，分析风险承担在股利税减税影响公司权益资本成本中的作用，揭示股利税减税后高风险承担公司与低风险承担公司权益资本成本变动程度的差异。多元线性回归模型（1）、模型（2）主要检验股利税减税对公司权益资本成本、风险承担的影响；回归模型（3）主要检验风险承担的中介效应；近似双重差分模型（4）用来检验风险承担的调节作用。模型（1）—模型（4）如下所示：

$$R_{i,t} = \alpha_0 + \alpha_1 Ref_{i,t} + \alpha_i Control + \varepsilon_{i,t} \tag{1}$$

$$Rh_{i,t} = \alpha_0 + \alpha_1 Ref_{i,t} + \alpha_i Control + \varepsilon_{i,t} \tag{2}$$

$$R_{i,t} = \alpha_0 + \alpha_1 Ref_{i,t} + \alpha_2 Rh_{i,t} + \alpha_i Control + \varepsilon_{i,t} \tag{3}$$

$$R_{i,t} = \alpha_0 + \alpha_1 Ref_{i,t} + \alpha_2 Rh_{i,t} + \alpha_3 Ref * Rh_{i,t} + \alpha_i Control + \varepsilon_{i,t} \tag{4}$$

其中，被解释变量为公司权益资本成本R，本节采用OJ模型、PEG、Gordon、GLS方法进行估算。解释变量为股利税减税改革Ref哑变量。中介/调节变量为风险承担Rh。依据以往研究文献的经验，控制了如下变量：投资者持股时间、公司规模、净资产收益率、股权集中度、账面市价比、股利分配率和行业。以上变量的定义如表4-2所示。

4.4.2.2 描述性统计

表4-13报告了股利税减税期间上市公司权益资本成本等变量的均值、四分位数、中位数以及最大值、最小值。表4-14报告了高风险承担公司与低风险承担公司的主要变量在股利税减税政策实施前后的差异。股利税减税前，高风险承担公司R_{oj}的均值为0.083，低风险公司R_{oj}的均值为0.112，高

风险公司的权益资本成本较低；股利税减税后，高风险公司 R_{oj} 的均值为 0. 168，低风险公司 R_{oj} 的均值为 0. 172，低风险公司权益资本成本较高。在股利税减税政策实施后，高风险公司 R_{oj} 均值比政策实施前显著提升 0. 085，而低风险公司均值提升 0. 06，低风险承担公司 R_{oj} 的上升幅度小于高风险承担公司。由此看出，风险承担在股利税减税影响公司权益资本成本中起了正向的调节作用。

表 4－13　股利税减税期间权益资本成本等变量的描述性统计

变量	平均值	下四分位数	中位数	上四分位数	标准差	最大值	最小值
R_{oj}	0. 1280	0. 0629	0. 1019	0. 1649	0. 0957	0. 8756	0. 0023
R_{peg}	0. 1200	0. 0548	0. 0937	0. 1536	0. 0942	0. 8663	0. 0036
R_{gordon}	0. 0821	0. 0280	0. 0594	0. 1092	0. 0820	0. 9695	0. 0001
$R_{均值}$	0. 1100	0. 0568	0. 0912	0. 1432	0. 0741	0. 6117	0. 0048
Rh	－1. 2671	－1. 3660	－1. 2187	－1. 1027	0. 2246	－0. 1516	－2. 7427
Sh	0. 4282	0. 1300	0. 2600	0. 5800	0. 4432	3. 7600	0. 0000
SIZE	21. 4760	20. 7536	21. 3365	22. 0042	1. 1222	29. 7925	18. 5430
ROE	0. 0838	0. 0349	0. 0698	0. 1135	0. 0884	2. 9227	－0. 2105
DIV	0. 3021	0. 0000	0. 2174	0. 4980	0. 4930	15. 0000	－0. 0001
BM	0. 8169	0. 6928	0. 8523	0. 9681	0. 2122	1. 7752	0. 0884
LEV	0. 4740	0. 3481	0. 4785	0. 6046	0. 1783	0. 9780	0. 0126

表 4－14　股利税减税期间公司权益资本成本、风险承担等主要变量的单因素检验

公司类型	权益资本成本	股利税减税前			股利税减税后			改革后－改革前	
		均值	标准差	中位数	均值	标准差	中位数	均值之差	中位数之差
高风险承担公司	R_{oj}	0. 083	0. 051	0. 070	0. 168	0. 117	0. 141	0. 085***	0. 071***
	R_{peg}	0. 078	0. 050	0. 065	0. 163	0. 116	0. 136	0. 085***	0. 051***
	R_{gordon}	0. 045	0. 048	0. 035	0. 056	0. 052	0. 045	0. 010***	0. 010***
	$R_{均值}$	0. 069	0. 039	0. 060	0. 129	0. 082	0. 109	0. 060***	0. 049***
低风险承担公司	R_{oj}	0. 112	0. 069	0. 096	0. 172	0. 110	0. 138	0. 060***	0. 042***
	R_{peg}	0. 101	0. 066	0. 084	0. 159	0. 108	0. 130	0. 059***	0. 046***
	R_{gordon}	0. 113	0. 076	0. 097	0. 150	0. 110	0. 127	0. 036***	0. 030***
	$R_{均值}$	0. 109	0. 057	0. 094	0. 160	0. 086	0. 143	－0. 052***	46. 154***

注：*** 表示在 1% 水平下显著。

表4-15显示了股利税减税、风险承担、公司权益资本成本等变量间的相关系数：公司权益资本成本与股利税减税、持股比例、公司规模、净资产收益率、账面市价比、财务杠杆正相关，与风险承担负相关；风险承担与股利税减税负相关，与持股比例、公司规模、净资产收益、股利分配负相关；其他主要变量间相关系数较小，不存在严重的多重共线性。

4.4.3　回归结果分析

表4-16报告了股利税减税政策对公司权益资本成本、风险承担的影响回归结果。模型（1）—模型（4）Ref的回归系数显著为正，均显示股利税减税对公司权益资本成本产生显著的正面影响，支持假设 H_1。此外，从其他变量的回归结果来看，SHARE的回归系数显著为正，表明前十大股东持股比例越多，企业的权益资本成本越高；公司规模（size）、净资产收益率（ROE）、账面市价比（BM）、资产负债率（LEV）的回归系数显著为正，说明公司规模越大、净资产收益率越高、账面市价比越大、资产负债率越高的企业的权益资本成本越高。模型（5）Ref的回归系数在10%水平下不显著，说明股利税减税对公司风险承担并没有产生显著影响。对表4-16模型（5）和表4-17模型（1）—模型（4）进行Sobel检验，P值均小于0.3224。因此，风险承担的中介效应不显著。

表4-17报告了股利税减税后风险承担对公司权益资本成本影响的回归结果。表4-17模型（1）—模型（4）中，持股比例Sh的回归系数显著为正，表明前十大股东持股比例越高，企业的权益资本成本越高。公司规模（Size）、净资产收益率（ROE）、账面市价比（BM）、资产负债率（LEV）的回归系数显著为正，说明公司规模越大、净资产收益率越高、账面市价比越大、资产负债率越高的公司权益资本成本越高。股利税减税Ref的回归系数显著为负，表明在股利税减税促使公司权益资本成本增加的基础上，风险控制在股利税减税影响公司权益资本成本中发挥了显著的中介效应。

表4-18报告了风险承担在股利税减税影响公司权益资本成本中调节作用的回归结果。表4-18模型（1）—模型（4）中，SH的回归系数显著为正，表明前十大股东持股比例越高。公司权益资本成本越高；公司规模（Size）、净资产收益率（ROE）、账面市价比（BM）、资产负债率（LEV）的

表 4－15　　股利税减税期间权益资本成本与风险承担等主要变量间相关系数表

变量	R_{oj}	R_{peg}	R_{gordon}	Raver	RISK	Ref	SH	SIZE	ROE	DIV	BM	LEV
R_{oj}	1.000	0.9949*	0.2196*	0.9331*	-0.1271*	0.3920*	0.1838*	0.2499*	0.1911*	0.017	0.009	0.1538*
R_{peg}	0.9949*	1.000	0.2123*	0.9304*	-0.0906*	0.3956*	0.1855*	0.2267*	0.1697*	-0.027	0.001	0.1691*
R_{gordon}	0.2196*	0.2123*	1.000	0.5532*	-0.6313*	0.1471*	0.2656*	0.1719*	0.6534*	-0.1128*	-0.1748*	0.1073*
$R_{均值}$	0.9331*	0.9304*	0.5532*	1.000	-0.3258*	0.3907*	0.2556*	0.2670*	0.3951*	-0.046	-0.060	0.1774*
RH	-0.1271*	-0.0906*	-0.6313*	-0.3258*	1.000	-0.0913*	-0.2103*	-0.1172*	-0.6025*	-0.0990*	0.3714*	0.3702*
Ref	0.3920*	0.3956*	0.1471*	0.3907*	-0.0913*	1.000	0.2828*	0.1239*	0.1218*	-0.001	-0.2081*	0.1000*
SH	0.1838*	0.1855*	0.2656*	0.2556*	-0.2103*	0.2828*	1.000	0.1002*	0.2367*	-0.029	-0.3072*	0.1576*
SIZE	0.2499*	0.2267*	0.1719*	0.2670*	-0.1172*	0.1239*	0.1002*	1.000	0.1887*	0.046	0.2865*	0.2798*
ROE	0.1911*	0.1697*	0.6534*	0.3951*	-0.6025*	0.1218*	0.2367*	0.1887*	1.000	0.014	-0.2105*	0.074
DIV	0.017	-0.027	-0.1128*	-0.046	-0.0990*	-0.001	0.029	0.046	0.014	1.000	0.036	-0.1718*
BM	0.009	0.001	-0.1748*	-0.060	0.3714*	0.2081*	0.3072*	0.2865*	-0.2105*	0.036	1.000	0.2509*
LEV	0.1538*	0.1691*	0.1073*	0.1774*	0.3702*	0.1000*	0.1576*	0.2798*	0.074	-0.1718*	0.2509*	1.000

注：* 表示在 10% 水平下显著。

表 4-16　股利税减税对公司权益资本成本与风险承担影响的回归结果

	(1)	(2)	(3)	(4)	(5)
VARIABLES	R_{oj}	R_{peg}	R_{gordon}	$R_{均值}$	Rh
Ref	0.0682*** (0.00398)	0.0681*** (0.00393)	0.00548* (0.00283)	0.0473*** (0.00288)	0.00669 (0.9900)
SH	0.0122*** (0.00471)	0.0122*** (0.00466)	0.0171*** (0.00335)	0.0138*** (0.00341)	-0.04017*** (-5.0300)
SIZE	0.0123*** (0.00186)	0.0103*** (0.00184)	0.00372*** (0.00132)	0.00878*** (0.00134)	-0.03551*** (-11.2800)
ROE	0.129*** (0.0225)	0.105*** (0.0222)	0.568*** (0.0160)	0.267*** (0.0163)	-1.38484*** (-36.3600)
DIV	0.00311 (0.00384)	-0.00456 (0.00380)	-0.0195*** (0.00273)	-0.00699** (0.00278)	-0.00883 (-1.3600)
BM	0.0323*** (0.0105)	0.0286*** (0.0104)	-0.00953 (0.00750)	0.0171** (0.00762)	0.19145*** (10.7200)
LEV	0.0242** (0.0116)	0.0328*** (0.0114)	0.00717 (0.00823)	0.0214** (0.00837)	0.53239*** (27.1500)
Constant	-0.221*** (0.0365)	-0.184*** (0.0361)	-0.0450* (0.0260)	-0.150*** (0.0264)	-0.78022*** (-12.5900)
Observations	2107	2107	2107	2107	2107
R-squared	0.216	0.209	0.458	0.315	0.590

注：*** $p<0.01$，** $p<0.05$，* $p<0.1$，括号内为 T 值。

表 4-17　风险承担对股利税减税影响公司权益资本成本中介效应的回归结果

	(1)	(2)	(3)	(4)
VARIABLES	R_{oj}	R_{peg}	R_{gordon}	$R_{均值}$
Ref	0.06844*** (17.23)	0.06824*** (17.35)	0.00692*** (2.84)	0.04787*** (17.02)
Rh	-0.03751*** (-2.92)	-0.02172* (-1.71)	-0.21519*** (-27.35)	-0.09147*** (-10.05)
SH	0.01068** (2.26)	0.01137** (2.43)	0.00847*** (2.92)	0.01017*** (3.04)

续表

	(1)	(2)	(3)	(4)
VARIABLES	R_{oj}	R_{peg}	R_{gordon}	$R_{均值}$
SIZE	0. 01096 ***	0. 00957 ***	-0. 00392 ***	0. 00554 ***
	(5. 74)	(5. 06)	(-3. 35)	(4. 09)
ROE	0. 07684 ***	0. 07479 ***	0. 27038 ***	0. 14067 ***
	(2. 68)	(2. 64)	(15. 43)	(6. 94)
DIV	0. 00278	-0. 00476	-0. 02142 ***	-0. 00780 ***
	(0. 73)	(-1. 25)	(-9. 12)	(-2. 87)
BM	0. 03953 ***	0. 03276 ***	0. 03166 ***	0. 03465 ***
	(3. 66)	(3. 06)	(4. 79)	(4. 53)
LEV	0. 04418 ***	0. 04436 ***	0. 12173 ***	0. 07009 ***
	(3. 29)	(3. 34)	(14. 82)	(7. 38)
Constant	-0. 25046 ***	-0. 20096 ***	-0. 21286 ***	-0. 22143 ***
	(-6. 62)	(-5. 37)	(-9. 19)	(-8. 27)
Observations	2107	2107	2107	2107
R - squared	0. 219	0. 210	0. 601	0. 346
R^2_a	0. 216	0. 207	0. 599	0. 344
F	73. 50	69. 59	394. 2	138. 9

注：*** p<0. 01，** p<0. 05，* p<0. 1，括号内为T值。

回归系数显著为正，说明公司规模越大、净资产收益率越高、账面市价比越大、资产负债率越高的企业的权益资本成本越高。股利税减税和风险承担的交乘项 Ref * Rh 的回归系数显著为负，表明风险承担在股利税减税影响公司权益资本成本中发挥了负向调节作用，即与高风险承担公司相比，低风险承担公司受到股利税减税影响的幅度更大。假设 H_2 得以检验，风险承担负向调节作用成立。

表 4 - 18　　风险承担对公司权益资本成本的影响回归结果

	(1)	(2)	(3)	(4)
VARIABLES	R_{oj}	R_{peg}	R_{gordon}	R_{AVER}
Ref	0. 144 ***	0. 150 ***	-0. 00298	0. 0967 ***
	(0. 0216)	(0. 0214)	(0. 0133)	(0. 0153)

续表

	(1)	(2)	(3)	(4)
VARIABLES	R_{oj}	R_{peg}	R_{gordon}	R_{AVER}
Rh	-0.0665 *** (0.0152)	-0.0531 *** (0.0151)	-0.211 *** (0.00934)	-0.110 *** (0.0108)
Rh * Ref	0.0600 *** (0.0170)	0.0649 *** (0.0168)	-0.00790 * (0.0104)	0.0390 *** (0.0120)
SH	0.0115 ** (0.00472)	0.0123 *** (0.00467)	0.00836 *** (0.00290)	0.0107 *** (0.00335)
SIZE	0.0112 *** (0.00190)	0.00983 *** (0.00189)	-0.00395 *** (0.00117)	0.00569 *** (0.00135)
ROE	0.0765 *** (0.0285)	0.0745 *** (0.0282)	0.270 *** (0.0175)	0.140 *** (0.0202)
DIV	0.00263 (0.00382)	-0.00492 (0.00378)	-0.0214 *** (0.00235)	-0.00790 *** (0.00271)
BM	0.0317 *** (0.0110)	0.0242 ** (0.0109)	0.0327 *** (0.00675)	0.0295 *** (0.00779)
LEV	0.0458 *** (0.0134)	0.0461 *** (0.0132)	0.122 *** (0.00822)	0.0711 *** (0.00949)
Constant	-0.286 *** (0.0390)	-0.239 *** (0.0386)	-0.208 *** (0.0240)	-0.245 *** (0.0277)
Observations	2107	2107	2107	2107
R-squared	0.224	0.215	0.601	0.350

注：*** $p<0.01$，** $p<0.05$，* $p<0.1$；括号内为T值。

4.5　股利税减税、融资约束与权益资本成本关系的分析

4.5.1　理论分析与研究假设

融资约束是因市场不完美导致公司融资成本存在差异的现象。我国资本

市场尚不成熟，融资工具与选择空间有限，宏观经济和政策环境的变动影响公司的融资决策。股利税减税和股利税差异化改革后，投资者承担的股利税负下降，预期获取的报酬率增加，更愿意增加股权投资；此外，股利税改革后，利息税（20%）高于股利税，债券投资者可能由债券投资转向股票投资，公司股权融资渠道更加顺畅，股票市场融资环境得以优化，股票市场的资金供给更加丰富，股权融资成本降低。如果把股权资本视为商品，权益资本成本的变化取决于公司对股权资本的需求弹性。当公司需求弹性比较低时，公司所面临的融资约束较低，公司对于融资成本的变动不敏感；当公司需求弹性较高时，公司所面临的融资约束较高，对于股利税减税改革所引起的股权融资成本变动比较敏感。在成本黏性的作用下，相比弱融资约束公司，强融资约束公司权益资本成本下降（上升）幅度较大（小）。基于以上分析，本节提出研究假设：

H_1：融资约束在股利税减税影响公司权益资本成本中发挥了中介作用。

H_2：融资约束在股利税减税影响公司权益资本成本中发挥了调节作用。

4.5.2 研究设计

本节基于2005年6月13日发布的财税〔2005〕102号股利税减税文件为研究事件，以2002—2004年、2006—2007年分别作为股利税减税之前、之后的期间。研究样本剔除财务状况存在异常的ST、PT、金融行业、实证模型所需财务数据缺失以及权益资本成本估值异常的沪深A股上市公司。对所有连续变量在1%和99%水平下进行了Winsorize处理后得到股利税减税改革前后2107个公司年度观测值。数据来源于CSMAR和RESSET数据库，数据分析主要采用STATA13软件进行。

借鉴温忠麟等（2012）、史青春和妥筱楠（2016）构建有调节的中介效应方程组，分别检验以上研究假设。若模型（1）解释变量Ref的系数β_{11}显著，则表明股利税减税对公司权益资本成本的影响是显著的；若模型（2）解释变量Ref的系数α_{11}显著，则表明股利税减税对公司融资约束的影响是显著的；模型（3）检验假设H_1融资约束的中介作用，在α_{21}显著条件下，若模型系数β_{22}显著，说明融资约束在股利税减税影响公司权益资本成本中发挥了中介作用；模型（4）检验假设H_2融资约束变量的调节作用，若乘积项回

归系数 μ_{31} 显著，则说明融资约束在股利税减税影响公司权益资本成本中发挥了调节作用。R、Ref、FC、Hd、Sz、Roe、Sh、Bm、Div、Ind 分别表示权益资本成本、股利税减税、融资约束、投资者持股时间、公司规模、净资产收益率、股权集中度、账面市价比、股利分配率和行业。权益资本成本用 OJ、PEG 模型估算。利用上市公司数据构建融资约束综合财务指标评分模型来估算融资约束综合计分，$FC = 0.18(CF/K)_{i,t} + 0.16(IN/K)_{i,t} + 0.17GI_{i,t} + 0.11(CA/K)_{i,t} - 0.11DE_{i,t} + 0.12(DI/K)_{i,t} + 0.15(EB/I)_{i,t}$，CF、K、IN、GI、CA、DE、DI、EB 和 I 分别为经营活动现金流、年初总资产、固定资产投资、存货增长率、现金及现金等价物、债务权益比、现金股利分配额、息税前利润与利息费用。

$$R_{i,t} = \beta_{01} + \beta_{11} Ref_{i,t} + \beta_{21} Ltg_{i,t} + \beta_{31} Hd_{i,t} + \beta_{41} Sz_{i,t} + \beta_{51} Roe_{i,t} + \beta_{61} Sh_{i,t} + \beta_{71} Bm_{i,t} + \beta_{81} Div_{i,t} + \Sigma\beta_{i1} Ind + \varepsilon \quad (1)$$

$$FC_{i,t} = \alpha_{05} + \alpha_{15} Ref_{i,t} + \alpha_{25} Ltg_{i,t} + \alpha_{35} Hd_{i,t} + \alpha_{45} Sz_{i,t} + \alpha_{55} Roe_{i,t} + \alpha_{65} Sh_{i,t} + \alpha_{75} Bm_{i,t} + \alpha_{85} Div_{i,t} + \Sigma\alpha_{i5} Ind + \varepsilon \quad (2)$$

$$R_{i,t} = \beta_{05} + \beta_{16} Ref_{i,t} + \beta_{26} FC_{i,t} + \beta_{36} Ltg_{i,t} + \beta_{46} Hd_{i,t} + \beta_{56} Sz_{i,t} + \beta_{66} Roe_{i,t} + \beta_{76} Sh_{i,t} + \beta_{86} Bm_{i,t} + \beta_{96} Div_{i,t} + \Sigma\beta_{i6} Ind + \varepsilon \quad (3)$$

$$R_{i,t} = \mu_{05} + \mu_{15} Ref_{i,t} + \mu_{25} FC_{i,t} + \mu_{35} Ref_{i,t} * FC_{i,t} + \mu_{45} Ltg_{i,t} + \beta_{55} Hd_{i,t} + \beta_{65} Sz_{i,t} + \beta_{75} Roe_{i,t} + \beta_{85} Sh_{i,t} + \beta_{95} Bm_{i,t} + \beta_{105} Div_{i,t} + \Sigma\beta_{i5} Ind + \varepsilon \quad (4)$$

4.5.3 描述性统计

表4-19报告了股利税减税期间公司权益资本成本（OJ、PEG估算的权益资本成本Roj、Rpeg）、融资约束（FC）、公司规模（Size）、账面市价比（BM）、持股比例（SH）、持股时间（HT）、股利分配率（Div）净资产收益率（Roe）及财务杠杆（Lev）的均值、标准差、中位数、最小值与最大值。股利税减税期间，公司权益资本成本均值（OJ、PEG估值）分别为16.71%、15.89%；公司融资约束FC分值的均值为11.576。

表4-20报告了股利税减税、融资约束、权益资本成本的相关系数。公司权益资本成本与股利税减税正相关，与持股比例、公司规模、净资产收益率、账面市价比、财务杠杆、持股时间正相关；融资约束与持股比例、公司

表 4-19　股利税减税期间公司权益资本成本、融资约束等变量的描述性统计

Variable	N	均值	标准差	中位数	最小值	最大值
R_{oj}	951	0.1671	0.1096	0.1387	0.0141	0.8756
R_{peg}	951	0.1589	0.1084	0.1315	0.0131	0.8663
FC	951	11.57612	61.89722	3.316246	-39.59153	1178.614
Size	951	21.5952	1.0692	21.5129	18.5430	27.1111
BM	951	0.7657	0.2467	0.8080	0.0884	1.3723
SH	951	0.5714	0.4910	0.3900	0.0000	2.9500
HT	951	310.7580	170.4521	281.0050	20.0036	1133.9700
Div	951	0.3054	0.5967	0.2308	0.0000	15.0000
Lev	951	0.4916	0.1759	0.5076	0.0207	0.9290
Roe	951	0.0947	0.1150	0.0781	-0.0786	2.9227

表 4-20　股利税减税、公司权益资本成本、融资约束等变量的相关系数

	R_{oj}	R_{peg}	Ref	FC	Sh	Size	Roe	BM	lev	HT
R_{oj}	1.0000									
R_{peg}	0.9947*	1.0000								
Ref	0.3867*	0.3903*	1.0000							
FC	-0.0246	-0.0239	-0.0442*	1.0000						
Sh	0.1988*	0.1998*	0.3121*	-0.0018	1.0000					
Size	0.2584*	0.2295*	0.1244*	-0.0216	0.0102	1.0000				
Roe	0.1840*	0.1626*	0.1218*	0.0108	0.2302*	0.1789*	1.0000			
BM	0.0061	-0.0020	-0.2255*	0.0026	-0.3395*	0.2830*	-0.2207*	1.0000		
lev	0.1547*	0.1693*	0.0900*	-0.0199	0.0962*	0.2062*	0.0607*	0.2465	1.0000	
HT	0.2656*	0.2675*	0.6845*	-0.0422	0.1976*	-0.0016	0.0372*	-0.3093	0.1061	1.0000

注：* 表示在 10% 水平下显著。

规模、财务杠杆、持股时间负相关，与净资产收益率、账面市价比正相关；其他主要变量之间的相关系数较小，不存在多重共线性。

4.5.4　回归结果分析

表4－21报告了股利税减税、融资约束与权益资本成本关系的回归结果。公司FC分值越小越可能受到融资约束。我们令大于融资约束中位数的公司为高融资约束公司，FC＝1；小于融资约束中位数的公司为低融资约束公司，FC＝0。Panel A和Panel B分别为OJ、PEG估算权益资本成本及融资约束替代变量的回归结果。Panel A和Panel B的模型（1）股利税减税Ref的回归系数在1%水平下显著为正，说明股利税减税促进权益资本成本增加。模型（2）为logit回归方程，股利税减税Ref的回归系数在1%水平下显著为负，说明股利税减税促进融资约束降低，即股利税减税后，公司融资约束严重性得以缓解。模型（3）是在模型（1）的基础上引入了融资约束变量并进行回归，其模型的解释程度增加，模型（3）FC的回归系数为负，说明融资约束与公司权益资本成本负相关，融资约束在股利税减税影响公司权益资本成本中起了显著的中介效应。由于模型（3）Ref回归系数显著，因此，融资约束发挥了部分中介效应，假设H_1成立。模型（4）为模型（3）基础上增加股利税减税与融资约束交乘项Ref＊FC后的回归所得。模型（4）Ref＊FC的回归系数－0.01在10%水平下显著，说明与高融资约束公司相比，低融资约束公司权益资本成本在股利税减税后增加的幅度更大，研究假设H_2成立，即融资约束在股利税减税影响公司权益资本成本中发挥显著的调节作用。

表4－21　股利税减税、融资约束与权益资本成本关系的回归结果

Panel A				
	(1)	(2)	(3)	(4)
VARIABLES	Roj	FC	Roj	Roj
Ref	0.056*** (10.826)	－0.348** (－2.274)	0.056*** (10.736)	0.058*** (10.415)
FC			－0.007* (－1.787)	－0.003 (－0.589)
Ref＊FC				－0.010** (－2.185)

续表

Panel A				
	(1)	(2)	(3)	(4)
VARIABLES	Roj	FC	Roj	Roj
Sh	0.022 *** (4.538)	0.181 (1.337)	0.022 *** (4.608)	0.022 *** (4.600)
Size	0.014 *** (6.959)	−0.033 (−0.552)	0.014 *** (6.972)	0.014 *** (7.007)
Roe	0.105 *** (4.749)	5.632 *** (5.875)	0.109 *** (4.926)	0.110 *** (4.970)
Bm	0.042 *** (3.943)	0.140 (0.438)	0.042 *** (3.929)	0.041 *** (3.903)
Lev	0.034 *** (2.948)	0.451 (1.331)	0.035 *** (3.006)	0.035 *** (3.051)
Hold	0.000 ** (2.205)	0.000 (0.128)	0.000 ** (2.198)	0.000 ** (2.175)
Constant	−0.287 *** (−6.271)	−1.147 (−0.968)	−0.286 *** (−6.236)	−0.289 *** (−6.298)
Observations	2107	2107	2107	2107
R − squared	0.242		0.243	0.243
R^2_a	0.235	0.000	0.236	0.236
F	36.96	0.000	35.22	33.53
Panel B				
	(1)	(2)	(3)	(4)
VARIABLES	R_{peg}	FC	R_{peg}	R_{peg}
Ref	0.058 *** (11.300)	−0.348 ** (−2.274)	0.057 *** (11.204)	0.060 *** (10.855)
FC			−0.008 ** (−1.969)	−0.004 (−0.718)
Ref * FC				−0.010 ** (−2.200)

续表

Panel B				
	(1)	(2)	(3)	(4)
VARIABLES	R_{peg}	FC	R_{peg}	R_{peg}
Sh	0.021 *** (4.383)	0.181 (1.337)	0.021 *** (4.461)	0.021 *** (4.453)
Size	0.011 *** (5.707)	-0.033 (-0.552)	0.011 *** (5.722)	0.011 *** (5.758)
Roe	0.082 *** (3.750)	5.632 *** (5.875)	0.087 *** (3.955)	0.088 *** (4.000)
Bm	0.036 *** (3.403)	0.140 (0.438)	0.035 *** (3.387)	0.035 *** (3.361)
Lev	0.046 *** (3.977)	0.451 (1.331)	0.046 *** (4.041)	0.047 *** (4.086)
hold	0.000 * (1.682)	0.000 (0.128)	0.000 * (1.674)	0.000 * (1.651)
Constant	-0.233 *** (-5.139)	-1.147 (-0.968)	-0.232 *** (-5.102)	-0.235 *** (-5.167)
Observations	2107	2107	2107	2107
R - squared	0.231		0.233	0.233
R^2_a	0.224	0.000	0.226	0.226
F	34.87	0.000	33.28	31.70

注：*** $p<0.01$，** $p<0.05$，* $p<0.1$；括号内为T统计量。

4.6　我国股利税减税影响公司权益资本成本的机制

综合我国股利税减税、权益资本成本与增发新股、负债融资、股利分配、风险承担、融资约束的关系理论与实证分析，与国外增发新股影响股利税与权益资本成本关系不同，增发新股在我国股利税减税影响公司权益资本成本中既没有发挥中介效应，也没有发挥调节效应，即增发新股不是影响股利税减税与权益资本成本关系的因素。国外理论研究仅指出负债融资是影响股利税与权益资本成本关系的因素，并没有指出其具体作用。我们发现负债融资在股利税减税影响公司权益资本成本中既发挥了中介效应，又发挥了调节效应；而且，股利分配、风险承担在股利税减税影响公司权益资本成本中既发挥了中介效应，也发挥了调节效应；与国外研究不同，融资约束在股利税减税影响公司权益资本成本中既发挥了调节作用，也发挥了中介效应。由此，我们得出，股利税减税对公司权益资本成本产生直接影响，也通过负债融资、股利分配、风险承担、融资约束中介桥梁，对公司权益资本成本产生间接影响；负债融资、股利分配、风险承担、融资约束对股利税减税与权益资本成本的关系发挥了调节作用。

第 5 章

股利税差异化对公司权益资本成本的影响研究

5.1 股利税差异化对公司权益资本成本的具体影响

5.1.1 引言

股息红利税（以下简称股利税）是投资者在获取上市公司股息红利所得缴纳的一种税收，是政府维护资本市场健康发展、调节微观经济主体利益关系的重要手段。表面上看，股利税削减（提高）直接导致股东预期报酬率（公司权益资本成本）增加（下降）。Guenther 等（2005）指出，由于受税制、税收转嫁以及避税等因素的影响，股利税如何影响公司权益资本成本一直是西方经济、金融与会计学界研究的热点问题。20 世纪 60 年代税差学派提出，股利所得双重课税增加了公司资本成本，促使更多的资本流向非公司部门，社会总投资减少，建议政府保持税收中性。Miller（1977）利用均衡模型指出，在完美资本市场税收中性的条件下，杠杆公司权益资本成本不受公司所得税和个人所得税的影响。Sikes 和 Verrecchia（2012）基于美国、法国与日本的减税实践发现，在公司系统风险较高、市场溢价较高或无风险收益率很低时，股利税与资本成本负相关。然而，税收中性下两者无关的观点与现实情况不符，现有文献未能解释相同股利税政策为何对公司权益资本成本产生不同的影响。

近年来我国股利税政策不断调整。2005 年 6 月 13 日、2013 年 1 月 1 日、2015 年 9 月 7 日，我国相继实施《关于股息红利个人所得税有关政策的通知》（财税〔2005〕102 号）、《关于实施上市公司股息红利差别化个人所得税政策有关问题的通知》（财税〔2012〕85号）与《关于上市公司股息红利差别化个人所得税政策有关问题的通知》（财税〔2015〕101号），个人投资者股息红利分别执行减半、按持股期限及超过1年免税的差异化股利税政策。股利税改革的效果日益得到我国财务学界的关注。张俊生等（2005）、李增福等（2010）、童锦治等（2015）、Oliver Zhen Li 等（2014）、刘行等（2015）、贾凡胜等（2016）、贾建军等（2016）分别从股利税对公司融资政策、股利政策、公司治理及资本市场影响等方面做了有益的探究。李桂萍（2014）研究了2005年股利税减半政策对我国上市公司权益资本成本的影响，但考虑股利税减半征收与个人所得税法修订哑变量设置的交叉性，其实证结果的可靠性有待进一步验证。可见，关于2013年我国差异化股利税对公司权益资本成本的影响，目前还未被学界关注，特别是利用经验数据做深入定量的研究更是匮乏。西方国家发达市场经济税制下的股利税与公司资本成本的关系理论，不一定适用于分析我国特色社会主义市场经济下的公司。我国股利税是否与公司权益资本成本存在相关关系？差异化股利税对公司权益资本成本究竟产生何种影响？本节试图回答上述问题，利用2013年1月1日实施的财税〔2012〕85号“自然实验”，探讨差异化股利税对公司权益资本成本的影响。

本节的主要贡献在于：（1）揭示我国股利税与公司权益资本成本间的负相关关系，补充我国关于税收与资本成本领域研究的缺失；（2）实证分析发现差异化股利税实施后，投资者持股时间增长（缩短）的公司的权益资本成本显著提高（降低），个人与证券投资基金持股比例提高（降低）以及股利支付减少（增加）的公司的权益资本成本提高（降低）的程度更加显著，这为公司和决策者了解股利税对公司资本成本及财务行为的影响提供实证分析信息，也为新常态经济下公司利用税收法规降低资本成本，以及政府优化新时代股利税制提供理论与实证数据支持。

5.1.2 理论分析与研究假设

政府颁布削减（提高）股利税政策后，一方面，投资者预期获取的税后收益现金流增加（减少），导致股价上升（下降），促使投资者预期要求的报酬率（公司权益资本成本）降低（增加）；另一方面，在多部门市场经济中，作为征税方的政府由于股利税的降低（提高）而参与公司剩余收益分配（税收）的现金流减少（增加），公司预期收益现金流的风险被政府承担的部分减少（增加），在其他条件不变的条件下，公司预期承担风险增加（降低），股价相应下降（上升），投资者预期报酬率（公司权益资本成本）增加（降低）。可见，股利税差异化改革（削减或提高）引起投资者预期收益现金流与公司预期承担风险变化，导致公司权益资本成本发生反方向的变化，股利税对公司权益资本成本的影响取决于公司预期承担风险与投资者收益现金流对权益资本成本正面、负面作用抵消后的效应。

米勒（Miller，1977）均衡理论推出杠杆公司权益资本成本：

$$R = r_u + \frac{(1-t_c)(1-t_s)}{1-t_b}[r_u - r_b]\frac{B}{S} \tag{1}$$

其中，t_s、t_b、t_c、t_u、B、S 分别表示股利税、利息税、公司所得税、完全权益融资公司资本成本、负债利息率、负债与权益价值。求 t_s 的偏导数 $\partial R/\partial t_s$，可以得出公司权益资本成本对股利税变动的敏感程度。

$$\frac{\partial R}{\partial t_s} = -\frac{(1-t_c)}{1-t_b}(r_u - r_b)\frac{B}{S} \tag{2}$$

当 $r_u > r_b$，完全权益融资公司资本成本大于负债的利息率，意味着公司系统风险较高或市场溢价较高，或无风险市场利率极低（负债利率较低），$\partial R/\partial t_s < 0$，公司权益资本成本 R 与股利税 t_s 负相关，即公司权益资本成本会随着股利税的削减（增加）而上升（降低）。以上结论与 Sikes 和 Verrecchia（2012）观点一致。当 $r_u < r_b$，完全权益融资公司资本成本小于负债的利息率，意味着完全权益融资公司系统风险较低、风险溢价较低，或无风险报酬率（负债利息率）较高，$\partial R/\partial t_s > 0$，R 与 t_s 正相关，公司权益资本成本随着股利税的削减（增加）而降低（上升）。这一观点与税差学派股利税与资本成本正相关的思想一致。

我国 2013 年 1 月 1 日实施的财税〔2012〕85 号将股利税与股票持有期挂钩，个人投资者从公开发行和转让市场取得的上市公司股票，分别依据 1 个月以内、1—12 个月、1 年以上（持股期限），按 20%、10% 和 5% 的税率缴纳差异化股息所得税。相比欧美成熟的股票市场，我国股市起步较晚，资本市场上个人投资者交易占主导（刘行等，2014），股票的风险溢价较高（廖理等，2003），年份股权风险溢价的均值为 16.53%（郑晓亚，2014），基于 2012 年、2013 年平稳的股市走势和积极的市场预期，满足 Sikes 和 Verrecchia（2012）股票溢价较高的条件，股利税与公司权益资本成本负相关。2013年差异化股利税实施后，持股时间增长（缩短）的投资者获得的股利税优惠越大（小），股利税越低（高），公司权益资本成本将提高（降低）。据此，本节提出研究假设：

H_{1a}：在其他条件不变的情况下，差异化股利税实施后，投资者持股时间延长的公司权益资本成本显著提高。

H_{1b}：在其他条件不变的情况下，差异化股利税实施后，投资者持股时间缩短的公司权益资本成本显著降低。

Dhaliwal等（2007）指出，2003年美国《就业、增长税收激励法案》主要降低了个人股东的股利税，机构投资者不能享受税收优惠，机构投资者持股比例较高公司的权益资本成本下降幅度较小。换言之，个人持股比例较低公司的权益资本成本下降幅度较小。同样，我国财税〔2012〕85号规范的股利税主要适用于个人投资者。2012年12月31日，中国证券投资基金业协会《关于发布〈股息红利差别化纳税会计核算细则〉的通知》（中基协发〔2012〕21号）规定，证券投资基金从上市公司取得的股息红利所得实施差别化个人所得税政策，因此，差异化股利税主要适用于个人投资者与证券投资基金，目的是优化投资结构，鼓励长期投资，降低市场交易成本，减轻投资者负担。因此，差异化股利税实施后，个人投资者及证券投资基金股票持股比例预期增加，投资者股利税税负减轻，从而投资者预期要求的必要报酬率增加，公司权益资本成本增加。据此，本节提出研究假设：

H_{2a}：在其他条件不变的情况下，差异化股利税实施后，个人投资者及证券投资基金持股比例提高的公司权益资本成本显著提高。

H_{2b}：在其他条件不变的情况下，差异化股利税实施后，个人投资者及证券投资基金持股比例下降的公司权益资本成本显著降低。

除了股利税外，股东还面临资本利得税。Farrar和Selwyn（1967）首先发现股利税高于资本利得税时，股利支付较高公司的权益资本成本比较高。Brennan（1970）指出在存在个人所得税的条件下，公司如果多留存盈余、少发放股利或不发股利将有利于投资者，市场预期派现公司的权益资本成本高于无派现公司。Stapleton（1972）强调个人投资者所得税间的差异促使权益资本成本成为公司股利政策的函数。Sinn（1991）发现不分配股利却发行新股公司的资本成本较高；用股票回购取代股利支付且发行新股的公司或用留存收益融资的公司的资本成本较低。Dhaliwal 等（2007）通过美国 2003 年减税实践发现，股利支付率较高的公司、将来准备发行新股的公司的权益资本成本下降的幅度大，而预期未来具有高盈余增长率的公司的权益资本成本下降幅度较小，股利支付率较高或将来准备发行新股的公司的权益资本成本下降幅度较大。李桂萍（2014）经验分析发现股利政策在中国 2005 年股利税减半政策影响上市公司权益资本成本中发挥了有调节的中介作用。Oliver Zhen Li 等（2014）实证分析得出，差异化股利税实施后，预期股利税增加的公司会进一步降低股利分配，而预期股利税下降的公司更倾向于增加股利分配。贾凡胜（2016）进一步实证研究证实，股利税改革影响了公司的股利政策，公司提高了现金分红的预期水平。面对差异化股利所得税，股利支付率提高（或增加股利分配）的公司，个人投资者会通过改变持股的期限来追求较低的股利税，要求较低的必要报酬率，公司权益资本成本降低；而对于股利支付率降低（或减少股利分配）的公司，个人投资者会要求更高的必要报酬率，公司权益资本成本提高。据此，据此本节提出研究假设：

H_{3a}：在其他条件不变的情况下，差异化股利税实施后，股利支付减少的公司权益资本成本显著提高。

H_{3b}：在其他条件不变的情况下，差异化股利税实施后，股利支付增加的公司权益资本成本显著降低。

5.1.3　研究设计

5.1.3.1　样本选择

为了考察 2013 年 1 月 1 日我国实施的差异化股利税（财税〔2012〕85 号）对公司权益资本成本的影响，本节借鉴双重差分思想以及 Lin 和 Flannery（2013）与刘行等（2015）的研究，以 2011 年、2013 年分别作为股利税改革之前、之后的样本期间，消除了其他潜在的共生性事件的影响，保证了样本被解释变量在股利税改革后总体变动趋势大致相同。本节数据来源于国泰安 CSMAR 和 RESSET 数据库。样本做了以下筛选：①剔除 2011 年之后上市公司；②剔除金融行业上市公司；③剔除 ST 和 PT 上市公司；④剔除每股股价、每股收益等关键变量缺失的公司。本节对连续变量进行了 1% 和 99% 的缩尾处理，最终共得到 1964 家上市公司的有效观测值。

5.1.3.2 变量定义

（1）被解释变量：权益资本成本增加值 ΔR_{peg}。Hail 和 Leuz（2006）以现金流贴现或剩余收益模型的事前期望回报率作为代理变量的隐含资本成本，由于能够较好地反映公司现金流和潜在的成长性，精确地度量预期的收益，成为估算权益资本成本较为科学的方法。本节借鉴汪祥耀和叶正虹（2011），采用 PEG 来估算公司权益资本成本。PEG 是 Easton（2004）利用非正常盈余预测指标提出的估算权益资本成本方法，公式为：

$$R_{peg} = \sqrt{\frac{eps_{t+2} - eps_{t+1}}{p_t}} \tag{3}$$

其中，eps_{t+2}、eps_{t+1}为证券分析师预测公司在 t+2 年与 t+1 年的每股收益，p_t 为 t 年末公司股票的收盘价格。ΔR_{peg}为被解释变量，代表公司权益资本成本的变化程度，等于股利税改革后（2013 年）公司权益资本成本减去股利税改革前（2011 年）公司的权益资本成本。

（2）解释变量及控制变量。因为我国不公开披露投资者持股时间数据，本节利用股票换手率、个人与证券投资基金持股比率作为投资者持股时间及持股比例的代理变量。借鉴 Oliver Zhen Li 等（2014）、刘行等（2015），利用股票换手率（Turnover）衡量投资者的持股时间（Holding_Period），采用 2013 年公司股票日均换手率减去 2011 年公司股票日均换手率来表示投资者持股时间的变化（ΔHolding_Period）。股票换手率为股票成交数量除以流通股数量。借鉴童锦治等（2015），采用估算的个人与证券投资基金持股比例（Person_security）作为投资者股票持有比例的代理变量，个人与证券投资基金持股比例 = 1 − 除证券投资基金外的机构持股比例（包括法人持股比例）− 国家股比例。解释变量 ΔPerson_security 为 2013 年个人与证券投资基金持股比例（Person_security）减去 2011 年个人与证券投资基金持股比例（Person_security）的差，代表受股利税改革影响的投资者持股比例变化。本节选用 2013 年与 2011 年公司股利分配率之差（ΔDividend）来表示股利税改革后公司股利分配政策的变化，其中，股利分配率 = 普通股每股现金股利/普通股每股收益额。借鉴 Guenther 等（2005）等的研究，本节选用公司规模 Size（总资产的自然对数）、财务杠杆 Lev（资产负债率）、账面市值比 BM（公司期末总资产/公司市场价值）、净资产收益率（Roe）、每股股利、行业作为控制变量。

（3）研究模型。为检验本节研究假设 H_1 和 H_2，借鉴 Lin 和 Flannery（2013）、刘行等（2015）的研究，设置如下差分方程：

$$\Delta R_{peg} = \alpha_0 + \alpha_1 \Delta Holding\_time + \alpha_2 Holding\_time + \alpha_3 Size + \alpha_4 Lev + \alpha_5 Roe + \alpha_6 BM + \alpha_7 Dividend + \sum \alpha_i Industroy + \varepsilon \quad (1)$$

$$\Delta R_{peg} = \beta_0 + \beta_1 \Delta Person\_security + \beta_2 Holding\_time + \beta_3 Size + \beta_4 Lev + \beta_5 Roe + \beta_6 BM + \beta_7 Dividend + \sum \alpha_i Industroy + \varepsilon \quad (2)$$

通常情况下，公司股票换手率越低（高），投资者持有该股票的时间越长（短）。2013年实施的差异化股利税政策规定，投资者缴纳股利税适用的税率由其持有股票的时间决定，Holding_time 越大（小），投资者所适用的股利税率越高（低），因此，ΔHolding_time 为正（负），表示股票换手率提高（降低），投资者股票持股时间变短（长），股利税提高（降低），公司权益资本成本降低（提高），故本书预期 ΔHolding_time 的回归系数 α_1 显著为负。个人投资者和证券投资基金是差异化股利税最大的受益者，因此，差异化股利税实施后，个人与证券投资基金投资者持股比例增加（下降）公司的权益资本成本增加（减少）显著，故本书预期 Δperson_security 的回归系数 β_1 为正。

为检验本节研究假设 H_3，本书在回归模型（1）和模型（2）的基础上建立如下回归模型：

$$\Delta R_{peg} = \alpha'_0 + \Delta\alpha'_1 Holding\_time + \alpha'_2 \Delta Dividend + \alpha'_3 Holding\_time + \alpha'_4 Size + \alpha'_5 Lev + \alpha'_6 Roe + \alpha'_7 BM + \alpha'_8 Dividend + \sum \alpha'_i Industroy + \varepsilon \quad (3)$$

$$\Delta R_{peg} = \beta'_0 + \beta'_1 \Delta Person\_security + \beta'_2 \Delta Dividend + \beta'_3 Holding\_time + \beta'_4 Size + \beta'_5 Lev + \beta'_6 Roe + \beta'_7 BM + \beta'_8 Dividend + \sum \beta'_i Industroy + \varepsilon \quad (4)$$

股利政策是影响股利税与公司权益资本成本的重要因素。2013年实施差异化股利税后，预期投资者股利税下降（提高），对倾向增加（减少）股利支付的公司，投资者会要求较低（高）的必要报酬率，公司权益资本成本降低（增加），因此，本书预期 ΔDividend 的回归系数 α'_2、β'_2 显著为负。

5.1.4 实证检验结果

5.1.4.1 描述性统计

表5-1列示了我国差异化股利税实施前后上市公司权益资本成本、换手率

等变量的描述性统计。结果显示，2011 年、2013 年公司权益资本成本处于 10%、12%水平，略微高于汪平等（2016）用 Gordon、GLS、OJ、PEG、MPEG 和 CT 六种方法均值估算的公司权益资本成本 9.12%、10.19%。ΔR_{peg} 均值为正，说明差异化股利税实施后公司权益资本成本显著上升；负的 ΔR_{peg} 下四分位数与正的 ΔR_{peg} 中位数，说明差异化股利税后 50%以上公司权益资本成本上升。ΔHolding_time 均值为正，说明差异化股利税后投资者平均股票换手率提高、持股时间缩短；负的 ΔHolding_time 下四分位数和中位数为 0 的 ΔHolding_time，说明差异化股利税后股票换手率提高（持股时间缩短）、下降（持股时间增长）的公司各占一半。均值为正的 ΔPerson_security，说明个人投资者和证券投资基金持股比例在差异化股利税实施后显著增加；下四分位数为 0、中位数为 0.31%的 ΔPerson_security，说明约 75%的公司的个人与证券投资基金持股比例在差异化股利税后增加显著。ΔDividend 均值为正，说明差异化股利税后公司股利分配有所增加；下四分位数为负、中位数为 0 的 ΔDividend，说明约 50%的公司在差异化股利税后增加了股利分配。此外，表 5－1 还列示了差异化股利税实施前后公司权益资本成本、投资者持股时间、个人与证券投资基金持股比例以及股利分配等主要变量均值之差 T 检验和中位数之差 Wilcoxon 检验的结果，所有变量（除账面市价比外）单变量差异检验结果在 1%置信水平下显著。

表 5－1　　各变量的描述性统计结果

变量名称	样本量	均值	标准差	下四分位数	中位数	上四分位数	T 检验值	Z 检验值
R_{peg}2011	852	0.099	0.084	0.042	0.077	0.130		
R_{peg}2013	1150	0.125	0.100	0.062	0.098	0.153	－4.058***	－5.192***
ΔR_{peg}	419	0.022	0.095	－0.028	0.018	0.075		
Holding_time2011	2868	3.975	3.720	1.211	3.231	5.700		
Holding_time2013	2868	4.809	4.624	1.722	3.565	6.439	－9.661***	－4.817***
ΔHolding_time	2868	0.811	4.645	－1.094	0.000	1.614		
Person_security2011	2365	0.686	0.312	0.359	0.781	1.000		
Person_security2013	2537	0.756	0.269	0.525	0.873	1.000	－19.622***	－23.644***
ΔPerson_security	2358	0.101	0.233	0.000	0.003	0.197		
Dividend2011	2343	0.243	0.274	0.000	0.183	0.362		
Dividend2013	2517	0.259	0.272	0.000	0.218	0.349	8.953***	－4.046***
ΔDivend	2337	0.013	0.318	－0.077	0.000	0.121		

续表

变量名称	样本量	均值	标准差	下四分位数	中位数	上四分位数	T 检验值	Z 检验值
Size	2344	21.491	1.281	20.657	21.329	22.104	-36.059***	-38.289***
Lev	2343	0.445	0.265	0.237	0.435	0.619	-4.801***	-11.714***
Roe	2343	0.079	0.136	0.044	0.081	0.124	4.624***	12.676***
BM	2372	1.188	1.594	0.470	0.726	1.314	-8.354***	1.003

注：*** 表示检验值在 1% 水平下显著。

5.1.4.2　相关性分析

各变量 Pearson 相关系数及双侧检验结果如表 5-2 所示。所有变量间的相关性系数绝对值都小于 0.5，回归模型中各变量间不存在多重共线性；模型因变量（ΔR_{peg}）与自变量相关关系均在 10% 水平下显著。

表 5-2　　　　主要变量的 Pearson 相关系数

变量名称	ΔR_{peg}	ΔHolding_time	ΔPerson_secuity	ΔDividend	Holding_time	Size	Lev	Roe	BM	Dividend
ΔR_{peg}	1									
ΔHolding_time	-0.126***	1								
ΔPerson_security	0.194***	-0.122***	1							
ΔDividend	-0.079*	-0.031	-0.081***	1						
Holding_time	0.074*	-0.426***	0.218***	-0.042**	1					
Size	-0.0140*	-0.135***	0.063***	0.035*	-0.281***	1				
Lev	-0.137***	-0.025	-0.141***	0.039*	-0.145***	0.008	1			
Roe	0.154***	0.028	0.098***	0.031	-0.059***	0.114***	-0.057***	1		
BM	-0.067*	-0.042**	-0.071***	0.040*	-0.224***	0.577***	0.237***	-0.004	1	
Dividend	-0.0180*	0.072***	0.179***	-0.222***	0.015*	0.134***	-0.152***	0.263***	-0.080***	1

注：***、**、* 分别表示在 1%、5% 和 10% 水平下显著。

5.1.4.3　多变量回归分析结果

表 5-3 列示了检验本节研究假设 H_1、H_2 和 H_3 的回归模型（1）—模型（4）。模型（1）—模型（4）均通过了 F 检验和 Ovtest 检验，表明四个回归模型显著且不存在内生性。表 5-3 模型（1）显示了第一个研究假设的回归结果，投资者持股增长时间 ΔHolding_time 的回归系数为 -0.0043，在 5% 置信水平下显著，说明差异化股利税实施后，持股时间趋于延长的公司，股利税

降低，其权益资本成本会上升；股利税提高，持股时间趋于缩短的公司的权益资本成本会下降。这验证了本节的第一个研究假设。表5-3模型（2）列示了第二个研究假设的回归结果，个人投资者与证券投资基金持股增加比例Δperson_security的回归系数为0.0502，在5%置信水平下显著，说明差异化股利税实施后，个人投资者与证券投资基金比例趋于增加的公司，其权益资本成本会上升；个人投资者与证券投资基金比例趋于减少的公司，其权益资本成本会下降。这验证了本节第二个研究假设。进一步，本节在模型（1）和模型（2）的基础上增加股利支付解释变量，来检验股利分配政策在差异化股利税影响公司权益资本成本中的具体作用，如表5-3模型（3）和模型（4）回归结果所示。模型（3）和模型（4）的股利分配增加率ΔDividend回归系数分别为-0.0483、-0.0452，在5%置信水平下均显著为负。这充分说明股利分配政策在差异化股利税影响公司权益资本成本中的具体作用，在股利支付力度减少的公司，其权益资本成本上升的倾向更为显著；而在股利支付力度增加的公司，其权益资本成本下降的倾向更为显著。这验证了本节的研究假设H_3。

表5-3　　差异化股利税对公司权益资本成本影响的回归结果

变量名称	模型（1）	模型（2）	模型（3）	模型（4）
	ΔR_{peg}	ΔR_{peg}	ΔR_{peg}	ΔR_{peg}
ΔHolding_time	-0.0043** (-2.2669)		-0.0045** (-2.3981)	
Δperson_security		0.0502** (2.5024)		0.0491** (2.4629)
ΔDividend			-0.0483** (-2.5839)	-0.0452** (-2.4228)
Holding_time	-0.0005 (-0.2085)	0.0017 (0.9393)	-0.0001 (-0.0029)	0.0022 (1.2607)
Size	0.0028 (0.5877)	0.0037 (0.7844)	0.0036 (0.7484)	0.0046 (0.9737)
Lev	-0.0969*** (-4.4830)	-0.0813*** (-3.6818)	-0.0955*** (-4.4484)	-0.0801*** (-3.6481)
Roe	0.0680** (2.4838)	0.0708*** (2.6096)	0.0740*** (2.7157)	0.0771*** (2.8449)

续表

变量名称	模型（1）	模型（2）	模型（3）	模型（4）
	ΔR_{peg}	ΔR_{peg}	ΔR_{peg}	ΔR_{peg}
BM	0.0024 (0.7208)	0.0021 (0.6464)	0.0028 (0.8620)	0.0025 (0.7780)
Dividend	-0.0998 ** (-2.5839)	-0.1081 *** (-2.7944)	-0.1265 *** (-3.1854)	-0.1329 *** (-3.3411)
Constant	0.0192 (0.1821)	-0.0179 (-0.1770)	0.0044 (0.0416)	-0.0361 (-0.3578)
Industory	Yes	Yes	Yes	Yes
Observations	409	409	409	409
R - squared	0.143	0.145	0.157	0.158
R - squared_a	0.0988	0.101	0.112	0.112
F	3.236	3.301	3.445	3.463

注：***、** 分别表示在1%、5%的水平下显著，括号中数值为回归系数T检验值。

5.1.5 稳健性检验

为防止估算方法影响结果的稳健性，本节采用OJ模型重新估算上市公司权益资本成本 R_{oj}，进一步检验差异化股利税对公司权益资本成本的影响，如表5-4所示。OJ模型是Ohlson和Juettner-Nauroth（2005）首次提出的一种替代剩余收益价值模型的资本成本估算方法，公式为：$r_e = A + \sqrt{A^2 + \frac{eps_{t+1}}{p_t}\left[\left(\frac{eps_{t+2} - eps_{t+1}}{eps_{t+1}}\right) - (r_j - 0.03)\right]}$，其中，$A = \left(r_f - 0.03 + \frac{dps_{s+1}}{p_t}\right)/2$；$eps_{t+1}$、$eps_{t+2}$ 为分析师预测的 $t+1$ 年、$t+2$ 年的每股收益；dps_{t+1} 为 $t+1$ 年每股股利；p_t 为 t 年末的收盘价格；r_j 为无风险报酬率，用10年期国债的利率计算。表5-4检验结果与以上回归结果没有实质性差异，三个假设依然成立。此外，本节还基于2012年第一季度和2013年第一季度数据，利用差分方程进一步开展了稳健性测试，发现5%置信水平下 ΔHolding_time 的回归系数显著为负，Δperson_security 的回归系数显著为正，ΔDividend 回归系数在10%显著性水平下为负。据此，可认为前述研究结论比较稳健。

表 5-4　差异化股利税对公司权益资本成本影响的稳健性测试结果

Model	(1)	(2)	(3)	(4)
VARIABLES	diff_R_{oj}	diff_R_{oj}	diff_R_{oj}	diff_R_{oj}
ΔHolding_time	-0.0018*** (-2.885)		-0.0018*** (-2.818)	
Δperson_security		0.0051 (0.665)		0.0059 (0.779)
ΔDividend			-0.0113** (-2.054)	-0.0121** (-2.182)
Holding_time	-0.0007 (-0.954)	0.0004 (0.631)	-0.0007 (-0.928)	0.0004 (0.586)
Size	0.0089*** (4.950)	0.0098*** (5.538)	0.0087*** (4.845)	0.0096*** (5.387)
Lev	-0.0372*** (-4.611)	-0.0316*** (-3.878)	-0.0378*** (-4.682)	-0.0321*** (-3.942)
Roe	0.0044 (0.347)	0.0058 (0.451)	0.0021 (0.168)	0.0032 (0.254)
BM	-0.0031** (-2.177)	-0.0033** (-2.336)	-0.0030** (-2.114)	-0.0032** (-2.265)
Dividend	-0.0392*** (-3.726)	-0.0404*** (-3.807)	-0.0348*** (-3.236)	-0.0357*** (-3.306)
Constant	-0.1489*** (-3.840)	-0.1770*** (-4.704)	-0.1454*** (-3.750)	-0.1719*** (-4.564)
Industory	Yes	Yes	Yes	Yes
Observations	1964	1964	1964	1964
R-squared	0.029	0.025	0.031	0.027
R-squared_a	0.0255	0.0216	0.0271	0.0235
F	8.351	7.196	7.846	6.904

注：***、** 分别表示在 1%、5% 的水平下显著，括号中数值为回归系数 T 检验值。

5.1.6　研究结论

股利税与资本成本的关系是国外公司财务与税收领域的重要研究领域之

一。我国2013年实施的差异化股利税政策将投资者上缴的股利税与持股时间挂钩，投资者持股时间越长，适用的股利税越低。财税〔2012〕85号主要适用于个人投资者及证券投资基金。我国股利税政策与西方发达国家股利税制存在显著的差异，存在于西方发达国家资本市场的股利税与公司资本成本的关系，并不完全适用于我国资本市场的实际，然而鲜有文献研究我国个人投资者税负对资本成本的影响。为弥补这一缺失，本节借助我国2013年实施的股利税差异化政策（财税〔2012〕85号），实证研究了差异化股利税对公司权益资本成本的影响。本节运用差分模型分析发现，2013年我国差异化股利税实施对公司权益资本成本产生了显著影响：投资者持股时间延长（缩短）的公司，权益资本成本显著提高（降低）；个人投资者及证券投资基金持股比例提高（下降）的公司，权益资本成本也显著提高（降低）；受差异化股利税政策的影响，公司调整了股利政策，股利支付减少（增加）的公司，权益资本成本显著提高（降低）。本节结论表明我国差异化股利税的实施促进了投资者对股权投资的长期持有，提高了投资者的权益，也影响了公司的股利分配行为，促进了资本市场的健康、稳定发展。本节结论为投资者和公司了解股利税对公司资本成本及财务行为的影响提供了经验依据，也为我国股利所得税改革提供了理论支持。

5.2　股利税差异化、增发新股与权益资本成本

5.2.1　引言

股权分置改革之后，中国上市公司股权再融资的主要方式由增发新股替代了配股。相比未增发新股公司，增发新股公司的权益资本成本是否发生显著变化，值得我们去探究。然而，融资行为与权益资本成本关系早在20世纪70年代被认为与所得税相关（Stapleton，1972）。2012年11月16日我国颁布《关于实施上市公司股息红利差别化的个人所得税政策有关问题的通知》，自2013年1月1日开始实施（2015年9月6日截止），个人投资的股息红利所得依据持股时间长短缴纳差别化的个人所得税：持股期间大于1年、在1个月至1年内、小于1个月，适用税率分别为5%、10%、20%。股利税差异

化政策为我们进一步研究增发/未增发公司权益资本成本间的变动差异提供了优良的素材。

现有文献主要从股利税与权益资本成本关系、股利税与融资政策、增发新股的经济后果三方面展开研究。DA Guenther，B Jung 和 M Williams（2005）与 Dhaliwal，DanLi 和 Oliver Zhen（2007）通过2003 年美国股利税减税实践数据发现，美国股利税与公司权益资本成本正相关。李桂萍和刘薇（2015）基于中国所得税改革数理分析了个人所得税对公司权益资本成本的影响，得出融资政策在所得税影响公司权益资本成本中具有调节作用。刘行等（2015）发现2013 年中国差异化股利税实施后，税负提高（降低）的公司负债融资增加（减少）。Wruck（1989）指出私募股权能够降低公司代理成本，定向增发具有正宣告效应。章卫东（2007）基于中国上市公司数据的研究表明，上市公司增发新股前会进行正向盈余管理而增加新股价格，增发新股会产生正的财富效应，股票价格上涨。然而 Anderson 和 Rose（2006）运用新西兰数据却发现，发行新股向资本市场传递了负信号，导致了负的财富效应。

总体而言，现有研究主要针对股利税与融资政策两方面的研究，缺乏股利税改革后融资政策特别是增发新股对股利税差异化与公司权益资本成本关系的影响研究。鉴于此，本节以2013 年股利税差别化自然实验为依据，运用近似双重差分模型，研究增发新股公司和未增发新股公司的权益资本成本受股利税差异化改革的具体影响差异。

5.2.2 理论分析与研究假设

通常情况下公司的生命周期包括成长期和成熟期。假定公司在成长期不进行利润分配，留存收益用来再投资；进入成熟期后，公司留存收益全部用于利润分配且利润分配率比较高。设 n 为公司进入成熟期的年限，h_S、h_L分别为利润的短期增长率（$i<n$）、长期增长率（$i\geq n$）。一般而言，早期成长阶段公司利润增长率高于成熟期公司利润增长率（$h_S>h_L$）。r_s、r_L分别为留存收益的短期增长率、长期增长率；d、s 分别为公司成熟期股利分配额、股票回购额占利润的比率。

若成熟期公司利润以恒定的年利率增长，其增长率包括利润的增长基数以及留存收益的额外增长率，则 i+1 时期利润E_{i+1}为：

$$E_{i+1}=E_i[1+h_L+r_L(1-d-s)] \tag{1}$$

由于公司利润（E）以恒定的比率增长，公司价值（P）也应以恒定比率增长，此时市盈率 P/E 恒定。

$$\frac{P_{i+1}}{E_{i+1}}=\frac{P_i}{E_i} \tag{2}$$

股东要求的报酬率（r）包括分配的股利（股利税率 t）、回购收到的现金（我国不缴纳资本利得税，税率为0）以及公司价值的增加值。

$$r=\frac{[d(1-t)+s]E_i+(P_{i+1}-P_i)}{P_i} \tag{3}$$

由式（1）—式（3）得到成熟期公司市盈率：

$$\frac{P_i}{E_i}=\frac{d(1-t)+s}{r-[h_L+(1-d-s)r_L]},i\geqslant n \tag{4}$$

当公司处于成长阶段（i<n）时，公司由于不分配股利也不回购股票，d=s=0，i+1 时期利润E_{i+1}及股东要求的报酬率 r 分别为：

$$E_{i+1}=E_i(1+h_S+r_S) \tag{5}$$

$$r=\frac{(P_{i+1}-P_i)}{P_i} \tag{6}$$

式（5）、式（6）合并得到：

$$\frac{P_{i+1}}{E_{i+1}}=\frac{P_i}{E_i}\frac{1+r}{1+h_S+r_S} \tag{7}$$

设 M 为市盈率乘数，δ=d/(d+s) 为股利占利润分配额的比例，η=(1-d-s) 为公司留存收益占利润的比例。把式（7）代入式（4），当 i=n 时：

$$M=\frac{P_i}{E_i}=\left(\frac{1+h_S+r_S}{1+r}\right)^n\frac{d(1-t)+s}{r-[h_L+(1-d-s)r_L]}$$

$$M=\frac{P_i}{E_i}=\left(\frac{1+h_S+r_S}{1+r}\right)^n\frac{(1-t\delta)(1-\eta)}{r-(h_L+\eta r_L)} \tag{8}$$

5.2.2.1　股利税对股票价格的影响

（1）股利税对未增发新股公司股票价格的影响。对于未增发新股公司而言，$P_0=M E_0$，依据式（8）得到股票价格变动率对股利税的偏导数：

$$C_0=\frac{\partial P_0/P_0}{\partial t}=\frac{\partial\log(P_0)}{\partial t}=\frac{\partial\log(M)}{\partial t}=\frac{-\delta}{1-t\delta} \tag{9}$$

$C_0=\frac{-\delta}{1-t\delta}<0$，说明股利税与股票价格变动负相关。公司无论处于成长期还是成熟期，股利税减税均促使股票价格升高。

（2）股利税对增发新股公司股票价格的影响。对于增发新股的公司而言，如果期初增发新股的总额为 Q，且 Q 以r_S的增长率迅速增长，则公司发行新股后的价值为$P_0+Q=M(E_0+r_SQ)$，进而推出公司新股发行前该公司价值P_0：

$$P_0=ME_0+(Mr_S-1)Q \tag{10}$$

依据式（10）和式（8）可得增发新股的公司股票价格变动率对股利税的偏导数：

$$C_0'=\frac{\partial P_0/P_0}{\partial t}=\frac{\partial[ME_0+(Mr_S-1)Q]}{[ME_0+(Mr_S-1)Q]\partial t}=\frac{E_0+r_SQ}{E_0+\left(r_S-\frac{1}{M}\right)Q}\cdot\frac{\partial M/M}{\partial t}=$$

$$\frac{E_0+r_SQ}{E_0+\left(r_S-\frac{1}{M}\right)Q}\cdot C_0<0 \tag{11}$$

由于$\frac{E_0+r_SQ}{E_0+\left(r_S-\frac{1}{M}\right)Q}\geqslant 1$，所以$C_0'$绝对值大于$C_0$绝对值，说明公司增发新股时，股利税变动对股票价格的影响更大，即股利税降低（提高）时，相对于未增发公司而言，增发公司股票价格上升（下降）的幅度大于未增发公司。

5.2.2.2 股利税对公司权益资本成本的影响

公司权益资本成本r^*是股东对其股权投资要求的个人税前报酬率，即$r^*=\frac{r}{1-t}$，则式（8）变为：

$$M=\left(\frac{1+h_S+r_S}{1+r^*}\right)^n\frac{(1-\eta)}{r^*-(h_L+\eta r_L)} \tag{12}$$

进一步得市盈率对数对股利税的偏导数：

$$\frac{\partial\log(M)}{\partial r^*}=-\left(\frac{n}{1+r^*}+\frac{1}{r^*-h_L+\eta r_L}\right)$$

$$\frac{\partial r^*}{\partial\log(M)}=-\frac{(1+r^*)(r^*-h_L+\eta r_L)}{n(r^*-h_L+\eta r_L)+1+r^*}<0 \tag{13}$$

根据链式法则，式（11）说明影响股票价格的所有因素都影响权益资本成本，并且作用程度相反。综合式（9）、式（11）、式（13）得出，当股利税降低（提高）时，公司股票价格上升（下降），且增发新股公司的股票价格上升（下降）幅度更显著，增发新股公司的权益资本成本下降（上升）幅度更显著。故本节提出如下对立研究假设：

H_0：股利税差异化政策实施后，增发新股的公司比未增发新股公司的权益资本成本下降程度更显著。

H_1：股利税差异化政策实施后，增发新股的公司比未增发新股公司的权益资本成本增加程度更显著。

5.2.3　研究设计

5.2.3.1　样本选择

本节以2012年差异化股利税改革为外生事件，选取2009—2011年、2013—2014年分别作为股利税差异化实施前和实施后的样本期间。为了确保数据的可信度，本书执行了如下的筛选程序：（1）剔除ST公司；（2）剔除金融行业；（3）剔除回归模型所需数据缺失的公司观测值。最终得到2965个有效观测值。如表5－5所示，增发公司、未增发公司分别为508家、2457家，分别占样本总体的17%和83%。数据来源于CSMAR和RESSET数据库。

表5－5　　差异化股利税政策实施样本年度分布情况

是否增发		2009年	2010年	2011年	2013年	2014年	观测值
增发新股	公开增发	8	2	4	4	0	18
	定向增发	76	74	58	168	114	490
未增发		496	556	535	626	244	2457
合计		580	632	597	798	358	2965

5.2.3.2　模型设定与变量定义

本节样本期间内我国公司所得税政策稳定，仅股利税发生变化，这保证了结果的纯粹性。为检验假设，比较增发新股公司与未增发新股公司权益资本成本变动程度的差异，本书构建了如下近似双重差分模型：

$$R_{i,t}=\alpha_0+\alpha_1 PT_{i,t}+\alpha_2 IS_{i,t}+\alpha_3 PT*IS_{i,t}+\alpha_4 HOLD_{i,t}+\alpha_5 Controls+\varepsilon_{i,t} \tag{14}$$

其中，R 为权益资本成本，本节采用 Gordon 方法进行估算，稳健性检验时 R 利用了 OJ 模型估算值。Gordon 方法估算 R 公式为 $R=\frac{dps_{t+1}}{p_t}+g$，其中，$dps_{t+1}$为 t+1 年每股股利，$p_t$为 t 年末的收盘价格，g 为长期增长率。OJ 模型估算公式为 $R=A+\sqrt{A^2+\frac{eps_{t+1}}{p_t}\left[\left(\frac{eps_{t+2}-eps_{t+1}}{eps_{t+1}}\right)-(r_f-0.03)\right]}$，其中，$eps_2$、$eps_1$分别为分析师预测的 t+2 年和 t+1 年的每股收益，r_f为无风险利率，$A=\frac{r_f-0.03+dps_{t+1}/p_t}{2}$。估算时剔除了权益资本成本的极端值。

解释变量 PT 是差异化股利税实施的哑变量。如果观测值属于差异化股利税实施之后的年度，则 PT=1；如果观测值属于差异化股利税实施之前的年度，则 PT=0。解释变量 IS 是增发新股哑变量，如果公司增发新股，则 IS=1，否则 IS=0。HOLD 为持股时间，用公司的股票日均换手率乘以 -1 表示。估计系数α_1反映股利税差异化实施对公司权益资本成本的影响，估计系数α_3反映增发新股公司与未增发新股公司的权益资本成本在股利税差异化实施后变动程度的差异。因此本节主要关注α_3。

借鉴已有文献，本节选取了如下控制变量：股利分配率 DIV（普通股每股现金股利与每股收益额之比）、资产负债率 LEV（期末有息债务与总资产之比）、公司规模 SIZE（期末总资产的自然对数）、净资产收益率 ROE（净利润与期末股东权益之比）、前十大股东持股比例 SHARE、账面市价比 BM（期末总资产与市场价值之比）。此外，考虑到股利税改革对不同行业公司的影响存在差异，模型（14）还以证监会 2012 年 3 位数行业分类为基准，控制了行业固定效应。

5.2.4 实证结果

5.2.4.1 描述性统计

表 5-6 报告了增发新股公司与未增发新股公司的权益资本成本等变量分别在差异化股利税政策实施前后的差异。增发新股公司改革后持股

时间（HOLD）的均值提高了0.169，未增发新股公司提高了0.161，意味着增发新股公司总体持股时间提高程度大于未增发新股公司，增发新股公司股利税减税效果更明显。增发新股公司权益资本成本（R）改革后均值显著降低0.063，而未增发新股公司降低0.033，由此得出，增发新股公司权益资本成本（R）下降幅度大于未增发新股公司。也就是说，股利税差别化政策实施以后，增发新股对公司权益资本成本的下降起了促进作用。

表5-6 增发/未增发新股公司主要变量在差异化股利税政策实施前后的差异

				变量				
				R	PT	IS	PT * IS	HOLD
2012年差异化股利税改革前后比较	增发新股公司	差异化前	平均值	0.136	0	1	0	-1.555
			中位数	0.101	0	1	0	-1.331
		差异化后	平均值	0.072	1	1	1	-1.386
			中位数	0.047	1	1	1	-1.196
		平均值之差（后—前）		-0.063***				0.169*
		中位数之差（后—前）		-0.054***				0.135*
	未增发新股公司	差异化前	平均值	0.099	0	0	0	-1.704
			中位数	0.080	0	0	0	-1.522
		差异化后	平均值	0.065	1	0	0	-1.543
			中位数	0.041	1	0	0	-1.355
		平均值之差（后—前）		-0.033***				0.161***
		中位数之差（后—前）		-0.039***				0.167***

注：***、*分别表示回归系数在1%、10%水平下显著。

表5-7列示了主要变量的相关系数及Spearman检验值。R与PT显著负相关，IS和HOLD与R显著正相关，且主要变量间不存在共线性。

5.2.4.2 回归结果分析

表5-8报告了股利税差异化实施对增发和未增发公司权益资本成本影响差异的实证结果。回归模型（1）、模型（2）、模型（3）调整后R^2值均超过50%，表明该模型的拟合优度比较好。第（1）列、第（2）列、第（3）列PT的回归系数均为负，且在1%的置信水平下显著，表明股利税差异化政策实施后，公司权益资本成本下降。第（3）列α_3为-0.019，且在1%的置信水

表 5－7　主要变量相关系数及 Spearman 检验值

	R	PT	IS	HOLD	DIV	LEV	SIZE	ROE	SHARE	BM
R	1	-0.207***	0.054***	0.167***	-0.083***	-0.103***	0.147***	0.718***	0.091***	-0.122***
PT	-0.207***	1	0.078***	0.094***	0.028	0.002	0.083***	-0.054***	-0.040**	0.123***
IS	0.054***	0.078***	1	0.054***	-0.031*	0.004	0.079***	0.043**	-0.006	0.003
HOLD	0.167***	0.094***	0.054***	1	0.045**	0.009	0.333***	0.205***	0.335***	0.237***
DIV	-0.083***	0.028	-0.031	0.045**	1	-0.052***	-0.041**	-0.060***	0.030*	-0.009
LEV	-0.103***	0.002	0.004	0.009	-0.052***	1	0.054***	-0.148***	-0.027	0.137***
SIZE	0.147***	0.083***	0.079***	0.333***	-0.041**	0.054***	1	0.210***	0.280***	0.592***
ROE	0.718***	-0.054***	0.043**	0.205***	-0.060***	-0.148***	0.210***	1	0.120***	-0.250***
SHARE	0.091***	-0.040**	-0.006	0.335***	0.030*	-0.027	0.280***	0.120***	1	0.092***
BM	-0.122***	0.123***	0.003	0.237***	-0.009	0.137***	0.592***	-0.250***	0.092***	1

注：***、**、*分别表示回归系数在1%、5%、10%水平下显著。

平下显著为负，表明股利税差异化政策实施后增发新股公司的权益资本成本比未增发公司的下降程度更为显著，从而检验了本节的研究假设 H_0。

表5-8　股利税差异化对增发/未增发新股公司权益资本成本影响差异的回归结果

变量名称	(1)	(2)	(3)	增发新股 (4)	未增发新股 (5)
	R	R	R	R	R
PT	-0.029 *** (-13.78)	-0.030 *** (-13.99)	-0.028 *** (-12.73)	-0.034 *** (-4.62)	-0.029 *** (-12.84)
IS		0.012 *** (3.26)	0.022 *** (4.14)		
PT * IS			-0.019 *** (-2.60)		
HOLD	0.003 ** (2.43)	0.003 ** (2.33)	0.003 ** (2.41)	0.011 *** (-1.88)	0.009 * (-8.15)
SIZE	-0.006 *** (-5.28)	-0.006 *** (-5.53)	-0.006 *** (-5.55)	-0.002 (-0.42)	-0.002 (1.38)
ROE	0.804 *** (50.61)	0.803 *** (50.69)	0.803 *** (50.66)	0.066 (1.37)	0.082 *** (4.81)
BM	0.045 *** (6.98)	0.046 *** (7.14)	0.046 *** (7.10)	0.019 (0.76)	0.038 *** (5.50)
DIV	-0.005 *** (-2.83)	-0.005 *** (-2.73)	-0.005 *** (-2.76)	0.011 (0.82)	0.001 (0.31)
LEV	-0.001 (-0.57)	-0.001 (-0.58)	-0.001 (-0.56)	-0.001 (-0.12)	-0.001 (-0.51)
SHARE	-0.001 (-0.58)	-0.001 (-0.45)	-0.001 (-0.60)	0.001 *** (2.81)	0.001 *** (3.35)
HANGYE	Yes	Yes	Yes	Yes	Yes
Constant	0.141 *** (5.57)	0.147 *** (5.78)	0.147 *** (5.81)	0.058 (0.59)	-0.001 (-0.04)
Observations	2965	2965	2965	508	2457
R-squared	0.560	0.562	0.563	0.224	0.121
R^2_a	0.557	0.558	0.559	0.152	0.114
F	157.4	152.0	146.7	3.083	15.71

注：***、**、*分别表示回归系数在1%、5%、10%水平下显著。

5.2.5 稳健性检验

为进一步验证以上实证结果的可靠性，本节将全体样本分为增发新股公司和未增发新股公司两组，用多元回归模型做了稳健性检验，如表 5-8 第（4）列、第（5）列所示。

$$R_{i,t} = \beta_0 + \beta_1 PT_{i,t} + \beta_2 HOLD_{i,t} + \beta_3 Controls + \varepsilon_{i,t} \quad (15)$$

第（4）列显示，增发新股公司 PT 的回归系数 β_1，符号为负且在 1% 的水平下显著；第（5）列显示，未增发新股 PT 的回归系数 β_1 为 -0.029，且在 1% 的水平下显著。我们进一步对两个回归系数做了邹检验，得到检验值 $F(9,2965) = 2.13$，通过5% 水平的显著性检验，因此得出，股利税差异化政策实施后，增发新股公司权益资本成本下降的幅度要大于未增发新股公司，研究假设成立。

5.2.6 结论

税与资本成本的关系是公司财务领域研究的核心命题之一。现有文献缺乏股利税改革后融资政策特别是增发新股对权益资本成本影响的研究。基于此，本节以 2013 年 1 月 1 日实施的差异化股利税政策为外生事件，运用近似双重差分模型研究了股利税差异化下，增发/未增发新股对公司权益资本成本的影响差异。研究发现，差异化股利税实施后，相对不增发公司，增发新股公司股东持股时间显著增长，股东享受的股利税优惠更多，适用的股利税率更低，公司权益资本成本下降的幅度更大，增发新股公司股东的财富效应更为显著。本节实证结果从税收视角解释了增发新股融资行为对公司权益资本成本及财富效应的影响，补充了税与资本成本关系的文献，也为我国股利税改革经济后果的研究提供了经验证据。

5.3 股利税差异化、股利分配与权益资本成本

5.3.1 引言

近年来，资本市场比货币市场发展得缓慢，原因主要是资本市场投资报

酬率低、波动剧烈，货币市场投资收益稳定，期限短暂。两市场关于风险、报酬率等方面的差异导致股票市场资金不断涌向货币市场，从而资本市场不断萎缩，货币市场不断膨胀（钮文新，2017），实体经济增长乏力。鉴于此，习近平总书记在全国金融工作会议上特别强调金融为实体经济服务。资本市场是实体经济发展的动力源，在经济新常态条件下，促进资本市场健康、稳定、快速发展是新时期我国全面建设小康社会的重要任务。影响资本市场定价与资源配置的重要因素是资本成本，它联结着投资者与公司的切身利益。进入21世纪，我国政府进行所得税改革以保护投资者的权益，维护资本市场健康、稳定发展。2005年6月13日，财政部、国家税务总局颁布执行财税〔2005〕102号，股利税减半，投资者对高股利支付公司要求较高的报酬率（曾亚敏等，2005）。2008年修订的《公司所得税法》实施后，上市公司权益资本成本下降（李桂萍等，2014）。

政府削减股利税的确能够影响公司资本成本。2003年美国实施《就业与经济增长减税协调法案》。股利税与资本利得税削减为15%，公司权益资本成本下降，下降幅度约为1.02%。由于减税法案仅适用于个人股东投资者，机构投资者不享受减税优惠，因而，机构投资者持股比例高的公司权益资本成本下降幅度比较小（Dhaliwal等，2007）。与分配股利公司相比，不分配股利公司权益资本成本下降幅度较大（Sikes等，2012）。2016年Stinson et al.经验研究指出，2003年美国减税促使权益资本成本显著下降的公司具有风险水平高、机构投资者持股比例低的特点。

2012年11月16日，我国财政部、国家税务总局与证监会联合发布财税〔2012〕85号：自2013年1月1日起，个人从公开发行和转让市场取得上市公司股票而获取的股息红利所得，按持股期限（1个月以内、1个月以上至1年、超过1年），缴纳差异化股利税（20%、10%、5%）。股利税差异化在现实中是否有效调节了公司的股利分配、个人投资者的报酬率以及公司权益资本成本，是一个急需回答的重要问题。本节主要基于财税〔2012〕85号股利税差异化实施的准自然实验，利用沪深A股上市公司财务数据，分析股利税差异化、股利分配与权益资本成本的关系。

本节研究发现，股利税改革对上市公司权益资本成本产生显著影响，不同股利分配水平公司的权益资本成本变动存在差异。具体而言，2013股利税差异化促使上市公司平均权益资本成本下降，低现金股利分配公司的权益资本成本下降幅度更为显著；股利分配在股利税改革影响公司权益资本成本过程中发挥了正向调节作用。本节的主要贡献主要体现在以下方面：（1）与已有文献着眼于财税〔2005〕102 号以及美国减税实践的研究，本节借助于我国股利税差异化改革事件来研究股利税、股利分配与权益资本成本的关系，深化了税收与资本成本方面的研究；（2）研究股利分配在股利税差异化改革影响公司权益资本成本中的具体作用，为我国个人所得税的改革提供了重要支持，也为资本市场所得税制进一步完善提供了重要依据；（3）本节实证研究发现股利分配政策在股利税改革影响权益资本成本中有正向调节作用，为公司控制资本成本、优化财务行为提供启示。

5.3.2 文献综述与研究假设

5.3.2.1 股利税与权益资本成本的关系

Miller 模型显示，个人利息税、股利税与资本利得税的缴纳会抵消负债融资在公司所得税上的抵税效应。在税收非中性条件下，股利税成为公司权益资本成本的重要因素，它们间的函数关系为 $r_s = r_u + \frac{B}{S} \cdot \frac{(1-t_c)(1-t_s)}{1-t_b} \cdot (r_u - r_b)$，其中，$r_s$、$t_s$、$t_b$、$t_c$、$r_u$、$r_B$、B/S 分别表示权益资本成本、股利税、利息税、公司所得税、完全权益融资公司资本成本、负债利息率、资本结构。由此可以推出公司权益资本成本对股利税的敏感程度为 $\frac{\partial r_s}{\partial t_s} = -\frac{(1-t_c)}{1-t_b}(r_u - r_b)\frac{B}{S}$，即资本结构既定时，如果 r_u 小于 r_b，r_s 与 t_s 正相关；如果 r_u 大于 r_b，r_s 与 t_s 负相关。r_s 与 t_s 正相关最早由税差学派 MacDougall（1960）、Hamada（1966）等提出，Guenther 等（2005）、Dhaliwal 等（2007）和 Campbell 等（2013）利用 2003 年美国税收激励法案实践验证了股利税与权益资本成本的正相关关系。r_s 与 t_s 负相关得到了 Sikes 和 Verrecchia（2012）实证结果的支持。征收股利税会影响投资者获得的预期税后现金流收益及风险，如果无风险收益率很低，或者公司的系统性风险与市场风险溢价比较高，股利税与权益资本成本负相关。

中国拥有全球数量最多、最活跃的个人投资者群体，个人投资者交易在资本市场上占主导地位（刘行等，2015）。财税〔2005〕102号实施后，由于股利税降低，上市公司权益资本成本显著增加。2013年1月1日我国实施财税〔2012〕85号，个人投资者适用的股利税与持股期挂钩，按照1个月以内、1—12个月、1年以上（持有期），缴纳20%、10%和5%的差异化股利税，个人投资者持股时间增长，个人投资者整体平均股利税降低，同期股权风险溢价较低，r_u 小于 r_b，r_s 与 t_s 正相关，上市公司整体平均权益资本成本降低。据此，本节提出股利税差异化与公司权益资本成本相关的研究假设：

H_1：在其他条件不变的情况下，2013年股利税差异化政策实施后，上市公司平均权益资本成本显著下降。

5.3.2.2　股利税、股利分配与权益资本成本的关系

Farrar 和 Selwyn（1967）首先分析美国的税制特点，提出如果股利税高于资本利得税，公司常用股票回购取代股利分配，股东对于高股利分配率的股票会要求较高的必要报酬率。为了控制、降低股权资本成本，公司可以采取低股利分配政策。Brennan（1970）利用税后 CAPM 理论进一步得出，资本利得税可以被延期支付，由于股利税通常高于资本利得税，因而公司多留存盈余、少（不）分配股利对于投资者来说是有利的，市场预期股利分配公司权益资本成本高于不分配股利公司。我国财税〔2005〕102号实施后，股利支付水平与股票的累计超额收益率正相关（曾亚敏等，2005）；上市公司短期内现金股利支付增加，长期内效应递减，现金股利支付对股利税减免的反应与公司控股股东性质相关，而与自然人持股比例无关（李增福等，2010）；股利税减半刺激了上市公司进行现金分红（赵虹等，2012），预期派现倾向高与现金股利支付强的上市公司对股利税降低的市场反应比较显著，而市场流通股的市场反应较为“平淡”（杨宝等，2013）；股利分配政策在股利税减半影响公司权益资本成本中发挥了有调节的中介作用（李桂萍，2014）、贾凡胜（2016）通过股利税差异化实践发现，股利税改革影响了公司的股利政策，公司提高了现金分红的预期。以上分析显示，在其他条件不变的情况下，股利税与公司股利分配负相关。

Miller & Modigliani（1961）的股利无关论认为，在完美资本市场中，股东可以通过自制股利方式满足自身现金流需求，股利决策与资本成本无关。然而，现实生活中股利政策决定着股东利益的保护以及股东财富最大化目标

的实现，汪平等（2016）发现基于权益资本成本的现金股利动态调整机制有利于股东财富最大化目标的实现。已有研究表明股利支付与公司价值等密切相关。“一鸟在手”理论被财务工作者普遍采纳：股利政策与公司价值、资本成本息息相关，股利支付得越多，权益资本成本越低，公司股价越高，公司价值越大；股利分配有利于公司价值的提高，股利分配的稳定性对提高公司价值是至关重要的，公司股利分配不平稳程度影响着投资者的行为偏好，也显著影响了投资者的预期投资收益（陈名芹等，2017）；2008 年半强式分红政策实施后，公司被动分红对投资者长期股票投资超额收益产生负向影响（马宏，2017）。信号传递理论认为股利支付传递着管理当局所掌握的内部信息情况，如果预期公司发展前景良好，常会通过增加股利的方式来告诉股东和潜在投资者；如果预期公司发展前景暗淡，现有股利常会维持不变或者降低。投资者据此来预测其投资风险，高（低）股利支付传递公司业绩好（差）的信息，投资风险较低（高），投资者要求较低（高）的报酬率，公司权益资本成本较低（高）。股利分配是一种有效的公司治理机制，能够部分解决控股股东代理问题，公司支付现金股利能够显著降低权益资本成本（罗琦等，2017），权益资本成本与股利分配呈负向变动关系，现金股利分配多（少）的公司，权益资本成本低（高）。2013 年差异化股利税政策实施后，股利税总体税负下降，公司权益资本成本下降。结合股利税与股利分配的关系以及公司融资成本的黏性，多分配现金股利公司的权益资本成本下降的幅度比较小，而少（不）分配现金股利公司的权益资本成本下降幅度比较大。据此，本节提出股利税差异化改革对高（低）股利分配公司权益资本成本影响的研究假设：

H_2：在其他条件不变的情况下，股利分配在股利税差异化影响公司权益资本成本中发挥中介效应。

H_3：在其他条件不变的情况下，股利分配在股利税差异化影响公司权益资本成本中发挥调节效应。

5.3.3 研究设计

5.3.3.1 样本选择

由于 2008 年实施修订后的公司所得税，本节剔除 2008 年上市公司的观测值。以2013年差异化股利税改革为外生事件发生时间，样本数据为2009—2014年非金融行业A股上市公司的财务数据。为保证数据精度，本节剔除了回归模型所需数据缺失的样本公司观测值，最终分别得到2009—2014年4225个有效观测值。本节数据来源于CSMAR和RESSET数据库。

5.3.3.2 模型设定与变量定义

2009—2014年样本期间内公司所面临的公司所得税政策除股利税变动外，税收规范体系比较稳定，为本节研究股利税差异化、股利分配与权益资本成本的关系提供了良好的素材。为检验以上研究假设，本节构建了模型（1）、模型（2）、模型（3）、模型（4）。模型（1）和模型（2）主要验证股利税改革对公司权益资本成本、股利分配的具体影响；模型（3）主要验证股利分配对股利税差异化影响公司权益资本成本的中介效应；模型（4）主要验证不同股利分配水平的公司在股利税差异化影响公司权益资本成本中的差异，即股利分配在股利税差异化影响公司权益资本成本中的调节作用。

$$R_{i,t} = \alpha_0 + \alpha_1 Post_{i,t} + \alpha_i Control + \xi_{i,t} \tag{1}$$

$$Div_{i,1} = \alpha_0 + \alpha_1 Post_{i,t} + \alpha_i Control + \xi_{i,t} \tag{2}$$

$$R_{i,t} = \beta_0 + \beta_1 Post_{i,t} + \beta_2 Div_{i,t} + \beta_i Control + \varepsilon_{i,t} \tag{3}$$

$$R_{i,t} = \chi_0 + \chi_1 Post_{i,t} + \chi_2 Div_{i,t} + \chi_3 Post_{i,t} * Div_{i,t} + \chi_i Control + \xi_{i,t} \tag{4}$$

其中，R为权益资本成本，本节采用Gordon模型和PEG方法来估算。Gordon模型和PEG模型估算R的公式分别为 $R_{gordon} = dps_{t+1}/p_t + g$，$R_{peg} = \sqrt{\frac{eps_2 - eps_1}{p_0}}$，其中，$dps_{t+1}$、$p_t$、g、eps分别为t+1年公司每股股利、t年末收盘价格、长期增长率和每股收益。解释变量Post是2013年股利税差异化实施哑变量，如果观测值属于股利税差异化之后的年度（2013年、2014年），则Post=1；如果观测值属于股利税差异化之前的年度（2009年、2010年、2011年），则Post=0。Div是股利分配哑变量，如果股利分配（用每股股利来表示）高于其上四分位数，则Div=1；如果股利分配低于其下四分位数，则Div=0。如果Post回归系数 α_1 显著，反映股利税改革对公司权益资本成本产生影响；如果Div回归系数 β_1 显著，反映股利分配对公司权益资本成本产生影响。Post * Div回归系数 χ_3 显著，反映不同现金股利分配公司在股利税改革影响权益资本成本时存在差异。故本节主要关注系数 α_1、β_2、

χ_3。借鉴已有文献，本节选取以下控制变量：（1）持股时间 Hold，用公司的股票日均换手率乘以 -1 表示；（2）资产负债率 Lev（期末有息债务与总资产之比）；（3）公司规模 Size（期末总资产的自然对数）；（4）净资产收益率 Roe（净利润与期末股东权益之比）；（5）前十大股东持股比例 Share；（6）账面市价比 Bm（期末总资产与市场价值之比）。此外，考虑到股利税改革对不同行业公司的影响存在差异，模型还以证监会 2012 年行业分类为基准，控制了行业固定效应。

5.3.4 实证结果与分析

5.3.4.1 描述性统计

表 5 - 9 报告了 2013 年股利税差异化政策实施前后变量的单因素检验。2013 年差异化股利税政策实施后，上市公司权益资本成本下降，其中，高股利分配公司权益资本成本 R 下降 0.018，低股利分配公司权益资本成本 R 下降 0.022。差异化股利税政策实施后，低股利分配公司比高股利分配公司的权益资本成本下降程度更显著。

5.3.4.2 相关系数检验

表 5 - 10 列示了 2013 年差异化股利税实施后主要变量间的相关系数。2013 年股利税差异化政策实施后，R 与 Post、Div、Lev、Bm 显著负相关，R 与 Hold、Size、Roe、Share 显著正相关，且主要变量间不存在共线性。

5.3.4.3 回归结果分析

表 5 - 11 报告了 2013 年股利税差异化政策实施对高/低股利分配不同公司权益资本成本的影响差异。表 5 - 11 第（1）、（2）列分别为以 R_{gordon} 与 R_{peg} 为被解释变量、2013 年股利税差异化政策实施（Post）为解释变量的模型（1）的回归结果，两个回归模型均通过了显著性检验，Post 的回归系数在 1% 水平下显著为负，说明上市公司权益资本成本在 2013 年股利税差异化后显著下降，从而研究假设 H_1 得以验证。表 5 - 11 第（3）列分别为以 Div 为被解释变量、股利税差异化实施（Post）为解释变量的模型（2）的回归结果，Post 的回归系数在 10% 水平下不显著，说明股利税差异化对公司股利分配没有产生显著影响。表 5 - 11 第（4）、（5）列分别为以 R_{gordon} 与 R_{peg} 为被解

表 5－9　2013 年差异化股利税政策实施后公司权益资本成本等因素的单因素检验

变量	高股利分配公司						低股利分配公司					
	政策前		政策后		平均值后—前	中位数后—前	政策前		政策后		平均值后—前	中位数后—前
	平均值	中位数	平均值	中位数			平均值	中位数	平均值	中位数		
R	0.104	0.086	0.086	0.060	－0.018***	－0.026***	0.092	0.071	0.080	0.040	－0.022***	－0.031***
Hold	－1.667	－1.355	－1.569	－1.331	0.098	0.024	－1.818	－1.546	－1.633	－1.355	0.185***	0.191***
Lev	0.17	0.122	0.144	0.093	－0.027***	－0.029**	0.21	0.192	0.199	0.176	－0.011**	－0.016**
Size	21.943	21.71	22.025	21.834	0.082	0.124	22.105	21.909	22.091	21.900	－0.014	－0.009
Roe	0.1	0.082	0.087	0.071	－0.013***	－0.011**	0.116	0.101	0.06	0.079	－0.056***	－0.022***
Share	39.386	37.348	37.335	35.459	－2.051**	－1.889	37.295	36.060	35.554	33.841	－1.741***	－2.219**
Bm	0.47	0.459	0.56	0.526	0.090***	0.067***	0.509	0.485	0.561	0.534	0.053***	0.049***

注：R 为 R_{gordon} 与 R_{peg} 的均值，***、** 分别表示回归系数在 1%、5% 水平下显著。

表 5－10　2013 年股利税差异化实施等主要变量的相关系数表

	R	Post	Div	Hold	Lev	Size	Roe	Share	Bm
R	1	-0.140***	-0.064***	0.155***	-0.047**	0.121***	0.620***	0.058***	-0.124***
Post	-0.140***	1	0.011	0.070***	-0.041***	0.005	-0.043***	-0.059***	0.125***
Div	-0.064***	0.011	1	0.026*	-0.074***	-0.042***	-0.005	0.008	-0.023
Hold	0.155***	0.070***	0.026*	1	0.034**	0.317***	0.012	0.302***	0.251***
Lev	-0.047**	-0.041***	-0.074***	0.034**	1	0.403***	-0.012	0.048***	0.468***
Size	0.121***	0.005	-0.042***	0.317***	0.403***	1	0.051***	0.281***	0.619***
Roe	0.620***	-0.043***	-0.005	0.012	-0.012	0.051***	1	0.003	-0.042***
Share	0.058***	-0.059***	0.008	0.302***	0.048***	0.281***	0.003	1	0.112***
Bm	-0.124***	0.125***	-0.023	0.251***	0.468***	0.619***	-0.042***	0.112***	1

注：R 为 R_{gordon} 与 R_{peg} 的均值，***、**、* 分别表示回归系数在 1%、5%、10% 水平下显著。

释变量、2013 年股利税差异化政策实施（Post）和股利分配（Div）为解释变量的模型（3）的回归结果。两个回归模型通过了显著性检验，模型（2）调整 R^2 值大于模型（1），说明模型（3）在模型（1）基础上引入 Div 变量后拟合优度提高。Post 和 Div 的回归系数在 1% 水平下显著，Div 的回归系数为负，说明 2013 年股利税差异化政策实施后，公司股利分配与权益资本成本负相关。对 Div 的中介效应进行 Sobel 检验得到 T 值为 0.1988，没有通过显著性检验，由此得出股利分配的中介效应不显著，H_2 不成立。表 5－11 第（6）、（7）列分别为以 R_{gordon} 与 R_{peg} 为被解释变量、2013 年股利税差异化政策实施（Post）、股利分配（Div）以及交互项股利税差异化 * 股利分配（Post * Div）为解释变量的模型（4）的回归结果，模型（4）调整 R^2 值大于模型（3），说明模型（4）在模型（3）的基础上引入交互项 Post * Div 后拟合优度提高。模型（4）的 Post、Div、Post * Div 的回归系数在 1% 水平下显著，Post * Div 回归系数显著为正，说明 2013 年股利税差异化政策实施后，与高股利分配公司相比，低（不）股利分配公司的权益资本成本下降幅度比较显著，股利分配的调节作用显著，验证了本节研究假设 H_3。

表5-11　2013年股利税差异化、股利分配与权益资本成本关系的回归结果

	(1)	(2)	(3)	(4)	(5)	(6)	(7)
Variables	R_{gordon}	R_{peg}	Div	R_{gordon}	R_{peg}	R_{gordon}	R_{peg}
Post	-0.019*** (-9.149)	-0.025*** (-16.632)	0.004 (0.199)	-0.020*** (-9.594)	-0.025*** (-16.688)	-0.033*** (-8.565)	-0.036*** (-12.782)
Div				-0.027*** (-4.994)	-0.019*** (-4.139)	-0.050*** (-6.402)	-0.025*** (-4.318)
Post * div						0.041*** (4.087)	0.033*** (4.544)
Hold	0.004*** (3.612)	-0.003*** (-4.465)	0.023** (2.175)	0.004*** (3.909)	-0.003*** (-4.367)	0.004*** (4.055)	-0.003*** (-4.240)
Size	-0.007*** (-6.463)	0.001 (0.968)	-0.027** (-2.439)	-0.007*** (-6.486)	0.001 (0.967)	-0.007*** (-6.457)	0.001 (1.008)
Roe	0.814*** (51.031)	0.416*** (36.358)	0.010 (0.494)	0.796*** (48.768)	0.412*** (34.942)	0.791*** (48.450)	0.409*** (34.734)
Share	-0.000** (-2.224)	-0.000 (-0.394)	0.001 (1.040)	-0.000** (-2.053)	-0.000 (-0.355)	-0.000** (-2.047)	-0.000 (-0.330)
Bm	0.051*** (8.148)	0.026*** (5.668)	0.028 (0.479)	0.049*** (7.910)	0.025*** (5.602)	0.048*** (7.671)	0.024*** (5.338)
lev	0.001 (0.101)	0.007 (1.277)	0.006*** (2.660)	-0.003 (-0.462)	0.006 (1.120)	-0.002 (-0.344)	0.007 (1.233)
Constant	0.156*** (6.866)	0.017 (1.060)	0.747*** (3.190)	0.167*** (7.342)	0.020 (1.187)	0.175*** (7.704)	0.027 (1.620)
Industry	Control	Control	Control	Control	Control	Control	Control
Observations	3393	3504	4581	3393	3504	3393	3504
R-squared	0.518	0.401	0.010	0.522	0.401	0.524	0.405
R^2_a	0.516	0.398	0.0061	0.519	0.398	0.521	0.401
F	201.7	129.6	2.568	193.7	122.9	185.7	118.5

注：***、**分别表示回归系数在1%、5%水平下显著。

5.3.5　稳健性检验

为了确保实证结果的可靠程度，本节采用OJ模型R = A +

$\sqrt{A^2+\frac{eps_2}{eps_1}\left[\frac{eps_2-eps_1}{eps_1}-(r_j-3\%)\right]}$来估算权益资本成本 R_{oj}，其中，$A=\left(r_f-0.03+\frac{dps_1}{p_0}\right)/2$，$eps_2$、$eps_1$、$r_f$、$dps_1$、$p_0$ 分别为分析师预测的 t+2 年和 t+1 年度的每股收益、无风险报酬率、每股股利和 t 期收盘价，估算时剔除权益资本成本异常值，根据股利分配的上、下四分位数，将样本分为高分配现金股利公司组和低（不）分配现金股利公司两组，构建多元回归模型（5）进行稳健性测试。以每股股利为股利分配的解释变量，以模型（2）进行稳健性测试，检验结果见表 5－12。

$$R_{i,t}=\varphi_0+\varphi_1 Post_{i,t}+\varphi_i Control+\xi_{i,t} \tag{5}$$

表 5－12 的第（1）、（2）列分别为 2013 年股利税差异化实施对高股利分配与低股利分配公司权益资本成本的具体影响。第（1）列和第（2）列的股利差异化政策实施（Post）回归系数分别为－0.038 和－0.023，均在 1% 水平下显著为正，说明 2013 年股利税差异化政策实施后，低股利分配公司和高股利分配公司权益资本成本分别降低 3.8 和 2.3 百分点，2013 年股利税差异化后上市公司权益资本成本显著降低，假设 H_1 通过稳健性检验，H_1 成立。进一步对第（1）列和第（2）列的 Post 回归系数做邹检验，检验值 F（9，1829）＝5.10，P 值小于 0.001，通过显著性检验，说明 2013 年股利税差异化后低股利分配公司权益资本成本的下降幅度大于高股利分配公司，假设 H_3 通过稳健性检验，H_3 成立。表 5－12 第（3）列为股利分配中介效应的检验，由于 Post 回归系数不显著，支持 H_2 不成立的假设。

表 5－12　股利税差异化、股利分配与权益资本成本关系的稳健性检验

Variables	DIV＝0	DIV＝1	Div
	R_{oj}	R_{oj}	
Post	－0.038*** （－13.64）	－0.023*** （－3.14）	0.003 （0.115）
Hold	－0.009*** （－6.43）	－0.004* （－1.39）	0.030** （2.521）
Lev	0.024** （2.43）	0.082*** （3.50）	0.006*** （2.795）

续表

Variables	DIV = 0	DIV = 1	Div
	R_{oj}	R_{oj}	
Size	0.001 (0.55)	−0.007* (−1.74)	−0.021* (−1.828)
Roe	0.077*** (3.60)	−0.117*** (−8.18)	0.009 (0.429)
Share	0.000** (2.05)	0.001** (2.56)	0.001 (0.786)
Bm	0.036*** (4.14)	0.028 (1.28)	−0.003 (−0.045)
Industry	yes	yes	yes
Constant	0.028 (0.81)	0.212** (2.40)	0.630** (2.574)
Industry	Control	Control	4189
Observations	2413	882	0.010
R^2_a	0.123	0.130	0.00568
F	16.37	6.724	2.329

注：***、**、* 分别表示回归系数在 1%、5%、10% 水平下显著。

5.3.6　结论与启示

税与资本成本的关系是现代公司财务理论研究的核心命题之一。研究我国股利税改革对公司权益资本成本影响的文献不多，股利分配常受到股利税变动的影响。基于此，本节以 2013 股利税差异化政策的实施为外生事件，利用沪深 A 股上市公司为研究样本，研究了股利税改革、股利分配与权益资本成本的关系。研究发现，2013 年股利税差异化实施后，上市公司权益资本成本显著下降；与高股利分配公司相比，低股利分配公司资本成本下降的幅度更为显著。本节研究结论与 Sikes et al.（2012）关于 2003 年美国股利税削减促使不分配股利公司权益资本成本下降幅度更大的结论一致。本节实证结果解释了 21 世纪我国股利税改革的资本成本效应，从股东投资者层面上看，2013 年股利税差异化降低了公司股权融资成本，尤其降低了少（不）分配股利公司的股权融资成本，缓解了公司所面临的融资约束严重程度，实现政府维护微观主体经济利益、推进资本市场健康发展的调控目标。因此，本节为我国股利税制改革的微观效应提供了经验支持，同时，也为公司基于股利税制改革来优化财务行为起了重要的启示作用。

5.4 股利税差异化、风险承担与权益资本成本

5.4.1 引言

改革开放以来，我国经济持续高速增长，股票市场蓬勃发展。然而近年来资本市场“脱实向虚”，伴随着我国经济改革步入“深水区”，习近平总书记多次强调金融回归本源、服务实体经济的原则、任务，提出提高直接融资比重、促进多层次资本市场健康发展的工作要求。资本市场作为上市公司的重要筹资渠道，其相关政策的调整会直接影响公司的筹资成本，尤其是权益资本成本。股东获取股票溢价和公司分红时，需要缴纳资本利得税和股利税。因为我国个人股东适用的资本利得税率为0，因而，股利税成为股东面临的主要税收，是政府维护资本市场健康发展、调节微观经济主体利益关系的重要手段，影响着公司权益资本成本。2012年11月16日我国实施财税〔2012〕85号《关于实施上市公司股息红利差别化个人所得税政策有关问题的通知》，个人投资者股息红利所得按持股期限缴纳差异化股利税。股利税差异化的效果得到Oliver Zhen Li（2014）、贾凡胜、李桂萍等众多学者的关注。

近期中美贸易摩擦对中国经济产生影响，因为股市是经济的晴雨表，沪深股票市场波动更加频繁，公司承担风险更大。经典的资本资产定价模型显示风险是影响公司权益资本成本的重要因素，而政策风险则是影响权益资本成本的重要系统性风险因素。当风险不可避免时，上市公司的风险承担水平就成了公司控制权益资本成本和获取预期收益的重要因素。现有文献主要从财务杠杆、融资约束、股利分配视角，考察股利税差异化影响公司权益资本成本的具体作用（李桂萍，2018；李桂萍和刘薇，2018），忽视了风险承担的具体作用。本节研究了风险承担在股利税差异化与权益资本成本的具体作

用，揭示了股利税差异化下公司风险承担对权益资本成本产生的具体影响，为公司规避未来经营不良风险、政府部门优化税制提供理论支持和参考。

5.4.2　文献综述与研究假设

5.4.2.1　股利税差异化政策与风险承担的关系

经典税差理论认为，资本利得具有税收优势，公司最优股利政策就是不分或少分股利。发放股利可解决公司内部人的“自由现金流”的代理问题（La Porta et al.，2000）。当公司产生自由现金流时，投资者和内部人间的股利政策上的利益冲突更加严重。对于内部人来说，保留自由现金流使他们获得“控制权私利”，减少外部融资的压力和资本市场的监控。因此，内部人将自由现金流留在公司，不分红或少分红。投资者基于“自由现金流”代理问题，期望发放股利，减少内部人控制资源，接受资本市场的监管（刘湘玫，2007）。股利税差异化的改革提高了公司现金分红的预期，部分解决了内部人与投资者间的委托—代理问题（贾凡胜等，2016）。外部政策变化降低了公司风险承担，对公司价值产生负面影响（肖翰等，2018）。综上所述，股利税差异化部分解决了内部人与投资者的代理问题，使上市公司面临的股票市场非系统性风险减少，公司承担的风险相应降低。由于股利税差异化带来的政策风险属于系统性风险，公司为了规避政策风险也会降低自身的风险承担水平，故提出本节假设：

H_1：股利税差异化征收后，上市公司的风险承担水平降低。

5.4.2.2　股利税差异化、风险承担与权益资本成本

1977年Miller提出的均衡模型认为，税收中性条件下个人所得税对公司资本结构不造成影响（Miller，1977）。在税收非中性条件下，公司权益资本成本是股利税的函数，若公司所得税、利息税既定，完全权益融资公司资本成本小（大）于负债利息率时，公司权益资本成本与股利税正（负）相关。Guenther et al.（2005）、Dhaliwal et al.（2007）和Campbell et al.（2013）关于2003年美国减税的实证结果支持正相关观点。Sikes and Verrecchia（2012）关于美国、日本减税对资本成本影响的研究结论支持负相关观点。李桂萍（2018）实证研究发现股利税差异化与权益资本成本间负相关，股利税差异化促使公司权益资本成本降低，资本结构在股利税差异化影响公司权益资本

成本中发挥了部分中介效应。

风险承担体现公司决策行为的取向，包括公司财务决策中对项目风险和收益的判断与取舍（Wright 等，1996），是管理者综合运用多样化的决策规则和总体的决策思维的表现（王菁华和茅宁，2015）。风险承担越高表明公司决策过程中越偏好高风险、高收益的项目，意味着更高的资本性支出（Bargeron 等，2010）和研发投入（Hilary 和 Hui，2009）。风险大、期限长的投资项目被公司长远考虑时，可能会产生较好的收益（苏坤，2015）。适当的风险承担有利于实现公司价值最大化（董保宝、葛宝山，2014）。低水平的风险承担会使公司的资本配置效率降低（Faccio et al. ，2016）。治理机制的完善会激励公司风险承担水平上升，管理层持股对公司风险承担有正面影响（解维敏和唐清泉，2013）。机构投资者持股比例与公司风险承担正相关（王振山和石大林，2014）。盛明泉和车鑫（2016）发现，公司风险承担水平越高越能加快资本结构调整的速度，使实际资本结构更加趋近于调整目标。李桂萍和王瑞华（2018）基于我国股利税改革实证分析发现，差异化股利税实施后，个人投资者及证券投资基金持股比例提高公司的权益资本成本显著提高，股利支付减少（增加）公司的权益资本成本显著提高（降低）；股利分配在股利税差异化影响公司权益资本成本中发挥了有调节的中介效应（李桂萍和刘薇，2018）。个人投资者及证券投资基金持股比例提高（下降），意味着机构投资者持股比例下降（提高），公司相应承担风险的水平下降（提高），股东预期要求的报酬率降低（增加）。公司股利分配的提高（降低）影响着代理成本的变动，进而对公司风险承担产生影响，最终对公司权益资本成本产生影响。因此，风险承担在股利税差异化影响公司权益资本成本中不仅发挥了桥梁作用，也影响了作用程度。基于此，本节提出假设：

H_2：风险承担在股利税差异化影响公司权益资本成本中发挥了中介效应。

H_3：风险承担在股利税差异化影响公司权益资本成本中发挥了调节效应。

5. 4. 3　研究设计

5. 4. 3. 1　样本选择

基于 2012 年股利税差别化征收外生事件，选取 2009—2011 年、2013—2014 年作为股利税差别化征收之前、之后的样本期间，样本剔除权益资本成本值异常、ST、PT及金融行业上市公司后，共得到了3737个有效观测值。以风险承担系数是否大于1为依据，把上市公司分为高风险承担公司与低风险承担公司。其中，股利税差异化前上市公司1653家，高、低风险承担公司分别为1179家、474家；股利税差异化后上市公司2084家，高、低风险承担公司分别为1281家、803家。本节数据均来源于国泰安数据库（CSMAR）。

5.4.3.2 模型设定

本节分析股利税差异化改革政策实施后，风险承担在股利税差异化影响权益资本成本变动中的具体作用，揭示股利税差异化下高（低）风险承担公司权益资本成本变动的差异。我们构建联立方程组检验以上假设。多元线性回归模型（1）、模型（2）主要检验股利税差异化对公司权益资本成本、风险承担的影响；回归模型（3）主要检验风险承担的中介效应；近似双重差分模型（4）用来检验风险承担的调节作用。

$$R_{i,t} = \alpha_0 + \alpha_1 Ref_{i,t} + \alpha_i Control + \varepsilon_{i,t} \tag{1}$$

$$Rh_{i,t} = \alpha_0 + \alpha_1 Ref_{i,t} + \alpha_i Control + \varepsilon_{i,t} \tag{2}$$

$$R_{i,t} = \alpha_0 + \alpha_1 Ref_{i,t} + \alpha_2 Rh_{i,t} + \alpha_i Control + \varepsilon_{i,t} \tag{3}$$

$$R_{i,t} = \alpha_0 + \alpha_1 Ref_{i,t} + \alpha_2 Rh_{i,t} + \alpha_3 Ref * Rh_{i,t} + \alpha_i Control + \varepsilon_{i,t} \tag{4}$$

其中，被解释变量为公司权益资本成本R，本节采用戈登模型估算公司权益资本成本，稳健性检验利用了OJ模型估算值，戈登模型和OJ模型分别为 $R_{gordon} = dps_{t+1}/p_t + g$，$R_{oj} = A + \sqrt{A^2 + \frac{eps_2}{eps_1}\left[\frac{eps_2 - eps_1}{eps_1} - (r_j - 3\%)\right]}$，其中，$A = \left(r_f - 0.03 + \frac{dps_1}{p_0}\right)/2$，$eps_2$、$eps_1$、$r_f$、$dps_1$、$p_0$、g 分别为分析师预测的 t+2 年和 t+1 年的每股收益、无风险报酬率、每股股利、t 期收盘价和长期增长率。解释变量为股利税差异化Ref哑变量，改革前定义为0，改革后定义为1。中介/调节变量为风险承担Rh，用综合市场年Beta值衡量。依据以往研究文献的经验，控制了如下变量：公司规模（SIZE）、净资产收益率（ROE）、股利分配率（DIV）、账面市价比（BM）、资产负债率（LEV）。

5.4.3.3 描述性统计

表5-13报告了高（低）风险承担公司权益资本成本在股利税差异化前后的差异。股利税差异化之前、之后高风险承担的公司权益资本成本R分别

为0.093、0.078，高风险承担公司的权益资本成本下降幅度为0.014。股利税改革前、后低风险承担公司R分别为0.116、0.0076，低风险承担公司的权益资本成本的下降幅度为0.04。可见，股利税差异化后，高风险承担公司R下降幅度小于低风险承担公司，即股利税差异化后，高风险承担使公司权益资本成本的下降幅度减小。

表5-13　高/低风险承担公司主要变量在股利税差异化前后的差异

公司类型	股利税差异化之前			股利税差异化之后			均值之差	中位数之差
	平均值	标准差	中位数	平均值	标准差	中位数		
高风险公司权益资本成本	0.093	0.080	0.075	0.078	0.074	0.062	0.014***	15.403***
低风险公司权益资本成本	0.116	0.087	0.099	0.076	0.095	0.042	0.040***	95.635***

注：***表示系数在1%水平下显著。

表5-14显示了股利税差异化、风险承担、权益资本成本等变量间的相关系数。公司权益资本成本与股利税差异化、风险承担、股利分配、账面市价比、财务杠杆负相关，与公司规模、净资产收益率正相关；风险承担与公司规模、股利分配、财务杠杆负相关，与净资产收益率、账面市价比正相关；其他变量间的相关系数较小，说明主要变量间不存在严重的多重共线性。

表5-14　主要变量相关系数

	R	Ref	Rh	Ref*Rh	SHARE	SIZE	ROE	DIV	BM	LEV
R	1.000									
Ref	-0.1315*	1.000								
Rh	-0.03*	-0.1044*	1.000							
Ref*Rh	-0.1179*	0.9498*	0.1417*	1.000						
SIZE	0.1038*	0.0660*	-0.004	0.0705*	0.2809*	1.000				
ROE	0.6278*	-0.043	0.016	-0.031	-0.003	0.046	1.000			
DIV	-0.062	0.008	-0.031	-0.002	0.013	-0.037	0.007	1.000		
BM	-0.1394*	0.1965*	0.1024*	0.2125*	0.1025*	0.6081*	-0.041	-0.025	1.000	
LEV	-0.1258*	-0.009	-0.020	-0.018	-0.012	0.011	-0.003	0.041	0.030	

注：*表示系数在10%水平下显著。

5.4.4　回归结果分析

表 5-15 报告了股利税差异化、风险承担和权益资本成本的关系。第（1）列为多元线性回归模型（1）的回归结果，主要检验股利税差异化对公司权益资本成本的影响。股利税差异化实施 Ref 的系数α_1为负且在 1% 的置信水平下显著，说明股利税差异化后，上市公司权益资本成本下降。第（2）列为模型（2）的回归结果，主要检验股利税差异化对公司风险承担的影响，Ref 回归系数为负且在 1% 水平下显著，说明股利税差异化后，上市公司风险承担水平下降，验证了本节的研究假设 H_1。第（3）列为加入风险变量 Rh 后模型（3）的回归结果，主要检验风险承担的中介效应。结果显示，在α_1显著的基础上，风险承担的回归系数α_2为正且在 1% 水平下显著，说明风险承担在股利税差异化影响公司权益资本成本中发挥了部分中介效应，验证了假设 H_2。第（4）列为近似双重差分模型（4）的回归结果，主要是用来检验风险承担的调节作用。交乘项 Ref * Rh 的回归系数 α_3为正且在 1% 的置信水平下显著，说明风险承担在股利税差异化影响公司权益资本成本中发挥了正向调节，即相比高风险承担公司，低风险承担公司股权资本成本下降得更为显著，验证了假设 H_3。综上，风险承担在股利税差异化影响公司权益资本成本中发挥了有调节的中介效应。

表 5-15　股利税差异化、风险承担与权益资本成本关系的回归结果

VARIABLES	(1)	(2)	(3)	(4)
	Rgordon	Rh	Rgordon	Rgordon
Ref	-0.0173*** (-7.80)	-0.0614*** (-8.24)	-0.0165*** (-7.35)	-0.0667*** (-6.12)
Rh			0.0145*** (2.92)	-0.0121 (-1.61)
Ref * Rh				0.0461*** (4.71)
SIZE	0.0018 (1.60)	-0.0206*** (-5.91)	0.0020* (1.80)	0.0018 (1.60)

续表

VARIABLES	(1)	(2)	(3)	(4)
	Rgordon	Rh	Rgordon	Rgordon
ROE	0.5375***	0.0096	0.5409***	0.5401***
	(42.75)	(1.50)	(42.88)	(42.94)
DIV	-0.0056***	-0.0088*	-0.0054***	-0.0053***
	(-3.32)	(-1.80)	(-3.21)	(-3.17)
BM	-0.0004	0.1852***	-0.0027	-0.0016
	(-0.07)	(9.81)	(-0.44)	(-0.26)
LEV	-0.0015***	-0.0011	-0.0014***	-0.0013***
	(-3.17)	(-1.55)	(-2.98)	(-2.82)
Constant	0.0048	1.4723***	-0.0157	0.0182
	(0.22)	(20.54)	(-0.68)	(0.75)
Observations	3484	3737	3484	3484
R-squared	0.409	0.037	0.410	0.414
R^2_a	0.407	0.036	0.409	0.412
F	400.2	24.03	345.0	306.5

注：***、*分别表示回归系数在1%、10%水平下显著。

5.4.5 稳健性检验

为确保实证结果的可靠程度，本节采用OJ方法、资产收益波动率重新计算权益资本成本与风险承担，进行稳健性检验，如表5-16所示。第（1）列α_1和第（2）列Ref回归系数均为负值且在1%水平下显著，第（3）列α_2的系数为正且在1%水平下显著，第（4）列交乘项Ref *Rhα_3的系数为正且在10%水平下显著。以上实证结论得到验证，股利税差异化后，上市公司权益资本成本和风险承担均显著下降，且风险承担在股利税差异化影响公司权益资本成本中发挥了有调节的中介效应。

5.4.6 结论

资本市场的“脱实向虚”与中美贸易摩擦增加了资本市场的风险。风险

表 5-16　股利税差异化、风险承担与权益资本成本关系的稳健性检验结果

VARIABLES	(1)	(2)	(3)	(4)
	R	Rh	R	R
Ref	-0.0231*** (-7.32)	-0.0614*** (-8.24)	-0.0234*** (-7.34)	-0.0345** (-2.26)
Rh			0.0047* (1.87)	-0.0093* (-1.79)
Ref * Rh				0.0103* (1.74)
SIZE	0.0029** (2.01)	-0.0206*** (-5.91)	0.0029* (1.94)	0.0028* (1.89)
ROE	-0.1114*** (-10.64)	0.0096 (1.50)	-0.1120*** (-10.66)	-0.1118*** (-10.63)
DIV	-0.0046** (-2.04)	-0.0088* (-1.80)	-0.0047** (-2.06)	-0.0046** (-2.05)
BM	0.0128 (1.58)	0.1852*** (9.81)	0.0137* (1.66)	0.0140* (1.70)
LEV	-0.0006* (-1.89)	-0.00107 (-1.55)	-0.0006* (-1.90)	-0.0006* (-1.88)
Constant	0.0562* (1.88)	1.4722*** (20.54)	0.0629** (1.99)	0.0698** (2.12)
Observations	2791	3737	2791	2791
R-squared	0.059	0.037	0.059	0.059
R^2_a	0.0571	0.0357	0.0569	0.0568
F	29.18	24.03	25.07	22.00

注：***、**、*分别表示回归系数在 1%、5%、10%水平下显著。

承担是影响公司权益资本成本的重要因素。股利税作为联结公司融资成本与投资者收益的纽带，其变动必然影响公司资本成本。然而，鲜有文献研究股利税和风险承担对权益资本成本的共同影响。基于此，本节以 2012 年股利税差异化为外生事件，利用 2009—2014 年沪深 A 股上市公司财务数据，运用联立方程组研究了股利税差异化、风险承担与公司权益资本成本的关系。实证结果显示，股利税差异化后，上市公司的权益资本成本与风险承担均降低。

进一步研究发现，风险承担在股利税差异化影响公司权益资本成本中发挥了有调节的中介效应，低风险承担公司比高风险承担公司权益资本成本下降幅度更大。以上结论对上市公司在股利税差异化后如何应对风险、降低自身权益资本成本有一定的启示作用，也对政府部门未来股利税政策的优化及方案的实施有重要的参考价值。

5.5 股利税差异化、融资约束与权益资本成本

5.5.1 引言

作为联结投资者与公司的纽带，资本成本不仅在资本市场上发挥着定价与资源配置功能，也在吸引国际资本流入、促进经济增长、提升一个国家国际竞争力中扮演着重要的角色（McLaney et al.，2004）。2003 年 5 月 28 日美国总统布什签署《就业与经济增长减税协调法案》，将股利税与资本利得税税率均削减至 15%（之前股利税与资本利得税分别为 38.1% 和 20%）。削减股利税能降低资本成本，美国国会深信不疑。对此，国外学者展开了深入研究。2005 年 Guenther et al. 首先发现，2003 年美国减税法案实施后，公司权益资本成本下降，特别是发行新股公司和用股利支付代替股票回购公司。2007 年 Dhaliwal et al. 进一步分析指出，减税法案促使美国公司权益资本成本下降 1.02%。由于减税法案仅适用于个人股东投资者，机构投资者不享受减税优惠，故相比机构投资者持股比例低的公司，机构投资者持股比例高公司的权益资本成本下降幅度比较小。2012 年 Sikes 和 Verrecchia 提出，与分配股利公司相比，不分配股利公司的权益资本成本下降幅度较大。公司是否分配股利取决于公司的流动性，故流动性影响着股利税与权益资本成本的正相关关系。2013 年 Zhonglan Dai et al. 等认为融资约束而非股利政策与流动性影响股利税与权益资本成本的具体关系，相比低融资约束公司，高融资约束公司的权益资本成本在 2003 年减税法案实施后下降得更为显著。2016 年 Stinson et al. 进一步经验研究得出，2003 年美国减税促使权益资本成本显著下降的公司具有风险水平高、机构投资者持股比例低的特点。可见，学者关于股利税影响公司权益资本成本的研究结论仍然存在显著差异，有必要加强股利

税与公司权益资本成本关系的具体研究，为股利税的资本成本效应提供经验支持。

为促进资本市场健康发展，优化投资结构，提振投资者的信心，2012年11月16日，我国财政部、国家税务总局与证监会联合发布《关于上市公司股息红利差别化个人所得税政策有关问题的通知》（以下简称财税〔2012〕85号）：自2013年1月1日起，个人从公开发行和转让市场取得上市公司股票而获取的股息红利所得，按持股期限（1个月以内、1个月以上至1年、超过1年），分别以全额的100%、50%、25%计入应纳税所得额。股利税差异化实施作为我国股利税改革的自然试验，对公司股利分配、融资政策公司治理等的影响受到我国学术界广泛关注，但对于股利税差异化与权益资本成本的关系研究甚是缺乏。本节利用沪深A股上市公司数据，主要基于财税〔2012〕85号分析股利税差异化、融资约束与权益资本成本的关系。

本节的主要贡献体现在以下方面：（1）利用宏观供求理论解释股利税、融资约束与权益资本成本的关系；（2）发现融资约束在股利税差异化影响权益资本成本中的有调节的中介作用；（3）从资本成本方面检验了股利税改革实施的微观效应，为政府的股利税改革提供经验支持，也丰富了税收与资本成本的研究理论。

5.5.2 文献综述

股利税与权益资本成本关系研究起源于20世纪60年代的税差理论。MacDougall（1960）、Harberger（1966）、Hamada（1966）等在分析税收与投资收益的关系时提出，如果公司以发行新股为新项目融资，赚取的利润均以股利形式分配给股东，居民持有股票与债券两种金融资产，政府对股利的双重课税使得资本从公司流向了非公司部门，公司权益资本成本提高，股利税与资本成本正相关。然而，公司除了用发行新股和举债为新项目融资外，还可利用留存收益，特别是具有足够盈利的成熟公司。盈利充足公司可以通过不分配或少分配股利，利用留存利润来实现新项目融资目标，股利税税收负担主要集中于超边际投资项目上，股利税不影响公司资本成本（King，1977；Auerbach，1983）。1977年Miller用均衡模型进一步验证：当 $(1-t_c)(1-t_s)=1-t_b$（t_c、t_s、t_b 分别表示公司所得税、股利税与利息税），税收处于中性状态时，资本结构不影响公司价值，股利税不影响公司权益资本成本。保持税收中性成为政府提高市场资源配置效率税制改革的理想原则（King，1977；Auerbach，1983）。现实中各国的税收制度表现为非中性，政府往往尝试通过减税和降低成本来刺激经济增长，比如美国国会2003年主张的股利税削减便是例证。

尽管西方学界利用2003年美国减税实践经验检验了股利税与公司权益资本成本的正相关关系，但是股利税变化对公司权益资本成本的影响，不仅仅取决于税制是否中性，还取决于股东对股利税税负的承担程度（股利税资本化水平）、公司对股利税差异化调整的避税策略以及政策实施的有效期（Dhaliwal，2007）。李桂萍（2014）基于2005年6月13日我国股利税减半实践实证分析发现，股利税减半后，上市公司调整了股利政策，最终公司权益资本成本提高，股利税与公司权益资本成本负相关。金融危机期间外部融资环境恶化，公司避税程度提高（王亮亮，2017）。我国财务学界也发现股利税差异化调整对公司财务行为产生影响。基于2005年6月13日我国股利税减半征收实践，曾亚敏等（2005）、李增福等（2010）、童锦治等（2015）通过描述性统计、计量分析发现，股利税减半征收后，公司现金股利支付增加，资产负债率下降。利用2013年1月1日我国股利税差异化征收实践，李真等（2014）发现股利税降低的公司增加了股利支付，特别是代理成本较低的公司；刘行等（2015）经验分析得出股利税与公司资本结构正相关，相关程度在股利支付较多的公司更为显著；贾建军等（2016）指出股利税差异化显著降低了公司的股票换手率；贾凡胜等（2016）实证结论表明，现金分红预期提升，公司的市场反应较好，高管与股东间的委托代理问题得以部分解决。

可见，针对政府差异化征收股利税，我国上市公司调整了股利与融资政策。然而，公司股利政策和融资政策的调整与公司融资约束程度密切相关。强融资约束公司拥有较大的外部融资需求，不太关注融资成本；弱融资约束公司对外部融资需求不强烈，对融资成本变动比较敏感（于蔚等，2012）。弱融资约束公司的现金股利分配意愿比较强烈，股利分配的水平也高，其投资—现金流敏感度与股利分配政策显著负相关（徐寿福，2016）。此外，面对宏观冲击（包括税收政策调整），公司对资本结构调整速度取决于自身的融资约束程度，弱融资约束公司的资本结构调整速度低于强融资约束公司（张淑惠，袁焕，2014）；紧缩的货币政策抑制了公司现金股利的发放（徐寿福，2016）；融资约束强化了紧缩货币政策对股利分配的抑制作用（全怡等，2016）；融资约束放大了股票价格波动程度，强融资约束公司由于采取更激进的融资策略，投资者承担的风险可能更大（李焰，2008）。此外，面对金融危机，强融资约束公司比弱融资约束公司避税的程度更大（王亮亮，2017），2009 年我国推行的增值税转型改革缓解了上市公司的融资约束（罗宏等，2012）。

尽管理论界分析了公司融资约束与公司资本结构、股利分配间的关系，也发现了税制改革（增值税转型）对公司融资约束的影响，但没有关注差异化股利税与融资约束关系，也缺乏差异化股利税对公司权益资本成本的影响分析。资本成本是当今国际常用的宏观经济分析与微观绩效评价的重要指标，是研究经济增长与税收改革效应的重要工具。基于此，本节利用我国沪深 A 股上市公司数据研究股利税差异化、融资约束与权益资本成本的关系，为政府优化新时代资本市场的税收制度提供理论与实证数据支持。

5.5.3　理论分析与研究假设

5.5.3.1　股利税差异化与权益资本成本

尽管中国股市起步较晚，但中国拥有全球数量最多、最活跃的个人投资者群体，个人投资者交易在资本市场上占主导地位（刘行等，2015）。因为个人投资者对利息税、股利税与资本利得税的缴纳抵消了负债利息在公司所得税上的抵税收益，在税收非中性条件下，股利税是公司权益资本成本的重要影响因素。如果资本市场上仅存在股票投资者，不存在交易费用、破产风险与信息不对称，从资本市场权益资本供求关系来看，投资者是权益资本的供给方，以预期报酬率 R_E 为依据确定权益投资额，设权益资本供给量为 S，$S = f(R_E)$，S 是 R_E 的增函数；公司是权益资本的需求方，以权益资本成本 R_C 为依据进行权益融资，设权益资本需求量为 D，$D = f(R_C)$，D 为 R_C 的减函数。如图 5 - 1 所示，纵轴、横轴分别表示权益资本成本（报酬率）与权益资本供给量。如果政府免征资本利得税与股利税，一段时期后资本市场局部达到均衡，曲线 S_0 与曲线 D_0 相交于点 A，此时，公司权益资本成本 R_C 为股东对其权益投资所要求的预期报酬率，即 $R_C^0 = R_E^0$。当政府对股利征收股利税 t_s，免征资本利得税（我国的资本利得税为 0）时，股东预期获取的报酬率减少，权益资本的供给量降低，S_0 向左移动至 S_1，股东获取的报酬率由 R_E^0 下降至 R_E^B，公司权益资本成本由 R_C^0 上升至 R_C^1，$R_E^B=(1-t_s)R_E^0$，显然，$R_E^B<R_C^0$。当政府削减股利税时，t_s 降低，股东预期获取的报酬率增加，权益资本供给增加，S_1 向右移动至 S_2，股东报酬率由 R_E^B 增加至 R_E^C，公司权益资本成本由 R_C^1 下降至 R_C^2。2013 年 1 月 1 日至 2015 年 9 月 7 日，个人投资者股息红利税执行财税〔2012〕85 号，持有期限低于 1 个月的税率提高为 20%，期限超过 1 年的税率降低为 5%。股利税差异化征收后，股票换手率下降，个人投资者平均持股时间增长，个人投资者整体平均股利税降低，上市公司整体平均权益资本成本降低。

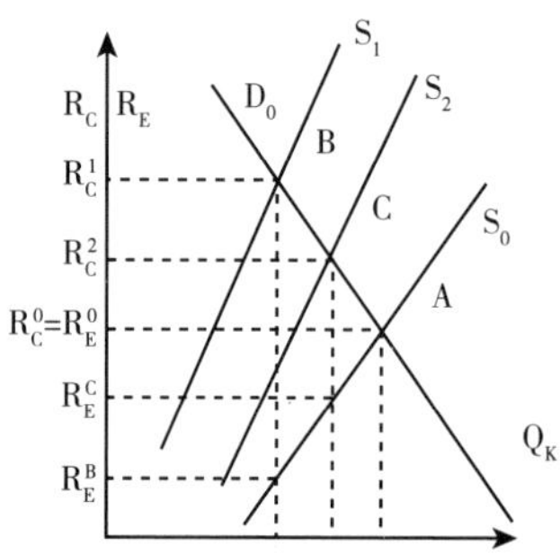

图 5-1　股利差异化与公司权益资本成本的关系

5.5.3.2　股利税差异化与融资约束

融资约束是公司在进行内部融资和外部融资时，市场本身不完美（不对称信息、代理成本等因素）所引起的内外融资成本存在差异的现象。我国资本市场尚不成熟，尽管公司融资渠道不断拓宽，但融资工具仍然不够丰富，选择空间依然有限，随着外部宏观经济和政策环境的变动，公司的融资决策常受到冲击。2012 年底，我国公司面临稳定的经济“新常态”环境，除投资者股息红利税调整外，公司适用的所得税法规政策不变。2013 年 1 月 1 日，我国实施股利税差异化政策，公司的外部融资环境急剧变化。由于持有股票期限超过 1 年的个人投资者所获取的股息红利的所得税税率降低为 5%，期限短于 1 个月所获得的股息红利的所得税税率提高至 20%，现有投资者更愿意选择较长期的权益投资，而不是频繁地进行投机套利，股票市场价格趋于稳定。债券投资的利息税率为 20%，大于长期持有的股利税率 5%，潜在投资者更倾向于投资股票，股权融资成本降低，因而，公司股权融资渠道更加顺畅，融资约束有所缓解，供给资金更加丰富。基于此，本节提出关于股利税差异化与融资约束关系的研究假设：

H_1：在其他条件不变的情况下，2013年股利税差异化政策实施后，上市公司平均融资约束显著降低。

5.5.3.3　融资约束与权益资本成本

从公司持续经验视角来看，权益资本成本是公司进行权益融资后需在未来每一时期向投资者支付的代价（价格）；从股东投资者角度来看，它是投资者进行权益投资后在未来每一时期向被投资公司要求获取的报酬率；从股票市场供求双方关系来看，它是每一时期公司权益资本需求与投资者权益资本供给达到均衡状态下的单位资本的价格。依据宏观供求关系理论，需求价格弹性是反映需求与价格变化的关键指标。如果产品富有弹性，需求随着价格的变动而发生剧烈变化，降价策略对公司有利；如果产品无弹性或缺乏弹性，需求随着价格的变动而不发生或发生很小变化，降价对公司不利。由此，如果把权益资本视为产品，则权益资本成本的变化取决于公司对权益资本的需求弹性（E_d），$\Delta R_C = f(E_d)$。当公司需求弹性比较小时，公司对于融资成本的变动不敏感，公司所面临的融资约束比较低，权益资本需求曲线比较陡峭；当公司需求弹性比较大时，公司对于权益融资成本的变动比较敏感，公司所面临的融资约束比较高，权益资本需求曲线比较平坦。在不完美的资本市场中，股利税为t_s时，如图5－2所示，假设公司对权益资本的需求曲线为R_C，投资者对权益资本的供给曲线为S_0，A点为其市场均衡点，公司权益资本成本为R_C^A。当实施差异化股利税政策时，投资者平均股利税降低，投资者预期报酬率增加，权益资本的供给增加，S_0移动至S_1，均衡点A移动至B，

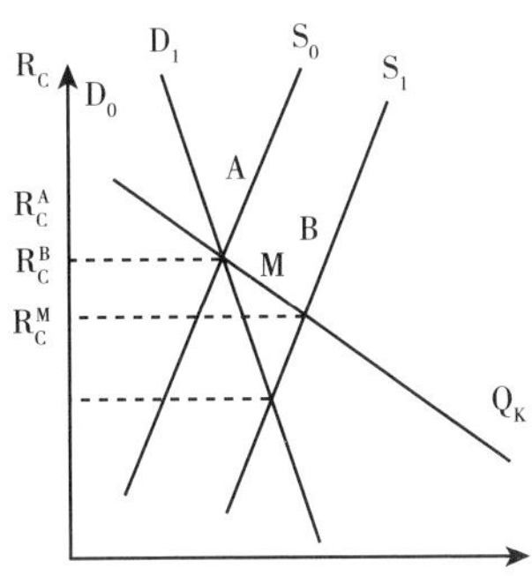

图5－2　融资约束对股利税差异化与权益资本成本关系的影响

此时，公司权益资本成本下降至 R_C^B。股利税下降后，投资者长期权益投资信心增强，短期投机行为减少，股票市场融资环境优化，公司面临的融资约束变弱，曲线 R_C 变得更为陡峭，移动至 D_1，从而股票市场重新达到均衡状态，B 点移动至 M 点，此时，公司权益资本成本进一步下降至 R_C^M。据此，本节提出融资约束与公司权益资本成本关系的研究假设：

H_2：在其他条件不变的情况下，融资约束在 2013 年股利税差异化影响公司权益资本成本中发挥了中介效应。

H_3：在其他条件不变的情况下，融资约束在 2013 年股利税差异化影响公司权益资本成本中发挥了调节效应。

综上，本节研究的理论框架如图 5－3 所示。

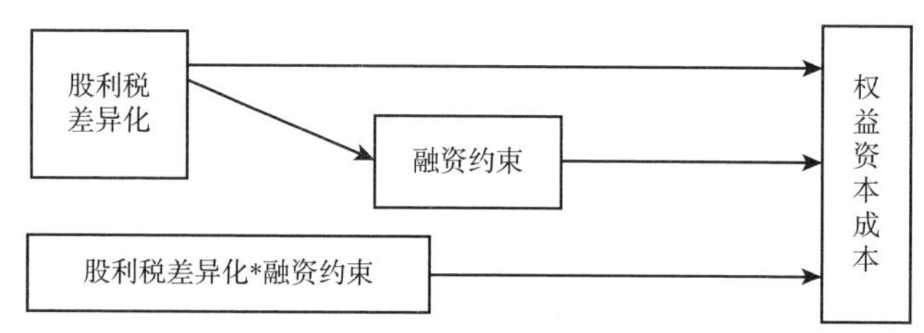

图 5－3　股利税差异化、融资约束与权益资本成本关系研究框架

5.5.4　研究设计

5.5.4.1　样本选择

由于财税〔2012〕85 号股利税差异化政策于 2013 年 1 月 1 日开始实施，本节以 2009—2011 年、2013—2014 年分别作为股利税差异化政策实施前和实施后的样本期间。为了确保数据的可靠性，我们执行了如下的筛选程序：（1）剔除金融行业上市公司；（2）剔除 ST、PT、＊ST 和 SST 上市公司；（3）剔除权益资本成本异常的上市公司；（4）剔除回归模型所需数据缺失的样本公司，并对所有连续变量在 1% 和 99% 水平下进行了 Winsorize 处理。筛选后最终得到 4581 家公司年度有效观测值，如表 5－17 所示。其中，高融资约束公司、低融资约束公司分别为 1134 家、3447 家，分别占样本总体的 32.9% 和 67.1%。本节数据来源于国泰安数据库（CSMAR）和 RESSET 数据库。数据主要采用 STATA13 软件来开展分析。

表5－17　　差异化股利税政策实施样本年度分布

	2009年	2010年	2011年	2013年	2014年	观测值
高融资约束	209	209	163	434	119	1134
低融资约束	374	422	437	1793	421	3447
合计	583	631	600	2227	540	4581

5.5.4.2　检验模型

为了检验本节提出的研究假设，分析股利税差异化、融资约束与权益资本成本的具体关系，本书借鉴温忠麟等（2012）构建以下有调节作用的中介变量方程组。模型（1）主要验证股利税差异化对公司权益资本成本的具体影响；模型（2）主要验证股利税差异化对公司融资约束的具体影响；模型（3）主要验证融资约束在股利税差异化影响公司权益资本成本中的中介效应；模型（4）主要验证融资约束在股利税差异化影响公司权益资本成本中的调节效应。

$$R_{i,t} = \beta_0 + \beta_1 POST_{i,t} + \beta_i Control + \varepsilon_{i,t} \quad (1)$$

$$FC_{i,t} = \alpha_0 + \alpha_1 POST_{i,t} + \alpha_i Control + \varepsilon_{i,t} \quad (2)$$

$$R_{i,t} = \gamma_0 + \gamma_1 POST_{i,t} + \gamma_2 FC_{i,t} + \gamma_i Control + \varepsilon_{i,t} \quad (3)$$

$$R_{i,t} = \mu_0 + \mu_1 POST_{i,t} + \mu_2 FC_{i,t} + \mu_3 POST_{i,t} * FC_{i,t} + \mu_i Control + \varepsilon_{i,t} \quad (4)$$

其中，R为公司权益资本成本。本节借鉴Alan Gregory和Maria Michou（2009）的研究思想，采用几种公司权益资本成本方法比采用一种估算方法估算公司权益资本成本值精确度显著提高。采用OJ模型、PEG和Gordon模型三种方法及其均值估算公司权益资本成本。OJ模型是Ohlson和Juettner－Nauroth（2005）在股利必须全部支付假设条件下所提出的一种新的替代剩余收益价值模型 $R = A + \sqrt{A^2 + \frac{eps_{t+1}}{p_t}\left[\frac{eps_{t+2} - eps_{t+1}}{eps_{t+1}} - (r_f - 0.03)\right]}$，其中，$A = \frac{r_f - 0.03 + dps_{t+1}/p_t}{2}$，$r_f$、$eps_{t+1}$、$dps_{t+1}$、$p_t$ 分别表示无风险利率、分析师预测的t+1年的每股收益、t+1年每股股利和t期期末收盘价。估算时剔除了如下样本：期末收盘价格与每股盈余数据缺失的样本公司、$A^2 + \frac{eps_{t+1}}{p_t}\left[\frac{eps_{t+2} - eps_{t+1}}{eps_{t+1}} - (r_f - 0.03)\right]$ 为负值的样本公司、权益资本成本大于1的样本公司以及权益资本成本小于 0 的样本公司。PEG 模型估算权益资本成本的公式为 $R=\sqrt{\frac{eps_2-eps_1}{p_0}}$，其中，$p_0$、$eps_1$、$eps_2$ 分别为 t 期每股股价、t+1 期每股盈余和 t+2 期每股盈余，估算时剔除 p_0 缺失以及 $eps_2-eps_1<0$ 的样本公司。Gordon 模型为 $R_e=\frac{dps_{t+1}}{p_t}+g$，其中，$dps_{t+1}$、$p_t$、g 分别为公司 t+1 期每股股利（年末税前派息比）、t 期期末股票收盘价和 t 期长期增长率（可持续增长率）。

解释变量 POST 为 2013 年 1 月 1 日股利税差异化政策实施哑变量，股利税差异化实施前年份（2009 年、2010 年、2011 年）定义为 0，股利税差异化实施后年份（2013 年、2014 年）定义为 1。中介变量与调节变量为融资约束 FC，借鉴李焰等（2009），利用上市公司数据构建融资约束综合财务指标评分模型 $FC=0.18(CF/K)_{i,t}+0.16(IN/K)_{i,t}+0.17GI_{i,t}+0.11(CA/K)_{i,t}-0.11DE_{i,t}+0.12(DI/K)_{i,t}+0.15(EB/I)_{i,t}$，其中，CF、K、IN、GI、CA、DE、DI、EB 和 I 分别为经营活动现金流、年初总资产、固定资产投资、存货增长率、现金及现金等价物、债务权益比、现金股利分配额、息税前利润与利息费用。显然，公司 FC 分值越小越可能受到融资约束。我们令大于融资约束上四分位数的公司为高融资约束公司，FC=1；小于融资约束下四分位数的公司为低融资约束公司，FC=0。依据以往研究文献的经验，本节控制了以下变量：公司股东的持股时间 HOLD（股票年换手率乘以 -1 的积）、公司规模 SIZE（年末总资产取自然对数）、净资产收益率 ROE（净利润除以期末股东权益余额的商）、账面市价比 BM（期末总资产除以市场价值的商）、股利分配率 DIV（普通股每股现金股利除以每股收益额的商）和财务杠杆（期末有息债务除以总资产的商）。由于各行业的特点不同，公司权益资本成本存在显著差异，故本节以证监会 2012 年行业分类为基准，控制了行业的固定效应。

根据温忠麟等（2012）有调节的中介效应检验程序可知，如果模型（1）POST 的系数 β_1 显著，说明股利税差异化对权益资本成本产生显著影响；如果模型（2）POST 的系数 α_1 显著，说明股利税差异化对公司融资约束产生显著影响；在 β_1、α_1 都显著的条件下，如果模型（3）FC 的系数 γ_2 显著，说明融资约束在股利税影响公司权益资本成本中发挥了显著的中介作用；如果模型（4）POST * FC 的回归系 μ_3 显著，说明融资约束在股利税影响公司权益资本成本中发挥了显著的调节作用。故本节主要关注系数 β_1、α_1、γ_2、μ_3。

5.5.5　实证结果

5.5.5.1　描述性统计

表 5－18 报告了 2013 年股利税差异化政策实施前后高/低融资约束上市公司的权益资本成本等主要变量的单因素检验。2013 年股利税差异化政策实施后，不管低融资约束公司还是高融资约束公司，持股时间（HOLD）均值显著增加，个人投资者平均持股时间增长，平均股利税税负降低，公司权益资本成本预期降低。全部上市公司权益资本成本的均值显著降低，其中，低融资约束公司与高融资约束公司权益资本成本分别下降了 0.012、0.033，高融资约束公司显著超过了低融资约束公司权益资本成本的下降幅度。另外，全部公司的公司规模、资产报酬率、账面市价比、财务杠杆的均值在股利税差异化实施后发生显著变化。由此看出，2013 年股利税差异化政策实施后，公司权益资本成本下降，且高融资约束公司下降幅度更为显著，初步支持本节的研究假设。

5.5.5.2　相关性分析

表 5－19 列示了 2013 年股利税差异化政策实施变量与其他主要变量的相关系数及 Spearman 检验值。表 5－19 说明，权益资本成本（R_{ave}）与股利税差异化（POST）、融资约束（FC）、持股时间（HOLD）、公司规模（SIZE）、资产收益率（ROA）、账面市价比（BM）、股利分配（DIV）、财务杠杆（LEV）显著负相关。主要变量间的相关系数通过了显著性检验，不存在多重共线性。

5.5.5.3　回归结果分析

表 5－20 报告了股利税差异化对公司权益资本成本影响的回归分析结果。第（1）列、第（2）列、第（3）列、第（4）列分别为以 OJ 模型、PEG、Gordon 模型估算的权益资本成本（R_{oj}、R_{peg}、R_{gordon}）以及以上三种方法估算均值（R_{ave}）为被解释变量分析的回归结果，以上四个模型都通过了显著性检验。模型（1）、模型（2）、模型（3）、模型（4）的 POST 回归系数分别为 －0.022、－0.027、－0.018 和 －0.035，且都在 1% 的置信水平下显著为负，

表 5－18　股利税差异化实施后高/低融资公司权益资本成本等主要变量的单因素检验

变量	高融资约束的公司						低融资约束的公司					
	政策之前		政策之后		平均值	中位数	政策之前		政策之后		平均值	中位数
	平均值	中位数	平均值	中位数	后－前	后－前	平均值	中位数	平均值	中位数	后－前	后－前
R_{oj}	0. 125	0. 104	0. 092	0. 075	－0. 033***	－0. 0029***	0. 105	0. 090	0. 093	0. 067	0. 012***	－0. 023***
R_{peg}	0. 118	0. 097	0. 087	0. 072	－0. 031***	－0. 025***	0. 100	0. 085	0. 074	0. 053	0. 026***	－0. 032***
R_{gordon}	0. 130	0. 110	0. 098	0. 075	－0. 032***	－0. 035***	0. 088	0. 068	0. 072	0. 051	0. 016***	－0. 017***
R_{ave}	0. 124	0. 112	0. 077	0. 061	－0. 047***	－0. 051***	0. 098	0. 088	0. 061	0. 049	0. 036***	－0. 039***
HOLD	－1. 688	－1. 463	－1. 568	－1. 343	0. 120*	0. 120***	－1. 819	－1. 525	－1. 631	－1. 359	0. 188***	0. 166***
SIZE	22. 117	21. 79	21. 943	21. 728	－0. 174**	－0. 062	22. 034	21. 861	22. 110	21. 92	0. 076	0. 059
ROE	0. 141	0. 13	0. 113	0. 112	－0. 028***	－0. 018***	0. 098	0. 082	0. 055	0. 069	－0. 043**	－0. 013***
BM	0. 458	0. 419	0. 483	0. 436	0. 025*	0. 017	0. 517	0. 498	0. 581	0. 563	0. 064***	0. 065***
DIV	0. 249	0. 206	0. 250	0. 223	0. 001	0. 017	0. 274	0. 206	0. 291	0. 22	0. 016	0. 014
LEV	0. 156	0. 137	0. 115	0. 091	－0. 041***	－0. 047***	0. 22	0. 211	0. 204	0. 195	－0. 016**	－0. 016

注：***、**、*分别表示回归系数在 1%、5%、10% 水平下显著。

表 5-19　股利税差异化政策实施等主要变量的相关系数及 Spearman 检验值

	R_{ave}	POST	FC	HOLD	SIZE	ROE	BM	DIV	LEV
R_{ave}	1	-0.359*** 0.000	0.2031*** 0.000	0.001 0.9486	0.157*** 0.000	0.068*** 0.000	-0.027* 0.000	-0.038 0.0107	0.080*** 0.000
POST	-0.359*** 0.000	1	-0.137*** 0.000	0.070*** 0.000	0.006 0.689	-0.043*** 0.004	0.127*** 0.000	-0.011 0.448	-0.040*** 0.007
FC	0.2031*** 0.000	-0.137*** 0.000	1	0.027* 0.073	-0.017 0.263	0.048*** 0.001	-0.155*** 0.000	-0.021 0.148	-0.192*** 0.000
HOLD	0.001 0.9486	0.070*** 0.000	0.027* 0.073	1	0.317*** 0.000	0.012 0.410	0.251*** 0.000	0.026* 0.079	0.035** 0.020
SIZE	0.157*** 0.000	0.006 0.689	-0.017 0.263	0.317*** 0.000	1	-0.051*** 0.001	0.618** 0.000	-0.042*** 0.004	0.402*** 0.000
ROE	0.068*** 0.000	-0.043*** 0.004	0.048*** 0.001	0.012 0.410	0.051*** 0.001	1	-0.042*** 0.004	0.005 0.713	-0.012 0.436
BM	-0.027* 0.000	0.127*** 0.000	-0.155*** 0.000	0.251*** 0.000	0.618** 0.000	-0.042*** 0.004	1	-0.023*** 0.118	0.468*** 0.000
DIV	-0.038 0.0107	-0.011 0.448	-0.021 0.148	0.026* 0.079	-0.042*** 0.004	0.005 0.713	-0.023*** 0.118	1	-0.074*** 0.000
LEV	0.080*** 0.000	-0.040*** 0.007	-0.192*** 0.000	0.035** 0.020	0.402*** 0.000	-0.012 0.436	0.468*** 0.000	-0.074*** 0.000	1

注：***、**、*分别表示回归系数在 1%、5%、10% 水平下显著。

表明在其他条件不变的情况下，2013 年股利税差异化政策实施后，上市公司权益资本成本显著降低。

表 5 – 20　　股利税差异化对公司权益资本成本影响的回归结果

	(1)	(2)	(3)	(4)
VARIABLES	R_{oj}	R_{peg}	R_{gordon}	R_{ave}
POST	–0. 022 *** (–7. 86)	–0. 027 *** (–13. 28)	–0. 018 *** (–8. 41)	–0. 035 *** (–21. 80)
HOLD	–0. 004 *** (–2. 87)	–0. 008 *** (–9. 23)	0. 006 *** (6. 26)	–0. 001 * (–1. 95)
SIZE	0. 002 * (1. 70)	0. 010 *** (9. 76)	0. 001 (0. 62)	0. 011 *** (14. 04)
ROE	–0. 114 *** (–11. 32)	0. 001 (0. 67)	0. 547 *** (44. 40)	0. 004 *** (2. 72)
BM	0. 003 (0. 38)	–0. 010 * (–1. 82)	–0. 006 (–1. 00)	–0. 042 *** (–9. 33)
DIV	–0. 004 * (–1. 88)	0. 003 ** (2. 29)	–0. 006 *** (–3. 53)	–0. 003 ** (–2. 27)
LEV	0. 053 *** (5. 43)	0. 016 ** (2. 38)	–0. 012 * (–1. 65)	0. 014 ** (2. 51)
Constant	0. 051 (1. 53)	–0. 144 *** (–6. 16)	0. 064 ** (2. 56)	–0. 129 *** (–6. 83)
Observations	3290	4519	4250	4489
R – squared	0. 092	0. 097	0. 411	0. 180
R^2_a	0. 0854	0. 0919	0. 408	0. 175
F	14. 35	20. 89	128. 1	42. 48

注：***、**、*分别表示回归系数在 1%、5%、10% 水平下显著，括号内为 T 值。

表 5 –21 报告了股利税差异化对公司融资约束影响的回归分析结果。第（1）列、第（2）列分别是以融资约束哑变量 FC_a 与融资约束综合记分 FC_b 为解释变量进行的 LOGIT 分析与多元回归分析结果。回归模型（1）和模型（2）均通过显著性检验。模型（1）除了持股时间不显著外，其余回归系数均在 1% 水平下显著；模型（2）所有变量的回归系数均显著。模型（1）与模型（2）POST 的回归系数分别为 –0. 546 和 –0. 099，都在 1% 的置信水平

下显著为负，说明在其他条件不变的情况下，2013 年股利税差异化政策实施后，公司融资约束程度显著降低，从而验证了第一个研究假设 H_1。

表 5 - 21　　股利税差异化对公司融资约束影响的回归结果

	(1)		(2)
VARIABLES	FC_a	VARIABLES	FC_b
POST	-0.546 *** (-7.21)	POST	-0.099 *** (-7.68)
HOLD	0.021 -0.58	HOLD	0.011 * -1.81
SIZE	0.164 *** -4.15	SIZE	0.040 *** -6.39
ROE	1.987 *** -4.89	ROE	0.021 * -1.79
BM	-1.268 *** (-5.49)	BM	-0.281 *** (-7.96)
DIV	-0.181 ** (-2.42)	DIV	-0.017 ** (-2.06)
LEV	-3.356 *** (-11.21)	LEV	-0.506 *** (-11.50)
Constant	-3.104 *** (-3.45)	Constant	-0.285 * (-1.92)
Observations	4580	Observations	4581
Log pseudolikelihood	-2299	R - squared	0.102
chi2 test	529.3	R^2_a	0.0978
Pseudo R - squared	0.103	F	22.6

注：***、**、* 分别表示回归系数在 1%、5%、10% 水平下显著，括号内为 T 值。

表 5 - 22 报告了融资约束在股利税差异化影响公司权益资本成本中的中介效应回归分析结果。第（1）列、第（2）列、第（3）列、第（4）列分别为以 R_{oj}、R_{peg}、R_{gordon}、R_{ave} 为被解释变量回归分析的结果，以上四个模型是在增加融资约束解释变量后回归分析得出的结果，表 5 - 22 四个模型都通过了显著性检验。每个模型调整的 R^2（R^2_a）大于表 5 - 20 中的 R^2_a，说明表 5 - 22 四个模型在增加了解释变量 FC 后拟合程度明显提高。模型（1）、模型（2）、模

型（3）、模型（4）的 POST 与 FC 回归系数都在 1% 的置信水平下显著。FC 的回归系数分别为 0.024、0.018、0.013 和 0.02，系数均显著为正，说明融资约束对公司权益资本成本产生显著正面影响，即公司面临高融资约束时，公司的权益资本成本增加。结合表 5－20 股利税差异化对公司权益资本成本的显著影响以及表 5－21 股利税差异化对公司融资约束的显著影响，根据温忠麟等（2012）中介效应检验标准，可以得出融资约束在股利税差异化影响公司权益资本成本过程中发挥了显著的中介作用，从而验证了本节提出的第二个研究假设 H_2。

表 5－22　融资约束在股利税差异化影响公司权益资本成本中的中介效应回归结果

	(1)	(2)	(3)	(4)
VARIABLES	R_{oj}	R_{peg}	R_{gordon}	R_{ave}
POST	-0.020*** (-7.25)	-0.025*** (-12.41)	-0.016*** (-7.79)	-0.034*** (-20.77)
FC	0.024*** (7.50)	0.018*** (7.76)	0.013*** (5.47)	0.020*** (10.83)
HOLD	-0.004*** (-3.03)	-0.009*** (-9.47)	0.006*** (6.21)	-0.002** (-2.27)
SIZE	0.002 (1.14)	0.009*** (9.04)	0.000 (0.37)	0.010*** (13.11)
ROE	-0.120*** (-12.00)	0.001 (0.48)	0.539*** (43.56)	0.004** (2.47)
BM	0.009 (1.10)	-0.005 (-0.89)	-0.004 (-0.69)	-0.036*** (-8.08)
DIV	-0.004* (-1.66)	0.003** (2.54)	-0.006*** (-3.40)	-0.002* (-1.94)
LEV	0.065*** (6.64)	0.025*** (3.68)	-0.005 (-0.71)	0.024*** (4.33)
Constant	0.054 (1.63)	-0.139*** (-5.96)	0.063** (2.55)	-0.123*** (-6.58)
Observations	3290	4519	4250	4489
R-squared	0.107	0.109	0.415	0.201
R^2_a	0.101	0.104	0.412	0.196
F	16.33	22.80	124.9	46.65

注：***、**、*分别表示回归系数在 1%、5%、10% 水平下显著，括号内为 T 值。

表 5 - 23 报告了融资约束在股利税差异化影响公司权益资本成本中的调节效应回归结果。R_{oj}、R_{peg}、R_{gordon}、R_{ave} 为被解释变量回归分析的结果，以上四个模型是在表 5 - 22 模型基础上增加融资约束与股利差异化政策实施交乘项（POST * FC）解释变量后回归分析得出的结果。表 5 - 23 四个模型都通过了显著性检验，每个模型调整的 R^2 大于表 5 - 22 的 R^2_a，说明表 5 - 23 四个模型的拟合度高于表 5 - 22 回归模型的拟合度。表 5 - 23 第（1）列、第（2）列、第（3）列、第（4）列的 POST 与 FC 回归系数都在 1% 的置信水平下显著，POST * FC 的回归系数分别为 -0.017、 -0.003、 -0.008 和 -0.01，除了模型（2）系数不显著外，其余三个模型的回归系数均显著为负，说明融资约束在股利税差异化影响公司权益资本成本过程中发挥了显著的负面影响。融资约束在股利税差异化影响公司权益资本成本中发挥了负面调节作用，即股利税差异化政策实施后，高融资约束公司比低融资约束公司权益资本成本下降得更为显著，由此可以得出融资约束在股利税差异化影响公司权益资本成本中发挥了显著的调节作用，从而本节提出的第三个研究假设 H_3 得以验证。

表 5 - 23　融资约束在股利税差异化影响公司权益资本成本的调节效应的回归结果

	(1)	(2)	(3)	(4)
VARIABLES	R_{oj}	R_{peg}	R_{gordon}	R_{ave}
POST	-0.016 *** (-4.92)	-0.024 *** (-10.43)	-0.014 *** (-5.84)	-0.031 *** (-16.53)
FC	0.031 *** (7.66)	0.019 *** (5.90)	0.017 *** (5.16)	0.025 *** (9.69)
POST * FC	-0.017 *** (-2.78)	-0.003 (-0.62)	-0.008 * (-1.79)	-0.010 *** (-2.92)
HOLD	-0.004 *** (-3.05)	-0.009 *** (-9.48)	0.006 *** (6.23)	-0.002 ** (-2.27)
SIZE	0.002 (1.15)	0.009 *** (9.03)	0.000 (0.35)	0.010 *** (13.10)
ROE	-0.120 *** (-11.98)	0.001 (0.48)	0.538 *** (43.48)	0.004 ** (2.50)
BM	0.009 (1.07)	-0.005 (-0.90)	-0.004 (-0.70)	-0.036 *** (-8.11)

续表

	(1)	(2)	(3)	(4)
VARIABLES	R_{oj}	R_{peg}	R_{gordon}	R_{ave}
DIV	-0.004 * (-1.68)	0.003 ** (2.53)	-0.006 *** (-3.40)	-0.002 ** (-1.98)
LEV	0.065 *** (6.60)	0.025 *** (3.67)	-0.005 (-0.72)	0.024 *** (4.30)
Observations	3290	4519	4250	4489
R - squared	0.109	0.109	0.415	0.202
R^2_a	0.102	0.104	0.412	0.198
F	16.02	21.90	120.1	45.20

注：***、**、*分别表示回归系数在1%、5%、10%水平下显著，括号内为T值。

5.5.6 结论与启示

本节基于2013年1月1日我国实施的财税〔2012〕85号股利税差异化外生事件，利用权益资本供求理论与有调节作用的中介变量方程组，全面阐释和经验检验了股利税差异化、融资约束与权益资本成本的具体关系。股利税差异化促使投资者持股时间增长，投资者承担的税负下降，对公司权益资本成本产生直接的负面影响。严重的融资约束使得公司在进行外部权益融资时承担较高的权益资本成本，2013年政府对股利税的差异化征收，使得上市公司面临的融资约束严重程度得以减轻，从而进一步使得公司权益资本成本降低。本节研究结论为：（1）2013年1月1日股利差异化政策实施后，上市公司整体平均权益资本成本下降，股利税与权益资本成本间呈正相关关系；（2）2013年1月1日股利税差异化政策实施缓解了上市公司所面临的融资约束；（3）在股利税差异化影响公司权益资本成本中，融资约束充当了桥梁、媒介，发挥了显著的中介效应；（4）融资约束在股利税差异化影响公司权益资本成本中发挥了显著的调节作用，与低融资约束公司相比，高融资约束公司在股利税差异化后权益资本成本降低的幅度更为显著。

以上结论的启示主要表现为：一方面，结论诠释了我国股利税差异化政策实施的微观效应，揭开了我国股利税差异化影响公司权益资本成本的神秘面纱，证实了 2013 年股利差异化政策实施的有效性。股利税差异化缓解了公司面临的融资约束的严重程度，显著地降低了高融资约束公司的权益资本成本，实现了政府股利税制改革的预期效果。另一方面，本节研究了我国股利税与权益资本成本间关系，弥补了我国在所得税与资本成本学术领域的缺失，丰富了税收与公司财务理论，也为公司依据宏观政策变化制定最优财务政策提供参考，还为政府优化新时代资本市场税收制度提供理论与实证数据支持。

5.6　股利税差异化、财务杠杆与权益资本成本

5.6.1　引言

自 1963 年 Modigliani 和 Miller 把公司所得税引入资本结构理论以来，税收、资本结构与资本成本的关系逐渐成为税收与财务学界研究的热点之一。公司经营一段时期获得盈利后，可以向股东分配股利或者实施股票回购，股东个人在收取股利、出售股票时，需要缴纳股利税和资本利得税。为实现股权收益的最大化，在股利税高于资本利得税时，股东个人对于高股利分配率的股票会要求较高的必要报酬率（权益资本成本）；当股利税增长率高于资本利得税增长率时，公司负债相对于个人负债的优势会减弱，进而公司财务杠杆发生变化（Farrar 和 Selwyn，1967）。Brennan（1970）、Stapleton（1972）与 Stiglitz（1973）相继采用数理方法推导了不同条件下含个人股利税、资本利得税的权益资本成本模型。1977 年 Miller 在含公司所得税的杠杆公司价值、资本成本模型的基础上，通过引入个人所得税（股利税、利息税、资本利得税）构建均衡模型，重新肯定和总结了资本结构无关理论：中性税收制度下，资本结构不影响公司价值，股利税不影响公司资本结构（财务杠杆）和权益资本成本。

税收中性是各国政府税制改革追求的理想境界。现实中世界各国的税收制度存在显著差异，个人所得税、公司所得税成为公司资本结构（财务杠杆）和权益资本成本的重要影响因素。基于 2003 年美国减税法案，Guenther 等（2005）、Dhaliwal 等（2007）、Zhonglan Dai 等（2013）、Stinson 和 Ricketts（2016）实证分析得出股利税与权益资本成本存在正相关关系；Sikes 和

Verrecchia（2012）通过美国、法国与日本减税实践发现，股利税与资本成本负相关。可见，由于研究假设、股利税制以及样本选择的差异，关于股利税与资本成本是否相关的结论观点并不一致。

研究者对于影响股利税与资本成本关系的因素也提出了不同的观点。1967 年，Farrar 和 Selwyn 理论分析发现股利政策是影响股利税与资本成本关系的因素。1972 年，Stapleton 提出除股利政策外，融资政策也是影响股利税与资本成本关系的因素。Sinn（1991）通过构建不同融资与股利政策下的资本成本模型进一步指出，不分配股利却发行新股公司的资本成本较高，用股票回购取代股利支付且发行新股的公司，或用留存收益融资且支付股利的公司资本成本较低。Guenther 等（2005）发现未来增发新股、股利支付取代股票回购的公司权益资本成本下降得更为显著。Dhaliwal 等（2007）发现 2003 年美国股利税削减后，机构投资者持股比例较高的公司权益资本成本下降幅度更小。Zhonglan Dai 等（2013）经验对比 2003 年与 1997 年美国股利税削减后公司权益资本成本的变化后提出，影响股利税与权益资本成本关系的因素为融资约束，而非股利政策。Stinson T 和 Ricketts（2016）从风险视角对前人的研究进行了补充，提出风险在股利税与权益资本成本关系中起着重要的作用。

以上学者关于股利税与权益资本成本关系的研究奠定了税收与资本成本的理论基础，但学术界对于两者间的关系持有不同观点。现有研究缺乏对股利税影响权益资本成本具体路径的研究，鲜有文献分析新兴发展中国家关于财务杠杆对股利税与公司权益资本成本的关系影响。据此，本节基于中国财税〔2012〕85 号股利税差异化改革，利用沪深 A 股上市公司数据，探究我国财务杠杆对股利税差异化与公司权益资本成本关系的具体影响，这在财税〔2015〕101 号实施（第三次股利税改革）的今天具有特别重要的现实意义。

5.6.2 文献回顾与研究假设

5.6.2.1 股利税与权益资本成本

个人对于投资获取的利息、股利等收益，需要缴纳利息税、股利税和资本利得税，以上个人所得税的缴纳抵消了负债在公司所得税上带来的抵税效应。在税收非中性条件下，股利税成为公司权益资本成本的重要因素，它们

间的函数关系为 $r_s = r_u + \frac{B}{S} \cdot \frac{(1-t_c)(1-t_s)}{1-t_b}(r_u - r_b)$，其中，$r_s$、$t_s$、$t_b$、$t_c$、$r_u$、$r_b$、B 和 S 分别表示权益资本成本、股利税、利息税、公司所得税、完全权益融资公司资本成本、负债利息率、负债与权益价值，由此可以推出公司权益资本成本对股利税的敏感程度不仅取决于 r_u 与 r_b 的数量关系，还取决于公司财务杠杆。也就是说，当公司财务杠杆既定时，r_u 小于 r_b，r_s 与 t_s 正相关；r_u 大于 r_b，r_s 与 t_s 负相关；r_u 等于 r_b，r_s 与 t_s 无关。当 r_u 与 r_b 的数量关系稳定时，r_s 与财务杠杆正相关。

r_s 与 t_s 正相关最早由税差学派 Mac Dougall（1960）、Hamada（1966）等提出，Guenther 等（2005）、Dhaliwal 等（2007）和 Campbell 等（2013）通过2003 年美国税收激励法案实践验证了股利税与权益资本成本的正相关关系。r_s 与 t_s 负相关得到了 Sikes 和 Verrecchia（2012）实证结果的支持：征收股利税会影响投资者获得的预期税后现金流收益及风险，如果无风险收益率很低，或者公司的系统性风险与市场风险溢价比较高，股利税与权益资本成本负相关。除 Miller 模型外，r_s 与 t_s 无关的观点也体现在 King（1974，1977）和 Auerbach（1979，1983，1989）关于公司融资来源与资本成本关系的理论分析中：当公司选择内源性融资，少分配或不分配股利成为公司股利政策的常态，名义的股利税在现实中不存在，其与权益资本成本无关。此观点是税收中性的特殊情形。

中国拥有全球数量最多、最活跃的个人投资者群体。2013 年 1 月 1 日我国实施财税〔2012〕85 号，个人投资者适用的股利税与持股期挂钩，按照持有期限（1 个月以内、1—12 月、1 年以上），缴纳（20%、10% 和 5%）差异化股利税。2013 年股利税差异化后，个人投资者持股时间增长，个人投资者整体平均股利税提高，上市公司整体平均权益资本成本降低。

5.6.2.2　股利税与财务杠杆

公司所得税、利息所得税、股利税与资本利得税之间存在差异，公司通常基于债务利息的税盾效应进行适度的负债融资。当个人投资者股利税、资本利得税发生变化时，为保护投资者权益与追求公司价值最大化目标，公司会进一步调整股利政策与融资政策，从而权益资本成本发生变化（Stapleton，1972）。可见，不同所得税间的差异使得权益资本成本成为公司财务政策的函数，Miller（1977）利用均衡模型详述了在不考虑代理成本、破产成本等条件下，公司所得税和个人所得税达到均衡状态时，公司资本结构与公司价值无关的理论。Miller 均衡模型也显示出，利息所得税、股利税、资本利得税与公司所得税综合决定了公司债务融资的税收税盾收益，公司财务杠杆与股利税相关。Graham（1999）最早采用公司数据实证分析了投资者的个人所得税对资本结构的影响。Dhaliwal 等（2007）基于 1997 年与 2003 年美国两次税制改革，发现股利税显著影响了公司债券发行概率。刘行等（2015）利用 2013 年我国实施的股利差别化个人所得税政策实践，实证分析得出改革后股利税下降（上升）的公司财务杠杆显著降低（提高）。可见，股利税与公司财务杠杆正相关，2013 年我国股利税差异化对公司财务杠杆产生负面影响。本节提出研究假设：

H_1：在其他条件不变的情况下，2013 年股利税差异化政策实施后，上市公司平均财务杠杆显著降低。

5.6.2.3 财务杠杆与权益资本成本

Modigliani 和 Miller（1963）资本结构理论与 Miller（1977）均衡模型均显示出公司权益资本成本受到公司财务杠杆的直接影响。具体而言，在不考虑交易成本、破产风险和信息不对称等条件的假设下，公司缴纳所得税，由于公司债务利息可以在所得税前扣除，随着债务的增加，利息的免税收益增加，公司的财务风险增加，公司权益资本成本相应增加。当存在个人所得税时，股利税的提高（降低）将减少（增加）公司股东的税后收益，股东针对其持有的权益投资会向公司要求更高的税前报酬率。这将增加公司股权融资成本，公司进而转向债务融资，财务杠杆发生变化，进一步影响公司权益资本成本。Dempsey（2001）所构建的含公司所得税与个人所得税的资本成本模型也显示出，公司财务杠杆直接影响公司权益资本成本；又因为股利税的调整影响公司融资政策，财务杠杆发生变化，进一步促使公司权益资本成本变化。据此，本节提出研究假设：

H_2：在其他条件不变的情况下，财务杠杆在 2013 年股利税差异化影响公司权益资本成本中发挥中介作用。

H_3：在其他条件不变的情况下，财务杠杆在 2013 年股利税差异化影响公司权益资本成本中发挥调节作用。

综上，本节研究的理论框架如图 5－4 所示。

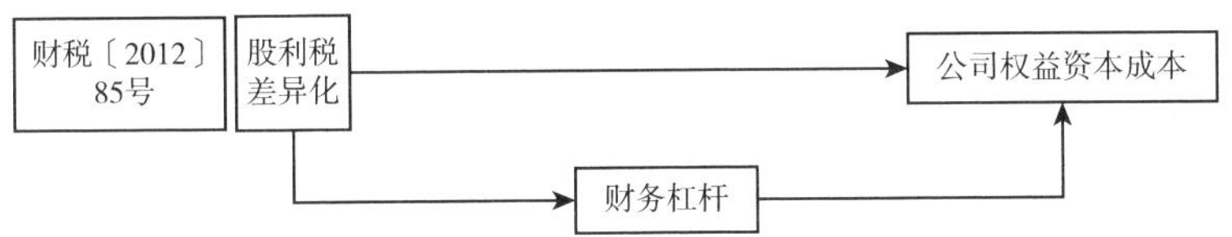

图 5－4　股利税差异化、财务杠杆与公司权益资本成本关系的研究框架

5.6.3　研究设计

5.6.3.1　样本选择

本节分别以中国〔2012〕85 号两次股利税改革为外生事件，同时为了保证研究结论的准确性，排除 2008 年 1 月 1 日开始实施的公司所得税政策对研究样本的影响，以 2009—2011 年和 2013—2014 年为 2012 年事件前后观察样本期间。本节的研究样本为沪深 A 股上市公司，样本筛选如下：①剔除财务状况存在异常的 ST、PT 上市公司；②剔除实证模型所需财务数据缺失的上市公司；③剔除权益资本成本异常的上市公司。最终我们得到 2005 年股利税改革前后 2227 个公司年度观测值，2012 年股利税差异化改革前后 4586 个公司年度观测值。本节数据均取自 CSMAR 和 RESSET 数据库。

5.6.3.2　检验模型

为了检验本节提出的研究假设，分析 2013 年 1 月 1 日股利税差异化政策实施对上市公司权益资本成本的影响及财务杠杆的具体作用，我们借鉴温忠麟等（2012）构建以下有调节作用的中介变量方程组。模型（1）主要验证股利税改革对公司权益资本成本的具体影响；模型（2）主要验证股利税改革对公司财务杠杆的具体影响；模型（3）主要验证财务杠杆在股利税改革影响公司权益资本成本中的中介效应；模型（4）主要验证财务杠杆在股利税改革影响公司权益资本成本中的调节效应。

$$R_{i,t} = \beta_0 + \beta_1 POST_{i,t} + \beta_2 Control + \varepsilon_{i,t} \tag{1}$$

$$LEV_{i,t} = \alpha_0 + \alpha_1 POST_{i,t} + \alpha_2 Control + \varepsilon_{i,t} \tag{2}$$

$$R_{i,t} = \gamma_0 + \gamma_1 POST_{i,t} + + \gamma_2 LEV_{i,t} + \gamma_3 Control + \varepsilon_{i,t} \tag{3}$$

$$R_{i,t} = \mu_0 + \mu_1 POST_{i,t} + + \mu_2 LEV_{i,t} + \mu_3 POST_{i,t} * LEV_{i,t} + \mu_4 Control + \varepsilon_{i,t} \tag{4}$$

其中，R 为权益资本成本，本节借鉴徐浩萍和吕长江（2007）采用 OJ 模型进行估算。$R_{OJ} = A + \sqrt{A^2 + \frac{eps_{t+1}}{p_t}\left[\left(\frac{eps_{t+2} - eps_{t+1}}{eps_{t+1}}\right) - (r_f - 0.03)\right]}$，其中，$r_f$为无风险利率，$A = \frac{r_f - 0.03 + \frac{dps_{t+1}}{p_t}}{2}$，$eps_2$、$eps_1$分别为分析师预测的 t+2 年和 t+1 年度的每股收益。估算时剔除了如下数据：期末收盘价格、每股盈余数据缺失的样本公司、$A^2 + \frac{eps_{t+1}}{p_t}\left[\left(\frac{eps_{t+2} - eps_{t+1}}{eps_{t+1}}\right) - (r_f - 0.03)\right]$为负值的样本公司、权益资本成本大于 1 的样本公司以及权益资本成本小于 0 的样本公司。本节稳健性检验借鉴汪祥耀和叶正虹（2011），采用 PEG 方法来估算公司权益资本成本，PEG 模型估算公式为 $R = \sqrt{\frac{eps_2 - eps_1}{p_0}}$，其中，$p_0$、$eps_1$、$eps_2$分别代表 t 期每股股价、t+1 期每股盈余和 t+2 期每股盈余。估算时剔除p_0缺失及$eps_2 - eps_1 < 0$ 的样本公司。

解释变量 POST 是 2013 年 1 月 1 日股利税差异化政策实施哑变量，股利税差异化实施前年份（2009 年、2010 年、2011 年）定义为0，股利税差异化后年份（2013 年、2014 年）定义为 1。中介变量及调节变量为财务杠杆 LEV，借鉴刘行（2015），LEV 等于期末有息债务（公司期末短期借款、长期借款、1 年内到期的非流动负债和应付债券的加总）除以总资产。依据以往研究文献的经验，本节还控制了如下变量：公司股东的持股时间 HOLD（股票年换手率乘以 -1 的积）、公司规模 SIZE（年末总资产取自然对数）、净资产收益率 ROE（净利润与期末股东权益余额的比值）、前十大股东持股比例 SHARE、账面市价比 BM（期末总资产与市场价值的商）和股利分配率 DIV（普通股每股现金股利与每股收益额的比值）。由于各行业的特点不同，公司权益资本成本存在显著差异，故本节以证监会 2012 年 3 位数行业分类为基准，控制了行业的固定效应。

根据温忠麟等（2012）有调节的中介效应检验程序可知，如果模型（1）POST 的系数 β_1显著，说明股利税改革对权益资本成本产生显著影响；如果模型（2）POST 的系数 α_1显著，说明股利税改革对公司财务杠杆产生显著影响；在 β_1、α_1都显著的条件下，如果模型（3）LEV 的系数 γ_2显著，说明财务杠杆在股利税影响公司权益资本成本中发挥了显著的中介作用；如果模型（4）POST * LEV 的回归系数 μ_3 显著，说明财务杠杆在股利税影响公司权益资本成本中发挥了显著的调节作用。故本节主要关注系数 β_1、α_1、γ_2、μ_3。

5.6.4 实证结果

5.6.4.1 描述性统计

表5-24分别报告了2013年股利税差异化政策实施前后主要变量的单因素检验。2013年股利税差异化政策实施后，持股时间（HOLD）的均值在1%的置信水平下显著增加了0.16，个人投资者整体平均股利税提高，公司权益资本成本预期降低。权益资本成本R的均值在1%的置信水平下显著降低了0.019。由此得出，2013年股利税差异化政策实施后，公司权益资本成本下降。

表5-24 2013年股利税差异化政策实施等主要变量的单因素检验

变量	改革前		改革后		改革之后-改革之前	
	平均值	中位数	平均值	中位数	平均值之差（t值）	中位数之差（z值）
R	0.112	0.094	0.093	0.069	-0.019***	-0.025***
LEV	0.2	0.179	0.186	0.159	-0.014***	-0.02**
HOLD	-1.778	-1.505	-1.618	-1.348	0.160***	0.157***
SIZE	22.062	21.840	22.076	21.883	0.014	0.043
ROE	0.112	0.095	0.066	0.077	-0.045***	-0.018***
SHARE	37.857	36.200	35.977	34.262	-1.880***	-1.938***
BM	0.498	0.477	0.561	0.532	0.063***	0.055***
DIV	0.266	0.206	0.283	0.220	0.016	0.014*

注：***、**、*分别表示回归系数在1%、5%、10%水平下显著。

5.6.4.2 相关性分析

表5-25列示了2013年股利税差异化政策实施变量与其他主要变量的相关系数。表5-25说明，权益资本成本（R）与股利税改革（POST）、持股时间（HOLD）、杠杆（LEV）显著负相关。主要变量间的相关系数通过显著性检验，且不存在多重共线性。

表 5－25　2012 年股利税差异化政策实施等主要变量相关性系数

	R	POST	HOLD	LEV	SIZE	ROE	SHARE	BM	DIV
R	1	-0.115***	-0.062***	-0.028*	0.051***	-0.194***	0.033*	0.097***	-0.047***
POST	-0.115***	1	0.070***	-0.010	0.005	-0.043***	-0.059***	0.125***	0.011
HOLD	-0.062***	0.070***	1	0.007	0.317***	0.012	0.302***	0.251**	0.026*
LEV	-0.028*	-0.010	0.007	1	0.0185	-0.004	-0.124	0.040***	0.037**
SIZE	0.051***	0.005	0.317***	0.0185	1	0.051***	0.281**	0.619***	-0.042*
ROE	-0.194***	-0.043***	0.012	-0.004	0.051***	1	0.003	-0.004***	0.005
SHARE	0.033*	-0.059***	0.302***	-0.124	0.281**	0.003	1	0.118***	0.008
BM	0.097***	0.125***	0.251**	0.040***	0.619***	-0.004***	0.118***	1	-0.023
DIV	-0.047***	0.011	0.026*	0.037**	-0.042*	0.005	0.008	-0.023	1

注：***、**、*分别表示回归系数在1%、5%、10%水平下显著。

5.6.4.3　回归结果分析

表5－26报告了2013年股利税差异化政策实施的回归分析结果。VIF共线性检验显示，表5－26四个回归方程的VIF值分别为4.28、4.23、4.65、4.68；VIF值均小于10，说明变量之间均不存在共线性。表5－26第（1）、第（3）、第（4）列POST的回归系数在1%的置信水平下均显著为负，表明在其他条件不变的情况下，2013年股利税差异化政策实施后，公司权益资本成本降低。

表5－26第（1）列R对POST的回归系数在1%置信水平下显著，$\beta_1 = -0.023$，说明股利税改革对公司权益资本成本产生负面影响，即2013年股利税差异化政策实施后，公司权益资本成本下降。第（2）列LEV对POST的回归系数$\alpha_1 = -0.025$，在1%的置信水平下显著为负，说明股利税改革对公司财务杠杆产生负面影响，即2013年股利税差异化政策实施后，公司财务杠杆下降，研究假设H_1成立。第（3）列R对POST、LEV的回归系数在1%置信水平下显著，$\gamma_2 = 0.053$，且模型（3）的R^2值0.093大于模型（1）的R^2值0.085，说明模型（3）比模型（1）的解释力强，公司财务杠杆在2013年股利税差异化政策实施影响公司权益资本成本中的中介效应显著，研究假设H_2成立。第（4）列R对POST、LEV、POST * LEV的回归系数在1%置信水平下显著，$\mu_3 = 0.048$，且模型（4）的R^2值0.096大于模型（3）的R^2值0.093，说明模型（4）比模型（3）更具有解释力，公司财务杠杆在2013年

股利税差异化政策实施影响公司权益资本成本中的调节作用显著，低负债融资公司权益资本比高负债融资公司下降得更为显著，研究假设 H_3 成立。综上，财务杠杆在股利税改革影响公司权益资本成本中发挥了有调节的中介效应。

表5-26　2013年股利税差异化、财务杠杆与公司权益资本成本的回归结果

VARIABLES	R	LEV	R	R
	模型（1）	模型（2）	模型（3）	模型（4）
POST	-0.023*** (-8.18)	-0.025*** (-5.84)	-0.022*** (-7.78)	-0.031*** (-7.33)
LEV			0.053*** (5.49)	0.032*** (2.62)
POST * LEV				0.048*** (2.90)
HOLD	-0.006*** (-4.49)	-0.017*** (-8.33)	-0.005*** (-3.58)	-0.005*** (-3.82)
SIZE	0.003** (2.05)	0.025*** (11.53)	0.002 (1.21)	0.002 (1.22)
ROE	-0.118*** (-11.74)	0.001 (0.21)	-0.113*** (-11.33)	-0.113*** (-11.26)
SHARE	0.001** (2.33)	-0.001** (-2.51)	0.001** (2.42)	0.001** (2.53)
BM	0.017** (2.19)	0.236*** (20.70)	0.006 (0.71)	0.005 (0.59)
DIV	-0.005** (-2.32)	-0.011*** (-3.76)	-0.004* (-1.95)	-0.004* (-1.81)
INDUSTRY	Control	Control	Control	Control
Constant	0.022 (0.72)	-0.465*** (-10.29)	0.044 (1.45)	0.047 (1.57)
Observations	3295	4586	3295	3295
R-squared	0.085	0.306	0.093	0.096
R-squared_adjusted	0.0801	0.303	0.0882	0.0903
F	16.93	111.7	17.77	17.34

注：***、**、*分别表示回归系数在1%、5%、10%水平下显著。

5.6.4.4 稳健性检验

为进一步验证以上实证结果的可靠性，本书利用PEG模型估算的权益资本成本进行稳健性测试。表5-27报告2013年股利税差异化政策实施对公司权益资本成本影响的稳健性测试结果。表5-27第（1）、第（3）、第（4）列POST的回归系数在1%的置信水平下均显著为负。表5-27显示，第（2）列LEV对POST的回归系数 $\alpha_1=-0.025$，在1%的置信水平下显著为负，研究假设 H_1 通过了稳健性检验；第（3）列R对LEV的回归系数 $\gamma_3=0.017$，在5%置信水平下显著，说明LEV的中介效应显著，研究假设 H_2 通过了稳健性检验；第（4）列R对POST＊LEV的回归系数 $\mu_4=0.021$，在10%置信水平下显著，说明LEV的调节作用显著，研究假设 H_3 通过了稳健性检验。因此，在其他条件不变的情况下，财务杠杆（LEV）在2013年股利税差异化影响公司权益资本成本（R）中不仅发挥着中介作用，还发挥着调节作用。从而进一步验证了 H_2 和 H_3。

表5-27 2013年股利税差异化、财务杠杆与公司权益资本成本的稳健性检验结果

VARIABLES	R	LEV	R	R
	模型（1）	模型（2）	模型（3）	模型（4）
POST	-0.027*** (-13.39)	-0.025*** (-5.84)	-0.026*** (-13.14)	-0.023*** (-7.46)
LEV			0.017** (2.50)	0.029*** (2.99)
POST＊LEV				0.021* (1.74)
HOLD	-0.009*** (-9.92)	-0.017*** (-8.33)	-0.009*** (-9.54)	-0.009*** (-9.32)
SIZE	0.010*** (9.74)	0.025*** (11.53)	0.009*** (9.18)	0.009*** (9.21)
ROE	0.001 (0.72)	0.001 (0.21)	0.001 (0.72)	0.001 (0.72)
SHARE	0.001** (2.24)	-0.001** (-2.51)	0.001** (2.33)	0.001** (2.27)
BM	-0.005 (-0.99)	0.236*** (20.70)	-0.009* (-1.67)	-0.009 (-1.58)

续表

VARIABLES	R	LEV	R	R
	模型（1）	模型（2）	模型（3）	模型（4）
DIV	0.003** (2.11)	-0.011*** (-3.76)	0.003** (2.25)	0.003** (2.18)
INDUSTRY	Control	Control	Control	Control
Constant	-0.134*** (-6.31)	-0.465*** (-10.29)	-0.126*** (-5.86)	-0.128*** (-5.97)
Observations	4524	4586	4524	4524
R-squared	0.095	0.306	0.097	0.097
R-squared_adjusted	0.092	0.303	0.093	0.093
F	26.38	111.7	25.35	24.25

注：***、**、*分别表示回归系数在1%、5%、10%水平下显著，括号内为T值。

5.6.5　结论与不足

20世纪中叶以来，所得税与资本成本关系一直是西方财务学界研究的热点问题之一。现有文献主要针对西方国家税制研究西方国家股利税与资本成本关系，由于研究假设及样本选择不同，关于股利税与公司权益资本成本的相关性研究结论存在显著差异，关于影响股利税与权益资本成本关系的具体因素分析结论不一致，关于两者的关系也没有引起我国学者应有的关注，特别是针对中国股利税改革对公司权益资本成本的影响研究更是空白。鉴于此，本节基于2013年中国股利税差异化，利用中国上市公司经验数据，构建了有调节作用的中介变量方程组，探究我国股利所得税改革对上市公司权益资本成本的具体影响及影响路径。研究发现，在其他条件不变的情况下，我国股利税改革与权益资本成本负相关。2013年股利税差异化政策实施后，个人投资者持股时间增长，个人投资者整体平均股利税提高，上市公司平均权益资本成本显著降低。我们进一步探究发现，财务杠杆作为股利税改革影响公司权益资本成本的重要桥梁，不仅发挥了中介作用，也发挥了调节作用。本节关于股利税影响公司权益资本成本以及财务杠杆在此影响中的发挥有调节中介效应的结论，不仅弥补了我国在所得税与资本成本学术领域的缺失，丰富了税收与公司财务理论，也为公司依据宏观政策变化制定最优财务政策提供参考，还为政府优化新时代税收制度提供理论与实证数据支持。

5.7 股利税差异化影响公司权益资本成本的机制

综合以上六节股利税对公司权益资本成本的影响，本书发现，股利税差异化影响公司权益资本成本的机制为：股利税差异化对公司权益资本成本产生直接影响，也通过负债融资、股利分配、风险承担和融资约束中介桥梁对公司权益资本成本产生间接影响；增发新股、负债融资、股利分配、风险承担和融资约束在股利税差异化影响公司权益资本成本中发挥了调节作用。具体情况如下。

2013 年中国股利税差异化后，上市权益资本成本发生显著变化：从上市公司整体来看，2013 年股利税差异化实施后，上市公司平均权益资本成本显著下降；从不同财务特征公司看，投资者持股时间延长（缩短）的公司权益资本成本显著提高（降低）；个人投资者及证券投资基金持股比例提高（下降）的公司权益资本成本显著提高（降低）；股利支付减少（增加）的公司权益资本成本显著提高（降低）；增发新股公司比不增发新股公司权益资本成本下降的幅度更大，股东的财富效应更为显著；低股利分配公司权益资本成本比高股利分配公司下降的幅度更大；低风险承担公司权益资本成本比高风险承担公司下降的幅度更大，且风险承担在股利税差异化影响公司权益资本成本中发挥了有调节的中介效应；高融资约束公司权益资本成本比低融资约束公司降低的幅度更大；融资约束在股利税差异化影响公司权益资本成本中发挥了显著的中介作用；低负债融资公司权益资本成本比高负债融资公司降低的幅度更大；负债融资在股利税差异化影响公司权益资本成本中发挥了有调节的中介作用。

第 6 章

股利税差异化调整对公司权益资本成本影响研究

6.1 引　言

减税降费是近年来我国降低新常态经济成本的重要举措。股利税作为资本市场上联结投资者报酬与公司资本成本的媒介，时常被政府用来维护资本市场健康发展、刺激经济增长。2003 年美国股利税等税的削减促使公司权益资本成本下降 1.02%（Dhaliwal et al.，2007）。2013 年 1 月 1 日我国实施的财税〔2012〕85 号规定，个人投资者从上市公司获取的股息红利所得按持股期限分别缴纳 20%、10%、5% 的差异化股利税。2015 年 9 月 7 日实施的财税〔2015〕101 号对以上政策进行调整（以下简称股利税差异化调整）：持股超过 1 年获取的股息红利所得免税。股利税差异化后，代理问题得以部分解决（贾凡胜等，2016），公司股利、融资政策发生变化（刘行，2015；Li et al.，2017），个人投资者持股比例提高（降低）的公司权益资本成本上升（下降）（李桂萍和王瑞华，2018），上市公司整体平均权益资本成本降低，财务杠杆在股利税差异化影响公司权益资本成本中发挥了中介效应（李桂萍，2018），而股利分配在股利税差异化影响公司权益资本成本中发挥了有调节的中介效应（李桂萍和刘薇，2018）。尽管学界对股利税差异化与公司权益资本成本的关系进行了深入研究，但没有揭示出股利税影响公司权益资本成本的具体机制。由于股利税与资本成本的关系受到税制特点、公司避税程度等因素的影响，2015 年股利税差异化调整是否实现了政府降低公司融资成本目标，目前鲜有研究涉及。据此，本节基于中国股利税差异化调整自然试验，研究股利税对公司权益资本成本的影响，补充学界关于股利税与资本成本关系研究的文献，提供政府优化资本市场税制、促进资本市场健康发展的实证数据，同时为当前实施减税降费举措降低经济运行成本提供借鉴、启示。

本节主要贡献如下：（1）补充了股利税与资本成本方面的文献。现有文献研究主要基于美国减税、中国股利税差异化实践，研究了股利税与权益资本成本的关系及影响因素，关于股利税影响权益资本成本的机制鲜有学者研究。本章基于我国财税〔2015〕101号，采用2014—2016年沪深A股上市公司季度财务数据，揭示股利税差异化调整对公司权益资本成本负面影响及股利税影响公司权益资本成本的具体机制，丰富股利税与资本成本理论。（2）检验了财税〔2015〕101号政策的实施效果，为公司控制成本、政府优化股利税制提供理论支持。本节重点分析了财务杠杆、股利分配、风险承担与融资约束在股利税差异化调整影响公司权益资本成本中的具体作用，为公司决策者深入把握股利税差异化调整影响公司权益资本成本的路径、控制资本成本提供实证分析信息。

6.2 理论分析和研究假设

6.2.1 股利税差异化调整与权益资本成本关系

Guenther et al.（2005）、Dhaliwal et al.（2007）基于2003年美国股利税等削减实践发现，股利税与权益资本成本正相关。Huizinga et al.（2018）利用国际并购经验数据指出股利税、资本利得税增加了资本成本，对经济增长产生潜在的负面影响。李桂萍（2018）实证分析发现2013年中国股利税差异化与公司权益资本成本正相关。然而，Sikes and Verrecchia（2012）通过美国、法国与日本减税实践认为，股利税、资本利得税与资本成本的关系受到公司系统风险、市场风险溢价的影响，当公司系统性风险高、市场溢价高或无风险收益率很低时，股利税对公司权益资本成本产生负面影响。2005年中国股利税减半与公司权益资本成本负相关（李桂萍，2018）。2015年我国实施财税〔2015〕101号期间，股票市场极不稳定，股价变动频繁，市场风险溢价极不稳定，完全权益融资公司资本成本与负债利息率不确定。由此，本节提出以下对立的研究假设：

H_{1a}：股利税差异化调整后，公司权益资本成本显著降低。

H_{1b}：股利税差异化调整后，公司权益资本成本显著升高。

6.2.2　股利税差异化调整、负债融资与权益资本成本关系

负债融资在股利税改革影响公司权益资本成本中扮演中介桥梁角色（李桂萍，2018）。财税〔2015〕101 号文件实施后，个人权益投资者适用的股利税率降低，平均获取股利的税后收益增加，未来要求的预期收益率下降，从而降低了公司权益融资的边际成本。当公司有融资需求时，将增加股权融资，减少负债融资，公司资本结构发生变化。MM 理论及 Miller 均衡模型均证明杠杆公司权益资本成本为资本结构的增函数，股利税差异化调整所引起的资本结构变化必将影响公司权益资本成本。据此，本节提出假设：

H_{2a}：负债融资在股利税差异化调整影响公司权益资本成本中发挥中介效应。

H_{2b}：负债融资在股利税差异化调整影响公司权益资本成本中发挥调节效应。

6.2.3　股利税差异化调整、股利分配与权益资本成本关系

在股利分配既定的条件下，股利税削减会增加股东的股利收益，股东更愿意追加权益投资，权益资本供给增加；为维护股东财富最大化目标，拥有较多现金流的公司更愿意增加股利的分配。2003 年美国股利税削减后，短期股利分配增加（Brav，2008）；2005 年中国股利税减半后，公司短期内增加现金股利分配，长期内效应递减（李增福等，2010）。股利税减半刺激了上市公司的现金分红（赵虹等，2012），预期派现倾向高与现金股利支付强的上市公司对股利税减半的市场反应比较显著（杨宝等，2013）。2013 年股利税差异化后，上市公司提高了现金分红的预期水平（贾凡胜等，2016），个人投资者股利税降低的公司增加了股利分配，个人投资者股利税提高的公司减少了股利分配（li et al.，2017）。可见，股利税与公司股利分配负相关。

我国个人投资者资本利得税免征，股利税大于资本利得税，合规条件下尽量少地发放股利对公司是有益的。如果公司股利分配较多，投资者必然要求较高的预期报酬率，权益资本成本提高。Stapleton（1972）认为，在股利税大于资本利得税的条件下，股利政策是影响公司权益资本成本的重要因素。2003 年美国股利税等削减后，股利支付率较高的公司、将来准备发行新股的公司权益资本成本下降幅度大（Dhaliwal et al.，2007），分配股利公司比不分配股利公司权益资本成本下降幅度小（Sikes et al.，2012）。李桂萍（2014）基于实证研究发现股利分配在股利税减半影响上市公司权益资本成本中发挥了有调节的中介作用。股利税差异化后，股利支付减少（增加）的公司权益资本成本显著提高（降低）（李桂萍和王瑞华，2018），低股利分配公司比高股利分配公司权益资本成本下降得更为显著（李桂萍和刘薇，2018）。2015 年股利税差异化调整后，个人投资者平均股利税负下降，公司股利分配水平提高，公司权益资本成本下降。基于以上分析，本节提出假设：

H_{3a}：股利分配在股利税差异化调整影响公司权益资本成本中发挥中介效应。

H_{3b}：股利分配在股利税差异化调整影响公司权益资本成本中发挥调节效应。

6.2.4 股利税差异化调整、风险承担与权益资本成本关系

风险承担体现公司决策行为的取向，包括公司财务决策中对项目风险和收益的判断与取舍（Wright et al.，1996），风险承担越高表明公司决策过程中越偏好高风险、高收益的项目，意味着更高的资本性支出（Bargeron et al.，2010）和研发投入（Hilary 和 Hui，2009）。股利税差异化部分解决了内部人与投资者间的委托代理问题（贾凡胜等，2016），上市公司因代理成本下降，在股票市场上面临的非系统性风险减少；股利税差异化调整降低了整体平均股利税负，使得公司外部政策风险降低，从而公司承担的系统性风险降低。因此，股利税差异化调整后，公司风险承担水平下降。当公司风险承担水平下降（提高），股东未来预期要求的报酬率降低（增加），公司权益资本成本下降（上升）。

2013 年股利税差异化有效缓解了公司股东与高管之间的利益冲突，对公

司治理产生了正面影响；而公司治理机制的完善能够促进上市公司风险承担水平的提升（解维敏和唐清泉，2013）。机构投资者持股比例与公司风险承担正相关（王振山和石大林，2014），股利税削减后，机构投资者持股比例低的公司权益资本成本下降得更为显著（Dhaliwal et al.，2007）。公司风险承担水平越高越能加快资本结构调整的速度，使实际资本结构更加趋近于调整目标（盛明泉和车鑫，2016），资本结构的变化会进一步影响公司权益资本成本。由此，本节提出研究假设：

H_{4a}：风险承担在股利税差异化调整影响公司权益资本成本中发挥中介效应。

H_{4b}：风险承担在股利税差异化调整影响公司权益资本成本中发挥调节效应。

6.2.5　股利税差异化调整、融资约束与权益资本成本关系

融资约束是市场本身不完美引起的公司内部融资成本和外部融资成本存在差异的现象。我国资本市场尚不成熟，公司融资渠道有限，外部政策环境的变动冲击着资本市场的经济主体。2015 年 9 月 7 日我国实施的财税〔2015〕101 号对股利税差异化政策进行调整：持有股票期限超过 1 年的个人投资者免征股利税，股利税负下降，现有投资者更愿意选择较长期的权益投资，而不是频繁地投机套利，股票市场价格趋于稳定。相比债券投资（利息税 20%），潜在投资者更倾向于投资股票，股权融资成本降低。因而，公司股权融资渠道更加顺畅，融资约束有所缓解，供给资金更加丰富。

权益资本成本是公司权益融资后需在未来每一时期向投资者支付的代价，是投资者权益投资后在未来每一时期向被投资公司要求获取的报酬率，也是每一时期公司权益资本需求与投资者权益资本供给达到均衡的状态下单位资本的价格。需求价格弹性反映了需求与价格的变化关系，如果把权益资本视为产品，权益资本成本的变化取决于公司对权益资本的需求弹性。需求弹性比较低时，公司对于融资成本的变动不敏感，公司所面临的融资约束比较高，权益资本需求曲线比较平坦；需求弹性比较高时，低融资约束公司权益资本需求曲线比较陡峭。在不完美的资本市场中，当股利税差异化调整时，投资者平均股利税负降低，投资者预期报酬率增加，权益资本的供给增加使得高

融资约束公司权益资本成本下降幅度较大，低融资约束公司权益资本成本下降幅度较小。据此，本节提出假设：

H_{5a}：融资约束在股利税差异化调整影响公司权益资本成本中发挥了中介效应。

H_{5b}：融资约束在股利税差异化调整影响公司权益资本成本中发挥了调节效应。

6.3 研究设计

6.3.1 样本选择

为了研究股利税差异化调整（财税〔2015〕101 号）对公司权益资本成本的影响机制，本节将 2014. 1—2015. 6、2015. 9—2016. 12 作为股利税差异化调整之前、之后的样本期间。为了确保数据的可靠性，我们剔除金融行业、ST、PT、＊ST 和 SST 上市公司以及权益资本成本异常、回归模型所需数据缺失的样本公司，并对所有连续变量在 1% 和 99% 水平下进行了 Winsorize 处理。筛选后最终得到 1286 家公司年度有效观测值。本节数据来源于国泰安数据库（CSMAR）和 RESSET 数据库。数据分析主要采用 STATA13 软件。

6.3.2 变量定义

（1）被解释变量。被解释变量为公司权益资本成本 R，本节回归分析与稳健性检验分别参照叶正虹（2011）、吕长江（2007），采用 PEG 和 OJ 模型来估算公司权益资本成本值，PEG 和 OJ 模型分别为 $R=\sqrt{(eps_2-eps_1)/p_0}$，$r_e=A+\sqrt{A^2+\frac{eps_1}{p_0}\left[\left(\frac{eps_2-eps_1}{eps_1}\right)-(r_f-0.03)\right]}$，其中，$A=\frac{r_f-0.03+dps_1/P_0}{2}$，$eps_1$、$p_0$、$r_f$、$dps_1$ 分为季末每股收益、季末收盘价、无风险利率和每股股利。

（2）解释变量。解释变量为股利税差异化调整 Inn，股利税差异化调整前定义为 0，股利税差异化调整后定义为 1。负债融资 Lev 用财务杠杆（资产负债率）计算；股利分配 Div 用股利支付率表示；风险 RH 用综合市场 β 值衡量；融资约束 FC 借鉴李焰等（2009）综合财务指标评分模型 $FC = 0.18(CF/K)_{i,t} + 0.16(IN/K)_{i,t} + 0.17GI_{i,t} + 0.11(CA/K)_{i,t} - 0.11DE_{i,t} + 0.12(DI/K)_{i,t} + 0.15(EB/I)_{i,t}$估算综合计分，其中，CF、K、IN、GI、CA、DE、DI、EB 和 I 分别为经营活动现金流、年初总资产、固定资产投资、存货增长率、现金及现金等价物、债务权益比、现金股利分配额、息税前利润与利息费用。

（3）控制变量。依据以往研究文献的经验，本节控制了以下变量：公司规模 SZ（季末总资产的自然对数）、净资产收益率 RoE（净利润比净资产）、净资产收益率增长率 RoG（本期净资产收益率比期初净资产收益率 -1）、长期增长率 LtG（可持续增长率）、账面市价比 BM（季末总资产比市场价值）、第一大股东持股比例 SH 和行业 Ind。以上变量的具体定义如表 6-1 所示。

表 6-1　主要变量定义

变量性质	变量代码	变量名	变量定义
被解释变量	R	权益资本成本	利用 PEG 模型和 OJ 模型估算得到
解释变量	Inn	股利税差异化调整	差异化股利税差异化调整前取 0，否则取 1
	Lev	负债融资	有息债务/总资产或负债总额/资产总额
	Div	股利分配	每股税前现金股利
	RH	风险承担	综合市场季度 β 值
	FC	融资约束	综合财务指标模型评分模型估算值
控制变量	SZ	公司规模	季末总资产的自然对数
	Roe	净资产收益率	净利润比净资产
	Reg	净资产收益率增长率	本期净资产收益率比期初净资产收益率 -1
	BM	账面市值比	季末总资产比市场价值
	LtG	长期增长率	用可持续增长率衡量
	SH	持股比例	第一大股东持股比例
	Ind	行业	属于本行业取值为 1，否则为 0

6.3.3　模型设定

借鉴温忠麟等（2012）构建以下有调节作用的中介变量方程组来检验以上研究假设。回归模型（1）—模型（5）分别分析股利税差异化调整对公司权益资本成本、财务杠杆、股利分配、风险承担和融资约束的具体影响，检验假设 H_{1a}和 H_{1b}。模型（6）—模型（9）分别分析财务杠杆、股利分配、风险承担和融资约束的中介效应，检验假设 H_{2a}、H_{3a}、H_{4a} 和 H_{5a}。模型（10）—模型（13）分析以上变量的调节效应，检验假设 H_{2b}、H_{3b}、H_{4b} 和 H_{5b}。

$$R = \alpha_0 + \alpha_1 Inn + \alpha_2 SZ + \alpha_3 RoE + \alpha_4 ReG + \alpha_5 BM + \alpha_6 LtG + \alpha_7 SH + \alpha_i Ind + \varepsilon \quad (1)$$

$$Lev = \alpha_0 + \alpha_1 Inn + \alpha_2 SZ + \alpha_3 RoE + \alpha_4 ReG + \alpha_5 BM + \alpha_6 LtG + \alpha_7 SH + \alpha_i Ind + \varepsilon \quad (2)$$

$$Div = \alpha_0 + \alpha_1 Inn + \alpha_2 SZ + \alpha_3 RoE + \alpha_4 ReG + \alpha_5 BM + \alpha_6 LtG + \alpha_7 SH + \alpha_i Ind + \varepsilon \quad (3)$$

$$RH = \alpha_0 + \alpha_1 Inn + \alpha_2 SZ + \alpha_3 RoE + \alpha_4 ReG + \alpha_5 BM + \alpha_6 LtG + \alpha_7 SH + \alpha_i Ind + \varepsilon \quad (4)$$

$$FC = \alpha_0 + \alpha_1 Inn + \alpha_2 SZ + \alpha_3 RoE + \alpha_4 ReG + \alpha_5 BM + \alpha_6 LtG + \alpha_7 SH + \alpha_i Ind + \varepsilon \quad (5)$$

$$R = \alpha_0 + \alpha_1 Inn + \alpha_2 Lev + \alpha_3 SZ + \alpha_4 RoE + \alpha_5 ReG + \alpha_6 BM + \alpha_7 LtG + \alpha_8 SH + \alpha_i Ind + \varepsilon \quad (6)$$

$$R = \alpha_0 + \alpha_1 Inn + \alpha_2 Div + \alpha_3 SZ + \alpha_4 RoE + \alpha_5 ReG + \alpha_6 BM + \alpha_7 LtG + \alpha_8 SH + \alpha_i Ind + \varepsilon \quad (7)$$

$$R = \alpha_0 + \alpha_1 Inn + \alpha_2 RH + \alpha_3 SZ + \alpha_4 RoE + \alpha_5 ReG + \alpha_6 BM + \alpha_7 LtG + \alpha_8 SH + \alpha_i Ind + \varepsilon \quad (8)$$

$$R = \alpha_0 + \alpha_1 Inn + \alpha_2 FC + \alpha_3 SZ + \alpha_4 RoE + \alpha_5 ReG + \alpha_6 BM + \alpha_7 LtG + \alpha_8 SH + \alpha_i Ind + \varepsilon \quad (9)$$

$$R = \alpha_0 + \alpha_1 Inn + \alpha_2 Lev + \alpha_3 Lev * Inn + \alpha_4 SZ + \alpha_5 RoE + \alpha_6 ReG + \alpha_7 BM + \alpha_8 LtG + \alpha_9 SH + \alpha_I Ind + \varepsilon \quad (10)$$

$$R = \alpha_0 + \alpha_1 Inn + \alpha_2 Div + \alpha_3 Div * Inn + \alpha_4 SZ + \alpha_5 RoE + \alpha_6 ReG + \alpha_7 BM + \alpha_8 LtG + \alpha_9 SH + \alpha_I Ind + \varepsilon \quad (11)$$

$$R = \alpha_0 + \alpha_1 Inn + \alpha_2 RH + \alpha_3 RH * Inn + \alpha_4 SZ + \alpha_5 RoE + \alpha_6 ReG + \alpha_7 BM + \alpha_8 LtG + \alpha_9 SH + \alpha_I Ind + \varepsilon \quad (12)$$

$$R = \alpha_0 + \alpha_1 Inn + \alpha_2 FC + \alpha_3 FC * Inn + \alpha_4 SZ + \alpha_5 RoE + \alpha_6 ReG + \alpha_7 BM + \alpha_8 LtG + \alpha_9 SH + \alpha_I Ind + \varepsilon \quad (13)$$

6.4　描述性统计

表 6－2 报告了股利税差异化调整前后公司权益资本成本等变量的描述性统计结果。表 6－2 显示：股利税差异化调整后，上市公司整体平均权益资本成本显著下降，下降幅度为 0.6 个百分点；公司平均财务杠杆率、股利支付率、风险承担水平分别显著下降了 1.9 个、3.3 个和 0.4 个百分点；公司平均融资约束水平下降，但没有通过显著性检验。以上数据初步验证了 2015 年中国股利税差异化调整对公司负债融资、股利分配、风险承担及权益资本成本产生显著影响。

表 6－2　股利税差异化调整前后公司权益资本成本等变量描述性统计

Variables	调整前		调整后		调整后－调整前	调整后－调整前
	均值	中位数	均值	中位数	均值之差（T 检验）	中位数之差（Z 检验）
R	0.090	0.080	0.084	0.075	−0.006***	−0.005***
Lev	0.487	0.483	0.468	0.456	−0.019***	−0.027***
Div	0.025	0.000	0.058	0.000	0.033***	0.000***
RH	0.972	0.974	0.976	0.959	0.004***	−0.015***
FC	15.015	1.205	4.786	−0.500	−10.230	−1.706
RoE	0.019	0.026	0.018	0.033	0.001	0.005***
ReG	−0.280	−0.114	1.078	−0.860	1.358	−0.746*
LtG	0.031	0.025	0.032	0.028	−0.001	0.003***
BM	1.202	0.650	1.085	0.571	−0.137***	−0.079***
SH	0.355	0.339	0.346	0.326	−0.016***	−0.013***
SZ	22.490	22.214	22.690	22.432	0.200***	0.218***

注：***、* 分别表示系数在 1%、10% 水平下显著。

本节分别以财务杠杆、股利分配、风险承担与融资约束变量值的中位数为依据，把上市公司分为高与低负债融资公司组、高与低股利分配公司组、高与低风险承担公司组以及高与低融资约束公司组。表 6－3 报告了以上不同财务特征公司在股利税差异化调整前后权益资本成本的变化。单变量检验了不同财务特征组公司权益资本成本，发现股利税差异化调整后，全部公司权益资本成本下降。其中，高负债融资公司与低负债融资公司平均权益资本成本分别下降0.4个和0.5个百分点，高股利分配公司与低股利分配公司平均权益资本成本分别下降2个和0.5个百分点，高风险承担公司与低风险承担公司权益资本成本分别下降3.6个和0.7个百分点，高融资约束公司与低融资约束公司权益资本成本分别下降1.5个和0.5个百分点。可见，股利税差异化调整后不同特征公司权益资本成本下降幅度存在显著差异，有必要研究负债融资、股利分配、风险承担与融资约束在股利税差异化调整影响公司权益资本成本中作用的具体差异。

表6－3　股利税差异化调整时期不同财务特征公司权益资本成本变化情况表

权益资本成本公司类型	改革前权益资本成本		改革后权益资本成本		改革后－改革前（权益资本成本）	
	均值	中位数	均值	中位数	均值之差（T值）	中位数之差（Z值）
高负债融资公司	0.079	0.073	0.075	0.071	－0.004***	－0.002***
低负债融资公司	0.100	0.087	0.095	0.064	－0.005***	－0.023***
高股利分配公司	0.100	0.086	0.080	0.078	－0.020***	－0.012***
低股利分配公司	0.090	0.080	0.085	0.074	－0.005***	－0.006***
高风险承担公司	0.097	0.089	0.061	0.087	－0.036***	－0.002***
低风险承担公司	0.080	0.071	0.073	0.066	－0.007***	－0.005***
高融资约束公司	0.091	0.077	0.087	0.076	－0.015	－0.001
低融资约束公司	0.090	0.084	0.084	0.079	－0.005***	－0.005***

注：***表示系数在1%水平下显著。

6.5　回归结果分析

表6－4报告了股利税差异化调整对公司权益资本成本的影响及机制的回归结果。模型（1）—模型（13）F值均在1%水平下显著，说明13个模型拟合效果较好。Panel A的模型（1）的股利税差异化调整Inn的回归系数分别在1%水平下显著为－0.007，说明股利税差异化调整对公司权益资本成本

产生了负面影响，验证了假设 H_{1a}。模型（2）的股利税差异化调整 Inn 的回归系数在 1% 水平下显著为 -0.021，说明股利税差异化调整对财务杠杆产生负面影响。模型（3）和模型（4）的股利税差异化调整 Inn 的回归系数分别在 1% 水平下显著为 0.031、0.033，说明股利税差异化调整对股利分配与风险承担均产生正面影响。模型（5）Inn 的回归系数 -0.014 在 10% 水平下不显著，说明股利税差异化调整对融资约束并没有产生显著影响。

Panel B 报告了财务杠杆、股利分配、风险承担与融资约束的中介和调节效应的回归结果。在 Inn 系数显著的条件下，模型（6）财务杠杆的回归系数在 1% 水平下显著为 -0.004，说明财务杠杆的部分中介效应显著，假设 H_{2a} 得以验证。模型（7）股利分配的回归系数在 1% 水平下显著为 -0.026，说明股利分配的部分中介效应显著，假设 H_{3a} 得以验证。模型（8）风险承担 RH 回归系数在 1% 水平下显著为 -0.012，说明风险承担部分中介效应显著，假设 H_{4a} 得以验证。模型（9）融资约束 FC 回归系数在 1% 水平下显著为 -0.008，由于 Panel A 模型（5）Inn 的回归系数不显著，Sobel 检验融资约束中介效应的 T 值为 1.1345，在 10% 水平下不显著，假设 H_{5a} 不成立，即融资约束没有发挥中介效应。

Panel B 显示，在 Inn 回归系数显著的条件下，模型（10）的交乘项 Inn * Lev 系数在 5% 水平下显著为 0.007，说明财务杠杆的正向调节效应显著，与高负债融资公司相比，低负债融资公司权益资本成本下降得更为显著，假设 H_{2b} 得以验证。模型（11）的交乘项 Inn * Div 在 5% 水平下显著为 -0.008，说明股利分配的负向调节作用显著，与低股利分配公司相比，高股利分配公司权益资本成本下降得更为显著，假设 H_{3b} 得以验证。模型（12）的交乘项 Inn * RH 回归系数在 1% 水平下显著为 -0.007，说明风险承担的负向调节效应显著，与低风险承担公司相比，高风险承担公司权益资本成本下降的幅度更大，假设 H_{4b} 得以验证。模型（13）的交乘项 Inn * FC 在 1% 水平下显著为 -0.006，说明融资约束的负向调节效应显著，与低融资约束公司相比，高融资约束公司权益资本成本下降的幅度更大，假设 H_{5b} 成立。综上，财务杠杆、股利分配与风险承担均在股利税差异化调整影响公司权益资本成本中发挥了部分中介作用。从调节作用看，高股利分配、高风险承担与高融资约束公司权益资本成本下降得更为显著，而低负债融资公司权益资本成本下降的幅度更大。

表 6-4　　股利税差异化调整影响权益资本成本的回归结果

Panel A					
	(1)	(2)	(3)	(4)	(5)
VARIABLES	R_{oj}	Lev	Div	RH	FC
Inn	-0.007*** (-8.992)	-0.021*** (-6.616)	0.031*** (14.554)	0.033*** (6.693)	-0.014 (-1.14)
RoE	0.174*** (8.403)	-1.117*** (-13.043)	6.906*** (121.185)	-1.078*** (-8.224)	0.009** (2.56)
LtG	-0.024 (-1.188)	1.219*** (14.497)	-6.104*** (-109.054)	0.438*** (3.399)	0.073*** (3.52)
BM	0.003*** (13.927)	0.011*** (12.463)	-0.000 (-0.493)	-0.000 (-0.299)	-0.002 (-0.77)
SH	0.007** (2.476)	-0.054*** (-4.941)	-0.015** (-2.074)	-0.058*** (-3.445)	-0.295*** (-7.07)
SZ	0.010*** (27.897)	0.062*** (43.188)	-0.003*** (-3.272)	-0.082*** (-36.971)	0.071*** (13.18)
Constant	-0.143*** (-9.068)	-0.779*** (-11.914)	0.084* (1.936)	3.036*** (30.324)	-0.823*** (-6.19)
InD	control	control	control	control	control
Observations	11083	11083	11083	11083	6415
R-squared	0.253	0.407	0.592	0.244	0.058
R^2_a	0.251	0.406	0.592	0.242	0.054
F	162.4	329.7	699.1	155.1	17.73

Panel B								
	(6)	(7)	(8)	(9)	(10)	(11)	(12)	(13)
Variables	R_{oj}	R_{oj}	R_{oj}	R_{oj}	R_{oj}	R_{oj}	R_{oj}	R_{oj}
Inn	-0.007*** (-9.230)	-0.006*** (-7.890)	-0.007*** (-8.493)	0.000 (0.173)	-0.010*** (-6.170)	-0.006*** (-7.379)	-0.006*** (-4.570)	-0.003* (-1.826)
Lev	-0.004*** (-4.351)				-0.005*** (-4.843)			
Div		-0.026*** (-7.587)				-0.026*** (-7.678)		

续表

Panel B								
	(6)	(7)	(8)	(9)	(10)	(11)	(12)	(13)
Variables	R_{oj}	R_{oj}	R_{oj}	R_{oj}	R_{oj}	R_{oj}	R_{oj}	R_{oj}
RH			-0.012 *** (-7.970)				-0.004 *** (-3.926)	
FC				-0.008 *** (-5.958)				-0.000 (-0.437)
Inn * Lev					0.007 ** (2.127)			
Inn * Div						-0.008 ** (-2.225)		
Inn * RH							-0.007 *** (-3.404)	
Inn * FC								-0.006 *** (-3.187)
RoE	0.165 *** (7.954)	0.354 *** (11.252)	0.161 *** (7.780)	0.163 *** (7.871)	0.167 *** (8.055)	0.384 *** (11.230)	-0.001 *** (-2.923)	-0.001 *** (-3.003)
LtG	-0.016 (-0.763)	-0.184 *** (-6.288)	-0.019 (-0.933)	-0.018 (-0.892)	-0.018 (-0.892)	-0.208 *** (-6.671)	-0.014 *** (-6.358)	-0.014 *** (-6.434)
BM	0.003 *** (14.098)	0.003 *** (13.927)	0.003 *** (13.943)	0.003 *** (13.915)	0.003 *** (13.996)	0.003 *** (13.888)	0.002 *** (5.760)	0.002 *** (5.774)
SH	0.006 ** (2.232)	0.006 ** (2.332)	0.006 ** (2.221)	0.006 ** (2.281)	0.006 ** (2.238)	0.006 ** (2.326)	0.004 (0.789)	0.005 (1.045)
Size	0.010 *** (27.868)	0.010 *** (27.719)	0.009 *** (23.749)	0.009 *** (25.100)	0.010 *** (27.521)	0.010 *** (27.807)	0.013 *** (22.616)	0.013 *** (22.072)
Constant	-0.151 *** (-9.493)	-0.141 *** (-8.949)	-0.107 *** (-6.529)	-0.124 *** (-7.762)	-0.149 *** (-9.342)	-0.142 *** (-9.023)	-0.198 *** (-6.055)	-0.192 *** (-5.879)
InD	control	control	control	control	control	control	control	control
Observations	11083	11083	11083	6415	11083	11083	11083	6415
R - squared	0.254	0.256	0.257	0.256	0.254	0.257	0.138	0.134
R^2_a	0.252	0.255	0.255	0.254	0.252	0.255	0.134	0.131
F	156.7	158.9	159.2	152.1	150.7	152.8	42.48	39.62

注：***、**、*分别表示回归系数在 1%、5%、10% 水平下显著，括号内为 T 值。

6.6 稳健性检验

分别用PEG模型、有息负债/资产总额、每股税前现金股利与净资产收益率标准差计量公司权益资本成本、财务杠杆、股利分配、风险承担变量值，借鉴Hadlock and Pierce（2010）用SA指数（$-0.737*Size+0.043*Size2-0.04*Age$）估计融资约束变量值，重新利用有调节的中介效应方程组稳健性测试股利税差异化调整对权益资本成本的影响，测试结果如表6-5所示。Panel A模型（1）—模型（4）显示出股利税差异化调整对公司权益资本成本、财务杠杆、股利分配与风险承担产生显著影响。模型（5）显示出其对融资约束没有影响。Panel B显示出财务杠杆、股利分配与风险承担的部分中介效应及调节效应显著，而融资约束中介效应（Sobel检验T值0.9708）在10%水平下不显著，调节效应显著，支持以上实证研究结论。由于2015年6月我国发生了严重的股灾，为保证结论的可靠性，剔除2015年第二、第三季度的数据，重新利用以上方法进行内生性检验，如表6-6所示。检验结果与回归结果及稳健性测试结果无实质性差异，实证结论可靠。

表6-5　股利税差异化调整影响权益资本成本的稳健性检验结果

Panel A					
	(1)	(2)	(3)	(4)	(5)
Variables	R_{peg}	Lev	Div	RH	FC
Inn	-0.005***	-0.010***	0.123***	0.033*	-0.051
	(-4.071)	(-2.609)	11.640	(1.826)	(-0.985)
RoE	-0.000	-0.000	0.004	0.021**	2.070***
	(-0.691)	(-0.327)	1.080	(2.203)	(7.840)
LtG	-0.026***	-0.154***	0.290***	4.512***	0.351**
	(-6.421)	(-13.430)	8.810	(49.281)	(2.317)
BM	0.007***	0.010***	-0.036***	-0.155***	0.002
	(14.327)	(6.964)	-8.730	(-13.550)	(0.116)
Size	0.007***	0.035***	0.047***	0.144***	0.243***
	(12.593)	(20.495)	9.670	(10.572)	(10.311)

续表

Panel A

	(1)	(2)	(3)	(4)	(5)
Variables	R_{peg}	Lev	Div	RH	FC
Constant	-0.099*** (-3.544)	-0.585*** (-7.241)	-1.076*** -4.650	-1.006 (-1.564)	-4.617*** (-3.477)
Observations	13314	13314	13314	13314	6415
R-squared	0.174	0.251	0.061	0.324	0.053
R^2_a	0.171	0.249	0.058	0.321	0.050
F	61.12	97.26	18.96	138.6	445.31

Panel B

	(6)	(7)	(8)	(9)	(10)	(11)	(12)	(13)
Variables	R_{peg}	R_{peg}	R_{peg}	R_{peg}	R_{peg}	R_{peg}	R_{peg}	R_{peg}
Inn	-0.006*** (-6.713)	-0.007*** (-7.789)	-0.006*** (-7.091)	-0.007*** (-5.050)	-0.003** (-2.183)	-0.004*** (-3.769)	-0.005*** (-3.680)	-0.003*** (-4.287)
Lev	0.022*** (8.842)				0.029*** (9.924)			
Div		0.016*** (5.382)				0.024*** (7.361)		
RH			-0.011*** (-6.342)				-0.003** (-2.363)	
FC				-0.008*** (-5.747)				-0.009 (-0.780)
Inn * Lev					0.007*** (4.516)			
Inn * Div						-0.010*** (-6.687)		
Inn * RH							-0.004** (-2.190)	
Inn * FC								-0.006*** (-3.28)

续表

Panel B								
	(6)	(7)	(8)	(9)	(10)	(11)	(12)	(13)
Variables	R_{peg}	R_{peg}	R_{peg}	R_{peg}	R_{peg}	R_{peg}	R_{peg}	R_{peg}
RoE	-0.001** (-2.319)	-0.001*** (-2.900)	-0.001*** (-2.764)	-0.001*** (-2.870)	-0.001** (-2.306)	-0.001*** (-2.801)	-0.001*** (-2.821)	-0.001*** (-2.940)
LtG	-0.010*** (-4.672)	-0.013*** (-6.138)	-0.013*** (-5.995)	-0.013*** (-6.037)	-0.010*** (-4.637)	-0.012*** (-5.752)	-0.012*** (-5.915)	-0.013*** (-6.100)
BM	0.003*** (13.095)	0.004*** (14.896)	0.004*** (14.534)	0.002*** (5.659)	0.003*** (12.896)	0.004*** (14.679)	0.004*** (14.492)	0.002*** (5.670)
Size	0.009*** (21.334)	0.010*** (24.182)	0.009*** (21.647)	0.014*** (24.651)	0.009*** (21.514)	0.010*** (24.504)	0.009*** (23.195)	0.014*** (24.170)
Constant	-0.126*** (-6.827)	-0.136*** (-7.413)	-0.112*** (-5.919)	-0.210*** (-6.451)	-0.130*** (-7.077)	-0.138*** (-7.532)	-0.130*** (-7.023)	-0.232*** (-16.373)
Observations	13314	13314	13314	6415	13314	13314	13314	6415
R-squared	0.161	0.158	0.159	0.144	0.163	0.161	0.158	0.141
R^2_a	0.160	0.157	0.157	0.141	0.161	0.159	0.157	0.138
F	111.1	108.6	109.1	46.76	107.5	106.2	104.2	45.61

注：***、**、*分别表示回归系数在1%、5%、10%水平下显著，括号内为T值。

表6-6　股利税差异化调整影响权益资本成本的内生性检验结果

Panel A					
	(1)	(2)	(3)	(4)	(5)
Variables	R_{peg}	Lev	Div	RH	FC
Inn	-0.010*** (-10.514)	-0.029*** (-8.493)	0.021*** (7.453)	0.015*** (3.069)	-0.032 (-1.251)
Roe	-0.001*** (-2.947)	-0.009*** (-6.577)	0.002 (1.535)	0.002 (1.212)	0.000 (1.333)
LtG	-0.012*** (-5.720)	-0.112*** (-14.981)	0.042*** (6.597)	-0.024** (-2.321)	0.071*** (3.377)
BM	0.003*** (12.536)	0.014*** (16.281)	-0.007*** (-9.417)	-0.001 (-0.507)	-0.002 (-0.522)

续表

Panel A					
	(1)	(2)	(3)	(4)	(5)
Variables	R_{peg}	Lev	Div	RH	FC
SH	0.011 *** (3.474)	-0.030 *** (-2.651)	0.038 *** (4.011)	-0.084 *** (-5.285)	-0.255 *** (-5.552)
Size	0.010 *** (24.272)	0.055 *** (38.279)	0.023 *** (18.676)	-0.078 *** (-38.546)	0.076 *** (12.875)
Constant	-0.144 *** (-15.492)	-0.720 *** (-22.570)	-0.489 *** (-18.101)	2.824 *** (62.749)	-1.056 *** (-8.091)
Observations	11978	11978	11978	11978	5228
R - squared	0.157	0.317	0.049	0.207	0.049
R^2_a	0.156	0.316	0.0477	0.206	0.0462
F	139.1	347.4	38.46	194.9	16.84

Panel B								
	(6)	(7)	(8)	(9)	(10)	(11)	(12)	(13)
Variables	R_{peg}	R_{peg}	R_{peg}	R_{peg}	R_{peg}	R_{peg}	R_{peg}	R_{peg}
Inn	-0.010*** (-10.221)	-0.011*** (-10.778)	-0.010*** (-10.341)	-0.018*** (-11.718)	-0.006*** (-4.604)	-0.007*** (-6.676)	-0.009*** (-6.983)	-0.021*** (-9.449)
Lev	0.004*** (3.419)				0.033*** (10.637)			
Div		0.013*** (4.130)				0.021*** (6.139)		
RH			-0.013*** (-6.712)				-0.011*** (-4.699)	
FC				-0.008*** (-5.422)				-0.012*** (-4.741)
Inn * Lev					0.008*** (4.616)			
Inn * Div						-0.010*** (-6.551)		

续表

Panel B								
	(6)	(7)	(8)	(9)	(10)	(11)	(12)	(13)
Variables	R_{peg}	R_{peg}	R_{peg}	R_{peg}	R_{peg}	R_{peg}	R_{peg}	R_{peg}
Inn * RH							-0.003* (-1.734)	
Inn * FC								-0.005* (-1.737)
RoE	-0.001*** (-2.825)	-0.001*** (-3.006)	-0.001*** (-2.877)	-0.000** (-2.055)	-0.001** (-2.345)	-0.001*** (-2.910)	-0.001*** (-2.899)	-0.000** (-2.091)
LtG	-0.012*** (-5.437)	-0.013*** (-5.962)	-0.013*** (-5.871)	-0.014*** (-5.940)	-0.009*** (-4.313)	-0.012*** (-5.582)	-0.013*** (-5.860)	-0.014*** (-5.992)
BM	0.003*** (12.348)	0.003*** (12.853)	0.003*** (12.528)	0.002*** (4.254)	0.003*** (10.683)	0.003*** (12.609)	0.003*** (12.526)	0.002*** (4.270)
SH	0.012*** (3.569)	0.011*** (3.323)	0.010*** (3.152)	0.002 (0.475)	0.012*** (3.682)	0.011*** (3.229)	0.010*** (3.103)	0.003 (0.547)
SZ	0.010*** (22.311)	0.010*** (23.246)	0.009*** (20.703)	0.016*** (23.225)	0.009*** (19.996)	0.010*** (23.562)	0.009*** (20.707)	0.016*** (23.294)
InD	Control	Control	Control	Control	Control	Control	Control	Control
Constant	-0.137*** (-14.339)	-0.138*** (-14.620)	-0.109*** (-10.122)	-0.246*** (-16.842)	-0.131*** (-13.761)	-0.141*** (-14.922)	-0.111*** (-10.250)	-0.247*** (-16.870)
Observations	11978	11978	11978	5228	11978	11978	11978	5228
R-squared	0.158	0.158	0.160	0.159	0.165	0.161	0.160	0.160
R^2_a	0.156	0.157	0.159	0.157	0.164	0.160	0.159	0.157
F	131.7	132.1	134.0	58.05	131.1	127.5	126.8	55.01

注：***、**、*分别表示回归系数在1%、5%、10%水平下显著，括号内为T值。

6.7 结　论

2015年底中央经济工作会议提出，经济社会发展的主要任务是“三去、一降、一补”五大任务。财税〔2015〕101号的实施降低了股利税负，为上市公司权益融资营造了宽松的税收环境。财税〔2015〕101 号是否影响了公司权益资本成本？影响机制如何？本章以 2014—2016 年我国沪深 A 股上市公司为研究样本对此进行了研究。以往文献指出股利税减半（差异化）促使上市公司权益资本成本提高（下降），负债融资、融资约束分别发挥了中介、调节效应。本章的实证结果显示：（1）2015 年股利税差异化调整降低了上市公司权益资本成本，股利税与权益资本成本正相关。（2）在此影响中，除负债融资是中介桥梁外，股利分配与风险承担也是重要的中介渠道。股利税差异化调整既对公司权益资本成本产生直接影响。又对公司的负债融资、股利分配及风险承担产生影响。换句话而言，公司针对股利税差异化调整改变了自身的财务政策，进而对公司权益资本成本产生间接影响。（3）不同财务特征公司权益资本成本的变化程度存在显著差异，具体而言，除融资约束发挥调节效应外，负债融资、股利分配与风险承担也发挥了显著的调节作用：高融资约束公司、高股利分配公司、高风险承担公司权益资本成本下降幅度比较大，而高负债融资公司权益资本成本下降幅度比较小。这符合政府调整股利税政策的预期，响应了近年来国务院降低实体经济成本的重大举措。上述研究发现不仅从微观视角评价了股利税差异化调整政策实施的经济后果，也揭开了股利税影响公司权益资本成本的具体机制（见图 6－1），为公司控制成本、政府优化税制提供了理论依据和参考，具有重要的理论与实践意义。

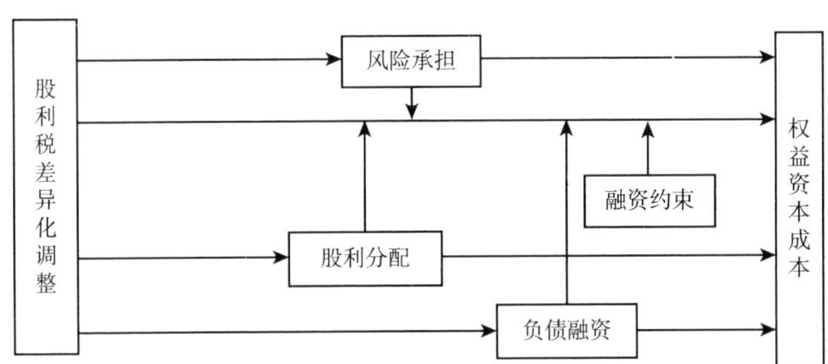

图 6－1　股利税差异化调整影响公司权益资本成本的具体路径

第 7 章

股利税改革对公司权益资本成本影响程度的测算与比较

股利税改革对上市公司权益资本成本产生直接影响，也通过负债融资、股利分配、融资约束、风险承担对公司权益资本成本产生间接影响。本章分别构建我国三次股利税改革期间的联立方程组，测算股利税的权益资本成本效应，分析比较三次股利税改革对公司权益资本成本的总影响、直接影响与间接影响，为本书的研究结论奠定数据基础。

7.1 股利税减税对公司权益资本成本影响程度的测算

7.1.1 股利税减税对公司权益资本成本影响：多元多重中介变量方程组

为测算股利税减税的资本成本效应，本节借鉴温忠麟的多元多重中介变量方程组思想，整体分析股利税减税对公司权益资本成本的影响。本节分别以 PEG、OJ、Gordon 估算的权益资本成本均值 Rave 为因变量，以财务杠杆（资产负债率）Lev、股利分配率 Div、融资约束 FC、风险承担 Risk 为中介变量、调节变量，以股利税减税 Post、公司规模 Size、净资产收益率 Roe、股权集中度 Sharehold、账面市价比 BM 为控制变量，构建有调节效应的多元多重中介变量方程组Ⅰ。方程组Ⅰ包括模型（1）—模型（7）。模型（1）—模型（5）分别检验股利税减税对公司权益资本成本、负债融资、股利分配融资约束与风险承担的具体影响；模型（6）是在模型（1）的基础上增加负债融资、股利分配、融资约束与风险承担四个中介变量后构建的模型，用来检验负债融资、股利分配、融资约束与风险承担的中介效应；模型（7）是在模型（6）的基础上增加负债融资＊股利税减税、股利分配＊股利税减税、融资约束＊股利税减税与风险承担＊股利税减税四个交乘项后获得的模型，用来检验负债融资、股利分配、融资约束与风险承担的调节效应。表7-1报告了以2002—2006年沪深A股1993家上市公司财务数据为依据，利用Stata13软件进行回归分析的实证结果，如方程组Ⅱ所示。

$$
\text{I}\begin{cases}
Rave = \alpha_0 + \alpha_1 Post + \alpha_2 Size + \alpha_3 Roe + \alpha_4 Sharehold + \alpha_5 BM + \\
\qquad \alpha_i Industry + \varepsilon & (1) \\
Lev = \alpha_0 + \alpha_1 Post + \alpha_2 Size + \alpha_3 Roe + \alpha_4 Sharehold + \alpha_5 BM + \\
\qquad \alpha_i Industry + \varepsilon & (2) \\
Div = \alpha_0 + \alpha_1 Post + \alpha_2 Size + \alpha_3 Roe + \alpha_4 Sharehold + \alpha_5 BM + \\
\qquad \alpha_i Industry + \varepsilon & (3) \\
FC = \alpha_0 + \alpha_1 Post + \alpha_2 Size + \alpha_3 Roe + \alpha_4 Sharehold + \alpha_5 BM + \\
\qquad \alpha_i Industry + \varepsilon & (4) \\
Risk = \alpha_0 + \alpha_1 Post + \alpha_2 Size + \alpha_3 Roe + \alpha_4 Sharehold + \alpha_5 BM + \\
\qquad \alpha_i Industry + \varepsilon & (5) \\
Rave = \alpha_0 + \alpha_1 Post + \alpha_2 Size + \alpha_3 Roe + \alpha_4 Sharehold + \alpha_5 BM + \\
\qquad \alpha_6 Lev + \alpha_7 Div + \alpha_8 FC + \alpha_9 Risk + \alpha_i Industry + \varepsilon & (6) \\
Rave = \alpha_0 + \alpha_1 Post + \alpha_2 Size + \alpha_3 Roe + \alpha_4 Sharehold + \alpha_5 BM + \\
\qquad \alpha_6 Lev + \alpha_7 Div + \alpha_8 FC + \alpha_9 Risk + \alpha_{10} Post * Lev + \\
\qquad \alpha_{11} Post * Div + \alpha_{12} Post * FC + \alpha_{13} Post * Risk + \\
\qquad \alpha_i Industry + \varepsilon & (7)
\end{cases}
$$

表7-1报告了联立方程组Ⅰ的回归结果，反映了股利税减税影响公司权益资本成本的整体情况。模型（1）、模型（6）、模型（7）的解释变量Post的回归系数均显著，说明2005年股利税减税对公司权益资本成本、负债融资、风险承担均产生直接影响。模型（6）中介变量负债融资、股利分配、融资约束、风险承担的回归系数在10%显著性水平下显著，说明负

债融资、股利分配、融资约束与风险承担在股利税减税影响公司权益资本成本中发挥了显著的中介作用。模型（7）的交乘项股利税差异化＊股利分配的交乘项回归系数不显著，说明股利分配没有发挥调节作用；模型（7）的交乘项股利税差异化＊负债融资（Post＊Lev）、股利税减税＊融资约束（Post＊FC）和股利税差异化＊风险承担（Post＊Risk）的回归系数在10%水平下显著，分别为0.101、－0.001、0.087，说明负债融资、融资约束和风险承担的调节效应显著，且高负债融资公司权益资本成本比低负债融资公司多增加0.101个百分点，高融资约束公司权益资本成本比低融资约束公司少增加0.001个百分点，高风险承担公司权益资本成本比低风险承担公司多增加0.087个百分点。综上，在股利税减税影响公司权益资本成本中，负债融资、融资约束与风险承担发挥了有调节的中介作用，股利分配发挥了中介作用。

$$
\text{II}\begin{cases}
Rave = -0.752 + 0.132Post + 0.040Size + 0.725Roe + \\
\qquad 0.072Sharehold + 0.066\,BM + \alpha_i Industry & (1) \\
Lev = -0.217 + 0.034Post + 0.026Size + 0.140Roe + \\
\qquad 0.046Sharehold + 0.218\,BM_i + \alpha_i Industry & (2) \\
Div = -1.256 - 0.035Post + 0.077Size + 0.449Roe - \\
\qquad 0.004Sharehold - 0.095\,BM + \alpha_i Industry & (3) \\
FC = 0.175 - 0.055Post - 0.002Size + 0.615Roe + \\
\qquad 0.053Sharehold + 0.000\,BM + \alpha_i Industry & (4) \\
Risk = -0.059 - 0.006Post - 0.006Size + 0.194Roe - \\
\qquad 0.007Sharehold - 0.051\,BM + \alpha_i Industry & (5) \\
Rave = -0.669 + 0.133Post + 0.030Size + 0.436Roe + \\
\qquad 0.053Sharehold + 0.095BM + 0.195Lev - 0.039Div - \\
\qquad 0.014FC - 1.483\,Risk + \alpha_i Industry & (6) \\
Rave = -0.653 + Post + 0.030Size + 0.420Roe + 0.054Sharehold + \\
\qquad 0.083BM + 0.157Lev - 0.036Div - 0.014FC + 1.796Risk + \\
\qquad 0.101Post * Lev - 0.008Post * Div - 0.000Post * FC + \\
\qquad 0.087Post * Risk + \alpha_i Industry & (7)
\end{cases}
$$

表7-1　股利税减税对公司权益资本成本整体影响的回归结果

	(1)	(2)	(3)	(4)	(5)	(6)	(7)
Variables	Rave	Lev	Div	FC	Risk	Rave	Rave
Post	0.132*** (15.385)	0.034*** (4.466)	-0.035 (-1.489)	-0.055*** (-2.648)	-0.006*** (-4.547)	0.133*** (15.712)	0.199*** (3.163)
Size	0.040*** (9.034)	0.026*** (6.565)	0.077*** (6.255)	0.002 (0.144)	0.006*** (8.512)	0.030*** (6.536)	0.030*** (6.483)
Roe	0.725*** (15.025)	0.140*** (3.330)	0.449*** (3.397)	0.615*** (5.332)	0.194*** (27.685)	0.436*** (7.384)	0.420*** (7.086)
Sharehold	0.072*** (6.778)	0.046*** (5.018)	-0.004 (-0.148)	0.053** (2.091)	0.007*** (4.584)	0.053*** (5.052)	0.054*** (5.077)
BM	0.066*** (2.992)	0.218*** (11.301)	-0.095 (-1.564)	-0.000 (-0.001)	-0.051*** (-15.982)	0.095*** (4.135)	0.083*** (3.520)
Lev						0.195*** (6.726)	0.157*** (4.353)
Div						-0.039*** (-4.707)	-0.036*** (-3.232)
FC						-0.014* (-1.731)	-0.014* (-1.765)
Risk						1.483*** (8.524)	1.796*** (8.688)
Post * Lev							0.101** (2.018)
Post * Div							-0.008 (-0.477)
Post * FC							-0.001*** (-3.382)
Post * Risk							0.087** (2.177)
Industry	Control	Control	Control	Control	Control	Control	Control
Constant	-0.752*** (-8.394)	-0.217*** (-2.768)	-1.256*** (-5.111)	0.175 (0.814)	-0.059*** (-4.559)	-0.669*** (-7.501)	-0.653*** (-7.093)

续表

	(1)	(2)	(3)	(4)	(5)	(6)	(7)
Variables	Rave	Lev	Div	FC	Risk	Rave	Rave
Observations	1993	1993	1993	1993	1993	1993	1982
R - squared	0.345	0.216	0.065	0.035	0.500	0.379	0.385
R^2_a	0.341	0.211	0.0581	0.0281	0.497	0.373	0.378
F	74.54	39.00	9.779	5.118	141.4	66.92	55.76

注：*** p<0.01，** p<0.05，* p<0.1，括号内为T检验值。

7.1.2 股利税减税对公司权益资本成本影响程度测算

表7－1报告了股利税减税对公司权益资本成本的整体影响。以上述财务杠杆、股利分配、融资约束与风险承担为中介变量的多元多中介变量方程组为依据，把方程（2）、方程（3）、方程（4）、方程（5）代入方程（6），结合方程（1），得出股利税减税对上市公司权益资本成本的总影响程度。总影响包括直接影响（直接效应）和间接影响（中介效应），如表7－2所示。

表7－2报告了股利税减税对公司权益资本成本的具体影响程度。股利税减税对权益资本成本的总体效应为0.1989，即股利税减税促使公司权益资本成本总体增加0.1989个百分点。这是由于：一方面，股利税减税对公司权益资本成本产生直接影响，使权益资本成本增加0.199个百分点，占总影响程度的100.07%；另一方面，股利税减税通过负债融资、股利分配、融资约束和风险承担中介桥梁，对上市公司权益资本成本产生间接影响，使权益资本成本降低0.0001个百分点，占总影响程度的－0.07%。公司的负债融资、股利分配、融资约束和风险承担作为股利税影响权益资本成本的中介变量，对公司所得税影响权益资本成本产生不同程度的中介效应。其中，风险承担的中介效应最大，影响公司权益资本成本增加0.0089个百分点，占总间接影响（中介效应）的比重达到6690.23%；负债融资的中介效应较大，影响公司权益资本成本增加0.0066个百分点，占总间接影响（中介效应）的比重为－4984.96%；股利分配的中介效应小，影响公司权益资本成本增加0.0014个百分点，占总间接影响（中介效应）的比重为1026.32%；融资约束的中介效应最低，影响公司权益资本成本降低0.0008个百分点，占总间接

表7-2　股利税减税对公司权益资本成本具体影响程度分析表

变量	直接影响		间接影响								总间接效应		总影响	
			财务杠杆		股利分配		融资约束		风险承担					
	直接效应值	比重	间接效应值	比重	间接效应值	比重	间接效应值	比重	间接效应值	比重	间接效应值	比重	总效应值	比重
股利税减税	0.1990	100.07%	0.0066	-4984.96%	0.0014	-1026.32%	0.0008	-578.95%	-0.0089	6690.23%	-0.0001	-0.07%	0.1989	100.00%
公司规模	0.0300	73.28%	0.0051	46.36%	-0.0030	-27.46%	0.0000	-0.26%	0.0089	81.36%	0.0109	26.72%	0.0409	100.00%
净资产收益率	0.4200	59.25%	0.0273	9.45%	-0.0175	-6.06%	-0.0086	-2.98%	0.2877	99.59%	0.2889	40.75%	0.7089	100.00%
持股比率	0.0540	74.21%	0.0090	47.80%	0.0002	0.83%	-0.0007	-3.95%	0.0104	55.32%	0.0188	25.79%	0.0728	100.00%
账面市价比	0.0830	154.90%	0.0425	-144.50%	0.0037	-12.59%	0.0000	0.00%	-0.0756	257.10%	-0.0294	-54.90%	0.0536	100.00%

影响（中介效应）的比重为578.95%。由于风险承担的负向中介作用超过负债融资、股利分配与融资约束的共同正向中介作用仅0.0001个百分点，因而，股利税减税对公司权益资本成本的间接影响非常小。

公司规模对公司权益资本成本总影响（总效应）为0.0409，其中，直接影响（效应）0.03，即公司规模每增加1个单位，公司权益资本成本将增加0.0409个百分点，直接影响占总影响程度（总效应）的73.28%。股利税减税通过负债融资、股利分配、融资约束与风险承担中介桥梁，间接影响公司权益资本成本的程度（中介效应）为0.0109，间接影响（中介效应）占总影响程度（总效应）比重为26.72%。在总体中介效应中，风险承担的中介效应最大，效应值为0.0089，占总中介效应的81.36%；负债融资的中介效应较大，效应值为0.051，占总中介效应的43.36%；股利分配的中介效应较小，效应值为-0.003，占总中介效应的-27.46%；融资约束的中介效应最小，效应值小于0.0001，占总中介效应的-0.26%。

净资产收益率对公司权益资本成本总影响（总效应）为0.7089，即净资产收益率每增加1个单位，公司权益资本成本将增加0.7089个百分点。其中，直接影响为0.42，占总影响程度（总效应）的比重为-59.25%。间接影响（中介效应）为0.2889，占总影响程度（总效应）的比重为40.75%。其中，风险承担的中介效应最大，效应值为0.2877，占总中介效应的99.59%；财务杠杆的中介效应较大，效应值为0.0273，占总中介效应的9.45%；负债融资的中介效应较小，效应值为-0.0175，占总中介效应的 -6.06%；融资约束的中介效应最小，效应值为-0.0086，占总中介效应的-2.98%。

股权集中度（前10大股东控股比率）对公司权益资本成本的总效应为0.0728。其中，直接影响为0.054，净资产收益率每增加1个单位，公司权益资本成本将降低0.054个百分点，直接效应占总效应的74.21%。间接影响（中介效应）为0.0188，占总影响程度（总效应）的比重为25.79%。其中，公司风险承担的中介效应最强，效应值为0.0104，占总中介效应的55.32%；公司负债融资的中介效应较大，效应值为0.009，占总中介效应的47.8%；融资约束的中介效应较小，效应值为-0.0007，占总中介效应的-3.95%；股利分配的中介效应最小，效应值为0.0002，占总中介效应的0.83%。可见，融资约束的中介效应对股利政策、负债融资和风险承担的共同中介效应起了一定程度的削减。

账面市价比对公司权益资本成本的总效应为0.0536。其中，直接效应为0.083，账面市价比每增加1个单位，公司权益资本成本将降低0.0536个百分点，直接效应占总效应的154.9%。间接影响（中介效应）为-0.0294，占总影响程度（总效应）的比重为-54.9%。其中，公司风险承担的中介效应最大且为负，效应值为-0.0756，占总中介效应的257.10%；公司负债融资的中介效应较大，效应值为0.0425，占总中介效应的-144.50%；股利分配的中介效应较小，效应值为-0.0019，占总中介效应的19.38%；股利分配的中介效应最小，效应值为0.0037，占总中介效应的-12.59%，融资约束不存在中介效应。显然，风险承担的负向中介效应超过了股利分配与负债融资的共同正向中介效应。

7.2 股利税差异化对公司权益资本成本影响程度的测算

7.2.1 股利税差异化对公司权益资本成本影响：多元多重中介变量方程组

为测算股利税差异化的公司权益资本成本的具体影响程度，本节依旧借鉴温忠麟的多元多重中介变量方程组思想，利用联立方程组Ⅲ整体分析股利税差异化对公司权益资本成本的影响。其中，Rave为PEG、OJ与Gordon模型三种方法估算的公司权益资本成本；Post表示2013年股利税差异化实施；Zengf表示增发新股，用增发新股金额的自然对数计算；Hold表示投资者持股时间，借鉴Oliver Zhen Li et al（2014）利用股票换手率来间接衡量；Firmhold为公司持股比例；其他变量同本章第一节变量定义。由于第5章研究发现股利税差异化对增发新股公司与未增发新股公司的权益资本成本产生不同的影响，本节在整体分析股利税差异化对公司权益资本成本的影响时，把增发新股加入联立方程组，分析增发新股是否在股利税差异化影响公司权益资本成本中发挥中介效应或调节效应。因此，方程组Ⅲ增加了分析股利税差异化影响公司增发新股的模型（2）。本节以2009—2014年沪深A股1993家上市公司财务数据为依据，利用Stata13软件对方程组Ⅲ进行回归分析，表7-3列示了实证结果，方程组Ⅳ为具体的回归方程组。

$$
\text{Ⅲ}\begin{cases}
Rave = \alpha_0 + \alpha_1 Post + \alpha_2 Size + \alpha_3 Roe + \alpha_4 Hold + \alpha_5 BM + \\
\qquad Firmhold + \alpha_i Industry + \varepsilon & (1) \\
Zengf = \alpha_0 + \alpha_1 Post + \alpha_2 Size + \alpha_3 Roe + \alpha_4 Hold + \alpha_5 BM + \\
\qquad Firmhold + \alpha_i Industry + \varepsilon & (2) \\
Lev = \alpha_0 + \alpha_1 Post + \alpha_2 Size + \alpha_3 Roe + \alpha_4 Hold + \alpha_5 BM + Firmhold + \\
\qquad \alpha_i Industry + \varepsilon & (3) \\
Div = \alpha_0 + \alpha_1 Post + \alpha_2 Size + \alpha_3 Roe + \alpha_4 Hold + \alpha_5 BM + Firmhold + \\
\qquad \alpha_i Industry + \varepsilon & (4) \\
FC = \alpha_0 + \alpha_1 Post + \alpha_2 Size + \alpha_3 Roe + Hold + \alpha_5 BM + Firmhold + \\
\qquad \alpha_i Industry + \varepsilon & (5) \\
Risk = \alpha_0 + \alpha_1 Post + \alpha_2 Size + \alpha_3 Roe + \alpha_4 Hold + \alpha_5 BM + Firmhold + \\
\qquad \alpha_i Industry + \varepsilon & (6) \\
Rav = \alpha_0 + \alpha_1 Post + \alpha_2 Size + \alpha_3 Roe + \alpha_4 Hold + \alpha_5 BM + \alpha_6 Lev + \\
\qquad \alpha_7 Div + \alpha_8 FC + \alpha_9 Risk + \alpha_i Industry + \varepsilon & (7) \\
Rave = \alpha_0 + \alpha_1 Post + \alpha_2 Size + \alpha_3 Roe + \alpha_4 Hold + \alpha_5 BM + \alpha_6 Lev + \\
\qquad \alpha_7 Div + \alpha_8 FC + \alpha_9 Risk + \alpha_{10} Post * Lev + \alpha_{11} Post * Div + \\
\qquad \alpha_{12} Post * FC + \alpha_{13} Post * Risk + \alpha_i Industry + \varepsilon & (8)
\end{cases}
$$

表7－3报告了联立方程组Ⅲ的回归结果，反映了股利税差异化影响公司权益资本成本整体情况。模型（1）—模型（6）的解释变量 Post 的回归系数均显著，说明2013年股利税差异化对公司权益资本成本、增发新股、负债融资、融资约束、风险承担均产生直接影响。模型（7）中介变量增发新股的回归系数在10%显著性水平下不显著，结合模型（4）的 Post 回归系数，做 Sobel 检验得 T 统计量为0.2713，P 值为0.7861，因此，增发新股没有发挥中介效应。模型（4）Post 在10%水平下不显著，模型（7）Div 的回归系数在10%水平下显著，做 Div 的中介效应 Sobel 检验，得 T 值1.11与 P 值0.267，显然，股利分配的中介效应不显著。模型（7）负债融资、融资约束、风险承担的回归系数在10%的水平下均显著，说明负债融资、融资约束和风险承担在股利税差异化影响公司权益资本成本中发挥了显著的中介作用。模型（8）

的交乘项股利税差异化＊增发新股（Post＊Zengf）、股利税差异化＊融资约束（Post＊FC）的回归系数不显著，说明增发新股、融资约束没有发挥调节作用；交乘项股利税差异化＊负债融资（Post＊Lev）、股利税差异化＊股利分配、股利税差异化＊融资约束、股利税差异化＊风险承担的回归系数均显著，说明负债融资、股利分配、融资约束和风险承担的调节效应显著。综上，负债融资、融资约束和风险承担在股利税差异化影响公司权益资本成本中发挥了有调节的中介效应。

$$
\text{Ⅳ}\begin{cases}
Rave = -0.14 - 0.029Post + 0.012Size + 0.004Roe - 0.041\ BM + \\
\quad 0.01Firmhold + \alpha_i Industry + \varepsilon & (1) \\
Zengf = -0.351 + 0.041Post + 0.018Size + 0.003Roe - 0.041\ BM + \\
\quad 0.278Firmhold + \alpha_i Industry + \varepsilon & (2) \\
Lev = -0.439 + 0.01Post + 0.021Size + 0.002Roe + 0.244\ BM + \\
\quad 0.278Firmhold + \alpha_i Industry + \varepsilon & (3) \\
Div = 0.673 - 0.034Post + 0.021Size + 0.009Roe + 0.01\ BM + \\
\quad 0.01Firmhold + \alpha_i Industry + \varepsilon & (4) \\
FC = -0.003 - 0.108Post + 0.027Size + 0.019Roe - 0.410\ BM - \\
\quad 0.035Firmhold + \alpha_i Industry + \varepsilon & (5) \\
Risk = -0.011 - 0.013Post + 0.007Size - 0.008Roe - 0.118\ BM - \\
\quad 0.002Firmhold + \alpha_i Industry + \varepsilon & (6) \\
Rave = -0.127 - 0.027Post + 0.01Size + 0.004Roe - 0.034BM + \\
\quad 0.009Firmhold + 0.001zengf + 0.023Lev - 0.002Div + \\
\quad 0.021FC + 0.027\ Risk + \alpha_i Industry + \varepsilon & (7) \\
Rave = -0.122 - 0.036Post + 0.01Size + 0.004Roe - 0.031BM + \\
\quad 0.01Firmhold + 0.006Zengf + 0.011Lev - 0.008Div + \\
\quad 0.024FC + 0.024Risk - 0.006Post * Zengf + 0.019Post * \\
\quad Lev + 0.006Post * Div - 0.005Post * FC + 0.016Post * Risk + \\
\quad \alpha_i Industry + \varepsilon & (8)
\end{cases}
$$

由于增发新股在股利税差异化影响公司权益资本成本中没有发挥中介效应，因此本节剔除增发新股后，利用方程组Ⅰ重新进行回归，得到股利税差异化对公司权益资本成本整体影响的回归结果，如表7－4所示。

表 7－3　股利税差异化对公司权益资本成本整体影响的回归结果

	(1)	(2)	(3)	(4)	(5)	(6)	(7)	(8)
Variable	Rave	Zengf	Lev	Div	FC	Risk	Rave	Rave
Post	－0.029*** (－14.023)	0.041*** (3.797)	0.010* (1.842)	－0.034 (－1.179)	－0.108*** (－6.610)	－0.013*** (－3.874)	－0.027*** (－13.030)	－0.036*** (－10.336)
Hold	0.000*** (5.730)	－0.000 (－0.781)	0.000*** (11.519)	－0.000** (－2.567)	－0.000*** (－2.877)	－0.000*** (－7.113)	0.000*** (5.725)	0.000*** (6.104)
Roe	0.004*** (2.737)	0.003 (0.385)	0.002 (0.463)	0.009 (0.398)	0.019 (1.587)	－0.008*** (－3.014)	0.004*** (2.628)	0.004*** (2.953)
BM	－0.041*** (－9.081)	－0.041* (－1.741)	0.244*** (20.380)	0.010 (0.162)	－0.410*** (－11.513)	－0.118*** (－16.012)	－0.034*** (－7.207)	－0.031*** (－6.532)
Size	0.012*** (14.035)	0.018*** (4.250)	0.021*** (9.465)	－0.021* (－1.825)	0.027*** (4.090)	0.007*** (4.828)	0.010*** (12.368)	0.010*** (12.181)
Firmhold	0.010** (2.033)	0.278*** (10.947)	0.048*** (3.734)	0.015 (0.220)	－0.035 (－0.914)	－0.002 (－0.252)	0.009* (1.945)	0.010** (2.087)
Zengf							0.001 (0.272)	0.006 (1.155)
Lev							0.023*** (3.914)	0.011 (1.391)
Div							－0.002* (－1.742)	－0.008** (－2.415)
FC							0.021*** (10.810)	0.024*** (8.824)
Risk							0.027*** (2.845)	0.024*** (2.620)
Post * zengf								－0.006 (－1.043)
Post * Lev								0.019* (1.907)
Post * Div								0.006* (1.894)

续表

	(1)	(2)	(3)	(4)	(5)	(6)	(7)	(8)
Variable	Rave	Zengf	Lev	Div	Fc	Risk	Rave	Rave
Post * FC								−0.005 *** (−3.313)
Post * Risk								0.016 *** (6.871)
Industry	control	control	control	control	control	control	control	control
Constant	−0.140 *** (−7.467)	−0.351 *** (−3.600)	−0.439 *** (−8.902)	0.673 *** (2.592)	0.003 (0.023)	−0.011 (−0.349)	−0.127 *** (−6.796)	−0.122 *** (−6.553)
Observations	4095	4189	4189	4189	4189	4189	4095	4095
R − squared	0.172	0.046	0.290	0.008	0.080	0.081	0.199	0.210
R^2_a	0.168	0.0412	0.287	0.00317	0.0758	0.0772	0.194	0.204
F	44.54	10.48	89.80	1.701	19.08	19.44	42.01	37.22

注：*** p<0.01，** p<0.05，* p<0.1，括号内为 T 检验值。

表 7－4　　股利税差异化影响公司权益资本成本的回归结果

	(1)	(2)	(3)	(4)	(5)	(6)	(7)
Variables	Rave	Lev	Div	FC	Risk	Rave	Rave
Post	−0.035 *** (−20.005)	−0.021 *** (−4.612)	0.002 (0.072)	−0.087 *** (−6.349)	0.262 *** (4.176)	−0.033 *** (−19.225)	−0.038 *** (−16.195)
HoldTime	−0.002 *** (−2.729)	−0.019 *** (−8.488)	0.030 ** (2.527)	0.022 *** (3.282)	0.175 *** (5.657)	−0.003 *** (−3.222)	−0.003 *** (−3.473)
Size	0.011 *** (12.747)	0.019 *** (8.816)	−0.022 * (−1.858)	0.027 *** (4.161)	0.000 (0.012)	0.010 *** (11.425)	0.009 *** (11.232)
Roe	0.004 *** (2.726)	0.002 (0.372)	0.009 (0.430)	0.019 (1.590)	−0.418 *** (−7.511)	0.005 *** (3.190)	0.005 *** (3.328)
Share	0.000 (0.676)	−0.000 *** (−2.974)	0.001 (0.728)	−0.000 (−0.144)	−0.004 * (−1.854)	0.000 (1.095)	0.000 (1.248)
BM	−0.040 *** (−8.843)	0.245 *** (20.306)	0.003 (0.042)	−0.415 *** (−11.632)	−1.568 *** (−9.565)	−0.033 *** (−6.916)	−0.030 *** (−6.404)
Lev						0.025 *** (4.233)	0.024 *** (4.131)

续表

	(1)	(2)	(3)	(4)	(5)	(6)	(7)
Variables	Rave	Lev	Div	FC	Risk	Rave	Rave
Div						-0.002 * (-1.725)	-0.008 *** (-2.643)
FC						0.022 *** (11.076)	0.024 *** (9.126)
Risk						0.003 *** (6.201)	0.002 *** (4.695)
Post * Lev							-0.000 * (-1.648)
Post * Div							0.007 ** (2.142)
Post * FC							-0.005 *** (-3.463)
Post * Risk							0.013 *** (5.605)
Industry	Control	Control	Control	Control	Control	Control	Control
Constant	-0.114 *** (-6.191)	-0.372 *** (-7.640)	0.663 *** (2.598)	0.006 (0.041)	1.977 *** (2.992)	-0.108 *** (-5.920)	-0.105 *** (-5.754)
Observations	4095	4189	4189	4189	4189	4095	4095
R - squared	0.167	0.285	0.008	0.081	0.055	0.200	0.208
R^2_a	0.163	0.281	0.00312	0.0762	0.0504	0.195	0.202
F	38.85	79.07	1.624	17.44	11.59	40.71	36.81

注：*** p<0.01，** p<0.05，* p<0.1，括号内为T值。

7.2.2 股利税差异化对公司权益资本成本影响程度测算

表7-4报告了股利税差异化对公司权益资本成本的整体影响。以上述财务杠杆、股利分配、融资约束与风险承担为中介变量的多元多中介变量方程组为依据，把方程（2）—方程（5）代入方程（6），结合方程（1），得出股利税差异化对上市公司权益资本成本的总体影响程度。总影响包括直接影响（直接效应）和间接影响（中介效应），如表7-5所示。

表 7-5　股利税差异化对公司权益资本成本具体影响程度分析表

变量	直接影响		间接影响								总间接效应		总影响	
			财务杠杆		股利分配		融资约束		风险承担					
	直接效应值	比重	间接效应值	比重	间接效应值	比重	间接效应值	比重	间接效应值	比重	间接效应值	比重	总效应值	比重
Post	-0.0350	100.24%	-0.0005	-632.53%	0.0000	-4.82%	-0.0002	-209.64%	0.0008	946.99%	0.0001	-0.24%	-0.0349	100.00%
Hold	-0.0020	101.73%	-0.0005	-1397.06%	-0.0001	-176.47%	0.0000	129.41%	0.0005	1544.12%	0.0000	-1.73%	-0.0020	100.00%
Size	0.0110	95.05%	0.0005	82.90%	0.0000	7.68%	0.0001	9.42%	0.0000	0.00%	0.0006	4.95%	0.0116	100.00%
Roe	0.0040	142.05%	0.0001	-4.22%	0.0000	1.52%	0.0000	-3.21%	-0.0013	105.91%	-0.0012	-42.05%	0.0028	100.00%
Share	0.0000	0.00%	0.0000	0.00%	0.0000	14.29%	0.0000	0.00%	0.0000	85.71%	0.0000	100.00%	0.0000	100.00%
BM	-0.0400	101.48%	0.0061	1047.01%	0.0000	-1.03%	-0.0008	-141.88%	-0.0047	-804.10%	0.0006	-1.48%	-0.0394	100.00%

表7－5报告了股利税差异化对公司权益资本成本的具体影响程度。

股利税差异化对权益资本成本的总体效应为－0.0349，即股利税差异化促使公司权益资本成本总体降低0.0349个百分点。这是由于：一方面，股利税差异化对公司权益资本成本产生直接影响，使权益资本成本降低0.035个百分点，占总影响程度的100.24%；另一方面，股利税差异化通过负债融资、股利分配、融资约束和风险承担中介桥梁，对上市公司权益资本成本产生间接影响，使权益资本成本增加0.0001个百分点，占总影响程度的－0.24%。公司的负债融资、股利分配、融资约束和风险承担作为股利税影响权益资本成本的中介变量，对公司所得税影响权益资本成本产生不同程度的中介效应。其中，风险承担的中介效应最大且方向为正，影响公司权益资本成本增加0.0008个百分点，占总间接影响（中介效应）的比重达到946.99%，财务杠杆的中介效应较大且方向为负，影响公司权益资本成本降低0.0005个百分点，占总间接影响（中介效应）的比重为－632.53%；融资约束的中介效应较小且为负，影响公司权益资本成本降低0.0002个百分点，占总间接影响（中介效应）的比重为209.64%；股利分配的中介效应最小，占总间接影响（中介效应）的比重为4.82%，几乎对公司权益资本成本没有产生影响，这也进一步证实了股利分配中介效应不显著的结论。股利税差异化对公司权益资本成本的效应主要表现为直接效应，间接效应的作用甚小。

持股时间对公司权益资本成本总影响（总效应）为－0.002。其中，直接影响（效应）为－0.002，即持股时间每增加1个单位，公司权益资本成本将降低0.002个百分点，直接影响占总影响程度（总效应）的比重为101.73%；股利税差异化通过负债融资、股利分配、融资约束与风险承担中介桥梁间接影响公司权益资本成本的程度（中介效应）微乎其微，间接影响（中介效应）占总影响程度（总效应）的比重为－1.73%。在总体中介效应中，风险承担的中介效应最大，效应值为0.0005，占总中介效应的1544.12%；负债融资的中介效应较大，效应值为－0.0005，占总中介效应的－1397.06%；股利分配的中介效应较小，效应值约为－0.0001，占总中介效应的－176.47%；融资约束的中介效应不存在，效应值为0。

公司规模对公司权益资本成本总影响（总效应）为0.0116。其中，直接影响（效应）为 0. 011，即公司规模每增加 1 个单位，公司权益资本成本将增加 0. 011 个百分点，直接影响占总影响程度（总效应）的 95. 05%；股利税差异化通过负债融资、股利分配、融资约束与风险承担中介桥梁间接影响公司权益资本成本的程度（中介效应）非常小，间接影响（中介效应）占总影响程度（总效应）的比重为 4. 95%。在总体中介效应中，负债融资的中介效应最大，效应值为 0. 0005，占总中介效应的 82. 9%；融资约束的中介效应较小，效应值为 0. 0001，占总中介效应的 -9. 42%；股利分配和风险承担的中介效应几乎不存在，效应值约为 0。显然，公司规模的效应主要为正向直接效应，间接效应主要为负债融资和股利分配的中介效应。

净资产收益率对公司权益资本成本总影响（总效应）为 0. 0028，即净资产收益率每增加 1 个单位，公司权益资本成本将增加 0. 0028 个百分点。其中，直接影响占总影响程度（总效应）的比重为 142. 05%；间接影响（中介效应）占总影响程度（总效应）的比重为 -42. 05%。其中，风险承担的中介效应最大，效应值为 -0. 0013，占总中介效应的 105. 91%；负债融资的中介效应较小，效应值为 0. 0001，占总中介效应的 -4. 22%；股利分配和融资约束的中介效应不存在，效应值为 0。显然，净资产收益率的效应主要为正向直接效应，风险承担的（负面）的中介效应超过了股利政策、融资约束和负债融资的共同（负面）中介效应。

股权集中度对公司权益资本成本的总效应为 0。账面市价比对公司权益资本成本的总效应为 -0. 0394。其中，直接效应值为 -0. 04，账面市价比每增加 1 个单位，公司权益资本成本将降低 0. 04 个百分点，直接效应占总效应的比重为 101. 48%；间接影响（中介效应）为 0. 006，占总影响程度（总效应）的比重为 -1. 48%。其中，公司负债融资的中介效应最大，效应值为 0. 0061，占总中介效应的 1047. 01%；公司风险承担的中介效应较大，效应值为 -0. 0047，占总中介效应的 -804. 10%；融资约束的中介效应较小，效应值为 -0. 0008，占总中介效应的 141. 88%；股利分配的中介效应微乎其微，效应值为 0。显然，负债融资的（正面）的中介效应超过了股利政策、融资约束和风险承担的共同（负面）中介效应。

7.3 股利税差异化调整对公司权益资本成本影响程度的测算

7.3.1 股利税差异化调整对公司权益资本成本影响：多元多重中介变量方程组

第6章研究表明股利税差异化调整对公司权益资本成本产生直接影响，也通过负债融资、股利分配、融资约束、风险承担间接影响权益资本成本。由此，本节以负债融资、股利分配、融资约束、风险承担为多元中介变量构建联立方程组V整体分析股利税差异化调整对公司权益资本成本的影响。其中，Rave为PEG、OJ与Gordon模型三种方法估算的公司权益资本成本；Post表示2013年股利税差异化调整；Hold表示投资者持股时间，借鉴Oliver Zhen Li et al（2014）利用股票换手率来间接衡量；其他变量同第一节变量定义。

$$
V\begin{cases}
Rave = \alpha_0 + \alpha_1 Post + \alpha_2 Size + \alpha_3 Roe + \alpha_4 Share + \alpha_5 BM + \\
\qquad \alpha_i Industry + \varepsilon & (1) \\
Lev = \alpha_0 + \alpha_1 Post + \alpha_2 Size + \alpha_3 Roe + \alpha_4 Share + \alpha_5 BM + \\
\qquad \alpha_i Industry + \varepsilon & (2) \\
Div = \alpha_0 + \alpha_1 Post + \alpha_2 Size + \alpha_3 Roe + \alpha_4 Share + \alpha_5 BM + \\
\qquad \alpha_i Industry + \varepsilon & (3) \\
FC = \alpha_0 + \alpha_1 Post + \alpha_2 Size + \alpha_3 Roe + \alpha_4 Share + \alpha_5 BM + \\
\qquad \alpha_i Industry + \varepsilon & (4) \\
Risk = \alpha_0 + \alpha_1 Post + \alpha_2 Size + \alpha_3 Roe + \alpha_4 Share + \alpha_5 BM + \\
\qquad \alpha_i Industry + \varepsilon & (5) \\
Rave = \alpha_0 + \alpha_1 Post + \alpha_2 Size + \alpha_3 Roe + \alpha_4 Share + \alpha_5 BM + \alpha_6 Lev + \\
\qquad \alpha_7 Div + \alpha_8 FC + \alpha_9 Risk + \alpha_i Industry + \varepsilon & (6) \\
Rave = \alpha_0 + \alpha_1 Post + \alpha_2 Size + \alpha_3 Roe + \alpha_4 Share + \alpha_5 BM + \alpha_6 Lev + \\
\qquad \alpha_7 Div + \alpha_8 FC + \alpha_9 Risk + \alpha_{10} Post * Lev + \alpha_{11} Post * Div + \\
\qquad \alpha_{12} Post * FC + \alpha_{13} Post * Risk + \alpha_i Industry + \varepsilon & (7)
\end{cases}
$$

本节以2014—2016年沪深A股上市公司季度权益资本成本等财务数据为依据，剔除相关财务指标缺失的样本，得到5228个有效样本观测值，利用Stata 13软件进行回归分析，得到方程组V的实证结果（见表7-6）。如表7-6所示，模型（1）—模型（5）的解释变量Post的回归系数在10%水平下均显著，说明2013年股利税差异化对公司权益资本成本、负债融资、股利分配、融资约束和风险承担均产生显著影响。模型（6）中介变量负债融资、股利分配、融资约束的回归系数在10%显著性水平下显著，说明负债融资、股利分配、融资约束和风险承担在股利税差异化调整影响公司权益资本成本中发挥了显著的中介效应。模型（7）的交乘项股利税差异化调整 * 股利分配（Post * Div）、股利税差异化调整 * 融资约束（Post * FC）的回归系数在10%显著，说明股利分配、融资约束发挥了显著的调节作用。模型（7）的交乘项股利税减税 * 负债融资（Post * Lev）和股利税差异化 * 风险承担（Post * Risk）的回归系数在10%水平下不显著，说明负债融资和风险承担的调节效应不显著。综上，在股利税差异化调整影响公司权益资本成本中，股利分配和融资约束发挥了有调节的中介作用，而负债融资、风险承担仅发挥了中介效应。

表7-6　股利税差异化调整对公司权益资本成本整体影响的回归结果

	(1)	(2)	(3)	(4)	(5)	(6)	(7)
Variables	Rave	Lev	Div	FC	Risk	Rave	Rave
Inn	-0.012*** (-11.151)	-0.077*** (-5.894)	0.018*** (3.025)	-0.029** (-2.043)	0.035*** (4.476)	-0.011*** (-10.370)	-0.009*** (-4.631)
Roe	-0.001*** (-3.205)	-0.011*** (-3.362)	0.001 (0.593)	0.008** (2.391)	0.002 (1.127)	-0.001*** (-2.622)	-0.001*** (-2.633)
Lgr	0.324*** (207.320)	-0.094*** (-4.804)	0.028*** (3.113)	0.068*** (3.255)	-0.014 (-1.217)	0.325*** (209.112)	0.325*** (208.707)
Bm	0.001*** (3.814)	0.011*** (3.564)	-0.008*** (-5.554)	-0.003 (-0.803)	0.006*** (3.628)	0.001*** (3.427)	0.001*** (3.297)
Shr	0.002 (0.443)	0.005 (0.110)	0.073*** (3.647)	-0.277*** (-6.005)	-0.048* (-1.877)	0.000 (0.123)	0.000 (0.116)
Siz	0.010*** (21.720)	0.107*** (19.186)	0.039*** (14.842)	0.073*** (12.229)	-0.090*** (-26.938)	0.009*** (18.080)	0.009*** (18.268)

续表

	(1)	(2)	(3)	(4)	(5)	(6)	(7)
Variables	Rave	Lev	Div	Fc	Risk	Rave	Rave
Lev						0.007 *** (6.322)	0.009 *** (5.033)
Div						-0.006 *** (-3.639)	-0.004 ** (-2.183)
FC						-0.006 *** (-6.218)	-0.009 *** (-5.487)
Risk						-0.005 *** (-2.930)	-0.004 (-1.638)
Inn * Lev							-0.003 (-1.297)
Inn * Div							-0.003 ** (-2.267)
Inn * FC							0.004 ** (2.085)
Inn * Risk							-0.002 (-1.366)
Constant	-0.146 *** (-6.391)	-1.222 *** (-4.273)	-0.802 *** (-6.009)	-0.796 *** (-2.597)	3.162 *** (18.581)	-0.126 *** (-5.360)	-0.130 *** (-5.520)
Observations	5228	5228	5228	5228	5228	5228	5228
R-squared	0.896	0.181	0.062	0.059	0.176	0.898	0.898
R^2_a	0.896	0.178	0.0580	0.0545	0.173	0.898	0.898
F	1956	50.15	15.00	14.10	48.49	1700	1483

注：*** p<0.01，** p<0.05，* p<0.1，括号内为T值。

7.3.2 股利税差异化调整对公司权益资本成本影响程度测算

表7-6报告了股利税差异化调整对公司权益资本成本的整体影响。以上述财务杠杆、股利分配、融资约束与风险承担为中介变量的多元多中介变量方程组为依据，把方程（2）—方程（5）代入方程（6），结合方程（1），得

出股利税差异化调整对上市公司权益资本成本的总影响程度。总影响包括直接影响（直接效应）和间接影响（中介效应），如表7－7所示。

表7－7报告了股利税差异化调整对公司权益资本成本的整体影响程度。

股利税差异化调整对权益资本成本的总体效应为－0.0126，即股利税差异化调整促使公司权益资本成本总体降低0.0126个百分点。这是由于：一方面，股利差异化调整对公司权益资本成本产生直接影响，使权益资本成本降低0.012个百分点，占总影响程度的94.88%；另一方面，股利税差异化调整通过负债融资、股利分配、融资约束和风险承担中介桥梁，对上市公司权益资本成本产生间接影响，使权益资本成本降低－0.0006个百分点，占总影响程度的－5.12%。公司的负债融资、股利分配、融资约束和风险承担作为股利税影响权益资本成本的中介变量，对公司所得税影响权益资本成本产生不同程度的中介效应。其中，负债融资的中介效应最大且方向为负，影响公司权益资本成本降低0.0005个百分点，占总间接影响（中介效应）的比重为83.18%；融资约束与风险承担的中介效应较大，且方向相反，分别使公司权益资本成本降低、增加0.0002个百分点，两者对公司权益资本成本的综合作用消失；股利分配的中介效应最低，占总间接影响（中介效应）的比重为16.67%，促使公司权益资本成本下降0.0001个百分点，综上，负债融资、股利分配、融资约束与风险承担中介效应显著。

持股时间对公司权益资本成本总影响（总效应）为－0.0011。其中，直接影响（效应）为－0.001，即持股时间每增加1个单位，公司权益资本成本将降低0.001个百分点，直接影响占总影响程度（总效应）的比重为87.64%；股利税差异化调整通过负债融资、股利分配、融资约束与风险承担中介桥梁，间接影响公司权益资本成本的程度（中介效应）较小，间接影响（中介效应）占总影响程度（总效应）的比重为12.36%。在总体中介效应中，负债融资的中介效应最大，效应值为－0.0001，占总中介效应的54.61%；融资约束的中介效应较大，效应值占总中介效应的34.04%；股利分配和风险承担的中介效应甚小，效应值可以忽略，约占总中介效应的11.35%。

公司规模对公司权益资本成本总影响（总效应）为0.3228。其中，直接影响（效应）为0.324，即公司规模每增加1个单位，公司权益资本成本将增加0.324个百分点，直接影响占总影响程度（总效应）的比重为100.36%；

表 7－7　股利税差异化调整对公司权益资本成本具体影响程度分析表

变量	直接影响		间接影响								总间接效应		总影响	
			财务杠杆		股利分配		融资约束		风险承担					
	直接效应值	比重	间接效应值	比重	间接效应值	比重	间接效应值	比重	间接效应值	比重	间接效应值	比重	总效应值	比重
Post	－0.012	94.88%	－0.0005	83.18%	－0.0001	16.67%	0.0002	－26.85%	－0.0002	27.01%	－0.0006	5.12%	－0.0126	100%
Hold	－0.001	87.64%	－0.0001	54.61%	0.0000	4.26%	0.0000	34.04%	0.0000	7.09%	－0.0001	12.36%	－0.0011	100%
Size	0.324	100.36%	－0.0007	56.53%	－0.0002	14.43%	－0.0004	35.05%	0.0001	－6.01%	－0.0012	－0.36%	0.3228	100%
Roe	0.001	89.85%	0.0001	68.14%	0.0000	42.48%	0.0000	15.93%	0.0000	－26.55%	0.0001	10.15%	0.0011	100%
Share	0.002	57.16%	0.0000	2.33%	－0.0004	－29.22%	0.0017	110.87%	0.0002	16.01%	0.0015	42.84%	0.0035	100%
BM	0.010	94.99%	0.0007	142.13%	－0.0002	－44.40%	－0.0004	－83.11%	0.0005	85.39%	0.0005	5.01%	0.0105	100%

股利税差异化调整通过负债融资、股利分配、融资约束与风险承担中介桥梁，间接影响公司权益资本成本的程度（中介效应）非常小，间接影响（中介效应）占总影响程度（总效应）的比重为-0.36%。在总体中介效应中，负债融资的中介效应最大，效应值为-0.0007，占总中介效应的56.53%；融资约束的中介效应较大，效应值为-0.0004，占总中介效应的35.05%；股利分配和融资约束的中介效应较小，效应值分别为-0.0002和0.0001，分别占总中介效应的14.43%和6.01%。

净资产收益率对公司权益资本成本总影响（总效应）为0.0011，即净资产收益率每增加1个单位，公司权益资本成本将增加0.0011个百分点。其中，直接影响占总影响程度（总效应）的比重为89.85%；间接影响（中介效应）为0.0001，占总影响程度（总效应）的比重为10.15%。其中，负债融资的中介效应最大，效应值为-0.0001，占总中介效应的68.14%；股利分配、融资约束和风险承担的中介效应甚小，效应值几乎为0。显然，净资产收益率的效应主要为正向直接效应，间接效应主要通过负债融资起中介作用。

股权集中度对公司权益资本成本的总效应为0.0035。其中，直接效应值为0.002，即股权集中度每增加1个单位，公司权益资本成本将增加0.0035个百分点，直接效应占总效应的比重为57.16%；间接影响（中介效应）为0.0015，占总影响程度（总效应）的比重为42.84%。其中，公司融资约束的中介效应最大，效应值为0.0017，占总中介效应的110.87%；公司风险承担的中介效应较大，效应值为-0.0004，占总中介效应的-29.22%；负债融资的中介效应最小，效应值几乎为0，占总中介效应的2.33%。显然，融资约束的和风险承担（正面）的中介效应远远超过了股利分配的负面中介效应。

账面市价比对公司权益资本成本的总效应为0.0105。其中，直接效应值为0.01，账面市价比每增加1个单位，公司权益资本成本将增加0.01个百分点，直接效应占总效应的比重为94.99%。间接影响（中介效应）为0.0005，占总影响程度（总效应）的比重为5.01%。其中，公司负债融资的中介效应最大，效应值为0.0007，占总中介效应的142.13%；公司风险承担的中介效应较大，效应值为0.0005，占总中介效应的85.39%；融资约束的中介效应较大且为负，效应值为-0.0004，占总中介效应的-83.11%；股利分配的中介效应较小，效应值为 -0.0002，占总中介效应的 -44.4%。显然，负债融资和风险承担（正面）的中介效应超过了股利政策和融资约束的共同（负面）中介效应。

7.4 股利税改革的权益资本成本效应比较

7.4.1 三次股利税改革影响公司权益资本成本程度比较：总影响程度与方向

结合以上三节测算的股利税改革对公司权益资本成本的影响程度，汇总股利税改革的权益资本成本效应比较分析表，如表 7-8 所示。在总体影响程度层面上，股利税改革对公司权益资本成本产生了不同程度的显著影响：从影响程度来看，股利税减税的影响程度最大，股利税差异化的影响程度次之，股利税差异化调整的影响程度最小；从影响方向来看，股利税减税提高了公司权益资本成本，是负面消极影响；股利税差异化及其调整均降低了公司权益资本成本，是正面积极影响。

7.4.2 三次股利税改革影响公司权益资本成本的机制比较

7.4.2.1 三次股利税改革影响公司权益资本成本比较：直接影响与间接影响

表 7-8 变量股利税改革 Post 显示，三次股利税改革对公司权益资本成本的直接影响程度存在显著差异：股利税减税的影响较大，占总影响程度的 100.07%；股利税差异化的影响最大，占总影响程度的 100.24%；股利税差异化调整的影响最小，约占总影响程度的 94.88%。三次股利税改革对公司权益资本成本的间接影响程度存在显著差异：股利税减税的间接影响最小且为负，占总影响程度的 -0.07%；股利税差异化的间接影响最小且为负，约为 -0.24%。股利税差异化调整的间接影响最大，约为 5.12%。

表7-8 股利税改革影响公司权益资本成本比较分析表

变量		直接影响		间接影响								总间接影响		总体影响	
				财务杠杆		股利分配		融资约束		风险承担					
变量	股利税改革	直接效应值	比重	间接效应值	比重	间接效应值	比重	间接效应值	比重	间接效应值	比重	间接效应值	比重	总效应值	比重
Post	差异化调整	-0.012	94.88%	-0.0005	83.18%	-0.0001	16.67%	0.0002	-26.85%	-0.0002	27.01%	-0.0006	5.12%	-0.0126	100%
	差异化	-0.0350	100.24%	-0.0005	-632.53%	0.0000	-4.82%	-0.0002	-209.64%	0.0008	946.99%	0.0001	-0.24%	-0.0349	100.00%
	减税	0.1990	100.07%	0.0066	-4984.96%	0.0014	-1026.32%	0.0008	-578.95%	-0.0089	6690.23%	-0.0001	-0.07%	0.1989	100.00%
Hold	差异化调整	-0.001	87.64%	-0.0001	54.61%	0.0000	4.26%	0.0000	34.04%	0.0000	7.09%	-0.0001	12.36%	-0.0011	100%
	差异化	-0.0020	101.73%	-0.0005	-1397.06%	-0.0001	-176.47%	0.0000	129.41%	0.0005	1544.12%	0.0000	-1.73%	-0.0020	100.00%
Size	差异化调整	0.3240	100.36%	-0.0007	56.53%	-0.0002	14.43%	-0.0004	35.05%	0.0001	-6.01%	-0.0012	-0.36%	0.3228	100%
	差异化	0.0110	95.05%	0.0005	82.90%	0.0000	7.68%	0.0001	9.42%	0.0000	0.00%	0.0006	4.95%	0.0116	100.00%
	减税	0.0300	73.28%	0.0051	46.36%	-0.0030	-27.46%	0.0000	-0.26%	0.0089	81.36%	0.0109	26.72%	0.0409	100.00%
Roe	差异化调整	0.0010	89.85%	0.0001	68.14%	0.0000	42.48%	0.0000	15.93%	0.0000	-26.55%	0.0001	10.15%	0.0011	100%
	差异化	0.0040	142.05%	0.0001	-4.22%	0.0000	1.52%	0.0000	-3.21%	-0.0013	105.91%	-0.0012	-42.05%	0.0028	100.00%
	减税	0.4200	59.25%	0.0273	9.45%	-0.0175	-6.06%	-0.0086	-2.98%	0.2877	99.59%	0.2889	40.75%	0.7089	100.00%
Sh	差异化调整	0.0020	57.16%	0.0000	2.33%	-0.0004	-29.22%	0.0017	110.87%	0.0002	16.01%	0.0015	42.84%	0.0035	100%
	差异化	0.0000	0.00%	0.0000	0.00%	0.0000	14.29%	0.0000	0.00%	0.0000	85.71%	0.0000	100.00%	0.0000	100.00%
	减税	0.0540	74.21%	0.0090	47.80%	0.0002	0.83%	-0.0007	-3.95%	0.0104	55.32%	0.0188	25.79%	0.0728	100.00%
BM	差异化调整	0.0100	94.99%	0.0007	142.13%	-0.0002	-44.40%	-0.0004	-83.11%	0.0005	85.39%	0.0005	5.01%	0.0105	100%
	差异化	-0.0400	101.48%	0.0061	1047.01%	0.0000	-1.03%	-0.0008	-141.88%	-0.0047	-804.10%	0.0006	-1.48%	-0.0394	100.00%
	减税	0.0830	154.90%	0.0425	-144.50%	0.0037	-12.59%	0.0000	0.00%	-0.0756	257.10%	-0.0294	-54.90%	0.0536	100.00%

7.4.2.2 三次股利税改革间接影响公司权益资本成本渠道比较

表7－8 变量股利税改革 Post 及间接影响中介变量数据显示，股利税减税对公司权益资本成本的间接影响主要通过风险承担、财务杠杆、股利分配和融资约束中介渠道发挥作用。财务杠杆、股利分配、融资约束的正向中介作用削减了风险承担的负向中介作用，导致间接影响占总影响的比重非常低，仅为0.07%。股利税差异化的间接影响程度之所以小，主要是因为财务杠杆、股利分配和融资约束的负向中介作用完全抵消掉风险承担的正向中介渠道作用后，仅剩0.24%。风险承担的中介作用最大，财务杠杆与股利分配的中介作用次之，融资约束的中介渠道作用最小。股利税差异化调整的间接影响主要通过财务杠杆、风险承担与股利分配的正向中介作用及融资约束的负向中介作用。在中介渠道作用中，财务杠杆的正向中介作用最大，占83.18%；风险承担的正向中介作用次之，占27.01%；融资约束的负向中介作用较小，占26.85%；股利分配的正向中介作用最小，占16.67%。

若以20%为重要性水平比重，考察四个中介渠道在三次股利税改革中的具体作用，发现财务杠杆的中介作用在三次股利税改革中的作用最大。其中，在股利税差异化及调整改革中的中介效应为负；在股利税减税中的中介作用为正，且在股利税减税影响中的中介效应最大；在股利税差异化影响中的作用较大，在股利税差异化调整影响中的作用最小。风险承担中介渠道作用较大，特别是在股利税减税及差异化改革中，风险承担在股利税减税的影响中负向中介作用最大，在股利税差异化的影响中正向中介作用较大，而在股利税差异化调整的影响中的负向中介效应最小。融资约束的中介渠道作用在股利税减税、股利税差异化及其调整改革中的中介效应依次递减。尽管股利税主要针对公司向个人投资者分配的股息红利征税，从表面上看，三次股利税改革应该影响股利分配政策，然而，股利分配在四个中介渠道中的作用最小：在股利税减税影响中的正向中介作用最大：在股利税差异化调整影响中的正向中介作用较大（占16.67%），在股利税差异化影响中的负向中介作用最小（占－4.82%）。

综上，融资约束、财务杠杆和风险承担在三次股利税改革影响公司权益资本成本中均发挥了中介作用；而股利分配仅在股利税减税中发挥了显著的中介效应，在股利税差异化调整改革影响公司权益资本成本中发挥了较弱的中介效应，在股利税差异化影响中不存在中介作用。

7.4.3　三次股利税改革对不同财务特征公司权益资本成本影响的比较

从三次股利税改革对不同财务特征公司权益资本成本的影响来看（见表7-1、表7-4和表7-6），面临三次股利税改革的影响，不同财务特征公司权益资本成本发生不同程度的变化。

（1）股利税减税后，高股利分配公司和低股利分配公司的权益资本成本的增加幅度不存在显著差异，但是，高负债融资公司和低负债融资公司权益资本成本的增加幅度存在显著差异，具体而言，高负债融资公司权益资本成本比低负债融资公司多增加0.101个百分点。高融资约束与低融资约束公司权益资本成本的增加幅度存在差异，具体表现为低融资约束公司权益资本成本比高融资约束公司增加的幅度多0.001个百分点。高风险承担与低风险承担公司权益资本成本的增长幅度存在差异，与低风险承担公司相比，高风险承担公司权益资本成本多增加0.02个百分点。可见，负债融资、融资约束和风险承担都在股利税减税影响公司权益资本成本中发挥了调节作用。

（2）股利税差异化对于四类不同财务特征公司均产生不同程度的影响：从回归系数看，股利税差异化对高负债融资公司与低负债融资公司权益资本成本的影响存在差异，但是差异极小，小于0.1%，可以忽略不计；低股利分配公司权益资本成本比高股利分配公司多下降0.007个百分点；高融资约束公司权益资本成本比低融资约束公司多下降0.005个百分点；低风险承担公司权益资本成本比高风险承担公司下降的幅度多0.013个百分点。可见，股利分配、融资约束和风险承担在股利税差异化影响公司权益资本成本中发挥了调节作用。

（3）股利税差异化调整对于四类不同财务特征公司同样产生不同程度的影响：从回归系数看，股利税差异化调整后，高负债融资公司与低负债融资公司权益资本成本的下降幅度不存在显著差异；高风险承担公司与低风险承担公司权益资本成本的下降幅度也不存在显著差异；高股利分配公司权益资本成本比低股利分配公司下降的幅度更大，平均大约多下降0.003个百分点；低融资约束公司权益资本成本比高融资约束公司下降的幅度多0.004个百分点。可见，股利分配、融资约束在股利税差异化调整影响公司权益资本成本中发挥了调节作用。

综上，三次股利税改革影响公司权益资本成本中，融资约束的调节作用最显著。具体而言，在股利税减税和股利税差异化对权益资本成本的影响中，融资约束发挥了负向调节作用；而在股利税差异化调整改革中，融资约束发挥了正向调节作用。股利分配在股利税差异化及调整改革对权益资本成本影响中分别发挥了正向和负向调节作用。风险承担在股利税减税与股利税差异化影响权益资本成本中均发挥了正向调节作用。负债融资仅在股利税减税改革影响公司权益资本成本中发挥显著的调节作用。

第 8 章

结论、建议与展望

自 Miller（1977）提出均衡模型以来，“个人所得税与权益资本成本的关系”一直是财务税收领域研究的重要问题之一。在国内外关于个人所得税与权益资本成本研究的基础上，利用三次中国股利税改革自然实验，基于中国上市公司数据，本书实证研究了股利税改革对上市公司权益资本成本的具体影响及影响机制，识别了股利税改革影响上市公司权益资本成本的具体渠道，比较分析得出三次股利税改革的权益资本成本效应的差异。本书是笔者继股利税对上市公司权益资本成本影响研究后，又一次利用中国经验数据所做得的税与资本成本领域的新尝试和探索。

8.1 结　　论

本书主要的研究结论为：

第一，通过分析三次中国股利税改革前后权益资本成本，发现三次股利税改革是权益资本成本影响的动因。

2005 年股利税减税后，中国上市公司的平均权益资本成本显著增加；2013 年股利税差异化后，上市公司的权益资本成本显著下降；2015 年股利税差异化调整后，上市公司权益资本成本显著下降。由此，本书提出公司权益资本成本变化的股利税影响动因。为了考察股利税改革影响公司权益资本成本的具体机制，识别借助的渠道、桥梁，比较不同财务特征公司权益资本成本受到的股利税改革的影响程度，本书详细考察了不同财务特征公司权益资本成本在三次股利税改革前后的变化趋势：2005 年股利税减税后，未增发新股公司、高负债融资公司、高股利分配公司、低融资约束公司与高风险承担公司的权益资本成本显著增加；2013 年股利税差异化后，增发新股公司、低负债融资公司、低股利分配公司、高融资约束公司与低风险承担公司的权益资本成本显著增加；2015 年股利税差异化调整后，低负债融资公司、低股利分配公司、高融资约束公司与低风险承担公司的权益资本成本显著降低。股利税改革是影响公司权益资本成本的重要因素，股利税与公司权益资本成本的关系与公司的融资政策、股利政策、风险承担等财务特征密切相关。

第二，中国三次股利税改革与权益资本成本存在负/正/正相关关系，三次股利税改革对不同财务特征上市公司权益资本成本的影响存在异质性。三次股利税改革影响公司权益资本成本的重要渠道为负债融资、股利分配、风险承担和融资约束。

（1）股利税减税对公司权益资本成本影响的实证研究发现，与国外增发新股影响股利税与权益资本成本关系不同，增发新股不是影响我国股利税减税与权益资本成本关系的因素，在我国股利税减税影响公司权益资本成本中既没有发挥中介效应，也没有发挥调节效应。国外理论研究仅指出负债融资是影响股利税与权益资本成本关系的因素，并没有指出其具体作用。本书发现负债融资在股利税减税影响公司权益资本成本中既发挥了中介效应，又发挥了调节效应；股利分配、风险承担在股利税减税影响公司权益资本成本中既发挥了中介效应，也发挥了调节效应；与国外融资约束的调节作用研究不同，融资约束在股利税减税影响公司权益资本成本中既发挥调节作用，也发挥了中介效应。换句话说，股利税减税对公司权益资本成本产生直接影响，也通过有调节的中介桥梁（负债融资、风险承担和融资约束）对公司权益资本成本产生间接影响。

（2）股利税差异化对公司权益资本成本影响的实证研究发现，2013 年中国股利税差异化后，上市权益资本成本发生显著变化。从上市公司整体来看，2013 年股利税差异化实施后，上市公司平均权益资本成本显著下降。从不同财务特征公司看，投资者持股时间延长（缩短）的公司权益资本成本显著提高（降低）；个人投资者及证券投资基金持股比例提高（下降）的公司权益资本成本也显著提高（降低）；股利支付减少（增加）的公司权益资本成本显著提高（降低）；增发新股公司比不增发新股公司权益资本成本下降的幅度更大，股东的财富效应更为显著；低股利分配公司比高股利分配公司权益资本成本下降的幅度更大；低风险承担公司比高风险承担公司权益资本成本下降的幅度更大，风险承担在股利税差异化影响公司权益资本成本中发挥了有调节的中介效应；高融资约束公司比低融资约束公司权益资本成本降低的幅度更大；融资约束在股利税差异化影响公司权益资本成本中发挥了显著的中介作用；负债融资在股利税差异化影响公司权益资本成本中也发挥了有调节的中介作用。总之，股利税差异化对公司权益资本成本产生直接影响，也通过负债融资、风险承担和融资约束中介桥梁对公司权益资本成本产生间接影响；增发新股、负债融资、股利分配、风险承担和融资约束发挥了调节作用。

（3）股利税差异化调整对公司权益资本成本影响的实证研究发现，2015 年财税〔2015〕101 号实施后，股利税差异化得到调整，公司权益资本成本显著下降。2015 年股利税差异化调整影响上市公司权益资本成本，股利税差异化调整对公司权益资本成本产生直接影响，也对公司的负债融资、股利分配及风险承担产生影响，即股利税差异化调整通过负债融资、股利分配与风险承担中介渠道对公司权益资本成本产生间接影响。融资约束、负债融资、股利分配与风险承担在股利税差异化调整公司权益资本成本中发挥了显著的调节作用，具体而言，高融资约束公司、高股利分配公司、高风险承担公司权益资本成本下降幅度大，高负债融资公司权益资本成本下降幅度小。

第三，我国股利税改革影响公司权益资本成本的机制。

综合三次股利税改革对公司权益资本成本的影响，我国股利税改革影响公司权益资本成本的机制为：股利税改革后，公司权益资本成本产生直接影响，公司融资、股利分配、风险承担、融资约束等发生调整，投资者对未来的预期收益有了变化，进一步影响公司权益资本成本，股利税改革也通过公司融资、股利分配、风险承担、融资约束渠道，对公司权益资本成本产生不同程度的间接影响。公司融资、股利分配、风险承担、融资约束在股利税改革影响公司权益资本成本中发挥不同程度的中介效应和调节效应。

第四，通过整体检验三次股利税改革的权益资本成本效应，股利税改革对公司权益资本成本产生直接影响，负债融资、股利分配、融资约束和风险承担发挥了不同程度的中介效应或调节效应。

（1）股利税减税提高公司权益资本成本 0. 1989 个百分点。其中，股利税减税对公司权益资本成本直接增加 0. 1990 个百分点；通过负债融资、股利分配、融资约束和风险承担中介桥梁，对公司权益资本成本间接降低 0.0001 个百分点。四个中介渠道中，风险承担的中介效应最大且为负，被负债融资、股利分配、融资约束正向中介效应削减后，效应值为 -0.0001，占总间接影响（中介效应）的 -0.07%。因此，负债融资、融资约束、股利分配与风险承担发挥了显著的中介效应。股利税减税通过负债融资、融资约束、股利分配与风险承担对公司权益资本成本产生间接影响。高负债融资公司权益资本成本比低负债融资公司多增加 0.101 个百分点；高股利分配公司与低股利分配公司权益资本成本变化不存在显著差异；低融资约束公司比高融资约束公司权益资本成本多增加 0.001 个百分点；高风险承担公司比低风险承担公司权益资本成本多增加 0.087 个百分点。

（2）股利税差异化显著降低公司平均权益资本成本 0.0349 个百分点。其中，股利税差异化直接降低权益资本成本 0.035 个百分点；通过负债融资、股利分配、融资约束和风险承担中介桥梁，间接增加上市公司权益资本成本 0.0001 个百分点；风险承担负债融资、融资约束和股利分配的中介效应分别占总间接影响的 946.99%、-632.53%、209.64% 和 4.82%；股利分配的中介效应不显著。高负债融资公司与低负债融资公司权益资本成本变化不存在显著差异；高股利分配公司比低股利分配公司权益资本成本变化多增加 0.007 个百分点；低融资约束公司比高融资约束公司权益资本成本多增加 0.005 个百分点；高风险承担公司比低风险承担公司权益资本成本多增加 0.013 个百分点。

（3）股利税差异化调整显著降低公司权益资本成本 0.0126 个百分点。其中，股利税差异化调整使权益资本成本直接降低 0.012 个百分点；通过负债融资、股利分配、融资约束和风险承担中介桥梁间接降低公司权益资本成本 0.0006 个百分点，负债融资、融资约束、风险承担和股利分配的中介效应占总间接影响（中介效应）比重分别为 83.18%、-26.85%、27.01% 和 16.67%，负债融资、股利分配、融资约束与风险承担中介效应显著。高负债融资公司与低负债融资公司权益资本成本变化不存在显著差异；高股利分配公司比低股利分配公司权益资本成本变化多降低 0.003 个百分点；低融资约束公司比高融资约束公司权益资本成本多降低 0.004 个百分点；高风险承担公司与低风险承担公司权益资本成本的变化不存在显著区别。

第五，比较三次股利税改革的权益资本成本效应，股利税减税、股利税差异化与差异化调整改革的权益资本成本总体效应、直接效应依次递减。由于各渠道间作用的相互抵消，股利税减税、股利税差异化与差异化调整改革的权益资本成本间接效应依次增大，但间接效应水平及比重总体上偏低。

（1）股利税减税、股利税差异化及调整改革的权益资本成本总体效应与直接效应依次递减；股利税减税、股利税差异化与股利税差异化调整的间接（中介）效应占总影响程度的比重依次递减。

2005年股利税减税对权益资本成本的总体效应为0.1989，直接效应为0.1990。其中，融资约束、负债融资、股利分配和风险承担的中介效应依次递增（效应值分别为0.0008、0.0066、0.0014，-0.0089）。股利税差异化对权益资本成本的总体效应为-0.0349，直接效应为-0.035。其中，风险承担、负债融资、融资约束和股利分配的中介效应依次递减（0.0008、-0.0005、-0.0002和小于0.0001）。股利税差异化调整对权益资本成本的总体效应为-0.0126，直接效应（比重）为-0.012。其中，负债融资、融资约束、风险承担和股利分配的中介效应依次递减（-0.0005、-0.0002、0.0002、-0.0001）。三次股利税改革后，公司权益资本成本发生不同程度的影响；受负债融资、股利分配、融资约束和风险承担中介及调节作用的影响，不同财务特征公司权益资本成本也出现不同程度的变化。

股利税减税、股利税差异化的权益资本成本间接效应值（比重）分别为0.0001（-0.07%）、-0.0001（0.24%），比重分别为-0.07%、0.24%。效应值极小的原因为融资约束、负债融资、股利分配的共同正向中介渠道作用与风险承担的负向渠道中介作用相互抵消。由于融资约束部分抵消了负债融资、风险承担与股利分配的正向中介作用，股利税差异化调整的间接效应增大，效应值增大为-0.0006，比重提高为5.12%。总体而言，间接效应值偏小。

（2）风险承担、融资约束和财务杠杆的中介作用在三次股利税改革中的作用较大，特别是在股利税减税及差异化改革中；风险承担在股利税减税的影响中负向中介作用最大，在股利税差异化的影响中作用次之，而在股利税差异化调整的影响中的负向中介效应最小；财务杠杆的中介作用在股利税减税、差异化及调整改革中的中介效应依次递减，股利分配在四个中介渠道中的作用较小，仅在股利税减税改革中的中介效应较大，在股利税差异化影响中的中介作用极小，可以忽略。

（3）三次股利税改革影响公司权益资本成本中，融资约束的调节作用最显著，而负债融资仅在股利税减税影响中发挥了调节作用；股利分配在股利税差异化及调整改革中分别发挥正向和负向调节作用；风险承担在股利税减税与股利税差异化影响权益资本成本中均发挥了负向调节作用。

综上，三次股利税改革对公司权益资本成本产生直接影响，通过负债融资、股利分配和融资约束渠道间接影响公司权益资本成本；股利税差异化及调整改革还通过风险承担渠道间接影响公司权益资本成本。负债融资、股利分配、融资约束和风险承担在三次股利税改革影响公司权益资本成本中发挥不同程度和方向的调节作用，具体而言，融资约束的调节作用最显著。融资约束在股利税减税和股利税差异化影响权益资本成本中发挥了正向调节作用，在股利税差异化调整改革中发挥了正向调节作用。股利分配在股利税差异化及调整改革对权益资本成本影响中分别发挥了正向和负向调节作用。风险承担在股利税减税与股利税差异化影响权益资本成本中均发挥了正向调节作用。负债融资仅在股利税减税影响公司权益资本成本中发挥了调节作用。

8.2 建　　议

政府开展三次股利税改革的初衷是提振资本市场股票投资的热情，特别是提升资本市场长期投资的意识，保护投资者和公司双方的利益，促进资本市场的健康发展。本书研究了我国三次股利改革对上市公司权益资本成本的影响，发现股利税减税、股利税差异化以及股利税差异化调整既对公司权益资本成本产生直接影响（效应），也对公司负债融资、股利分配、融资约束和风险承担产生不同程度的影响，进而通过以上渠道对公司的权益资本成本产生间接影响（效应）。股利税改革的权益资本成本效应取决于以上两个影响程度（水平）和方向。股利税减税、股利税差异化及调整的权益资本成本效应依次递减：股利税减税增加了投资者的收益（公司资本成本），实现了政府刺激股票市场发展、活跃市场投资热情的目标；股利税差异化及调整降低了投资者的收益（公司资本成本），符合新经济常态下政府“降成本”的宏观目标，投资者整体平均利益得到一定程度的削减，长期投资热情没有得到很好的激发。

因此，政府和公司为实现优化股利税制、控制资本成本的理想目标，需要在准确把握股利税影响上市公司权益资本成本机制的基础上，制定并实施合理的政策或措施。股利税改革的权益资本成本效应比较分析显示，公司负债融资、股利分配、融资约束和风险承担在股利税影响公司权益资本成本中发挥着不同程度的中介作用或调节作用。公司、政府在追求其目标时，需要综合考虑股利税的权益资本成本效应，充分利用好配套政策、措施。

8.2.1 关于上市公司利用股利税法规等实现最优理财目标的对策

第一，充分利用股利税法规条款，准确把握股利税对上市公司权益资本成本的直接影响，合理利用融资、股利、风险承担等行为，科学估计公司财务行为对股利税改革的权益资本成本的间接效应，做好公司运营管理，控制公司的资本成本。

股利税减税是21世纪我国进行的第一次股利税改革，公司的反应十分显著。特别是面临高融资约束和高风险承担，公司大规模调整财务行为，依次调整风险承担、融资约束、负债融资、股利分配，因为风险承担的中介效应被融资约束、负债融资、股利分配的共同中介效应抵消，最终导致股利税减税间接降低公司权益资本成本0.0001个百分点。面对第二次股利税改革——股利税差异化征收，公司财务行为调整力度过激，特别是负债融资、风险承担以及融资约束，且负债融资、融资约束的权益资本成本效应对风险承担的权益资本成本效应的抵消，导致股利差异化的权益资本成本效应几乎为直接效应。面对第三次股利税改革，由于是对股利税差异化的微调，公司财务调整行为放缓，负债融资（83.18%）、风险承担（27.01%）、股利分配（16.67%）依次得以调整，其对公司权益资本成本的综合间接效应被融资约束（-26.85%）的负向权益资本成本效应部分冲减后，使得公司权益资本成本间接下降0.0006个百分点。

因此，面临股利税改革，公司应该：（1）确立资本成本控制的预期目标；（2）在充分把握股利税改革对权益资本成本直接影响（效应）的基础上，确定间接权益资本成本效应目标；（3）科学估计负债融资、股利分配、融资约束与风险承担作为中介渠道对公司权益资本成本的间接影响；（4）确定合理的负债融资、股利分配、融资约束与风险承担水平，恰当搭配四个中介的权益资本成本效应，避免相互间中介效应的抵消，从而实现权益资本成本间接效应目标。

第二，认真研究股利税条款，基于公司不同的财务特点，确定合理的融资、股利政策，引入机构投资者、风险投资者，加强利益相关者治理等，保持适当的融资约束与风险承担水平，营造股利税改革有效影响公司权益资本成本的环境，在维护股东利益的基础上，控制公司资本成本。

2005 年股利税减税对不同融资约束、风险承担水平公司的权益资本成本产生不同程度的影响：高负债融资公司权益资本成本比低负债融资公司多增加 0.101 个百分点；高融资约束公司权益资本成本比低融资约束公司少增加 0.001 个百分点；高风险承担公司权益资本成本比低风险承担公司多增加 0.087 个百分点。2013 年股利税差异化对不同股利分配、融资约束与风险承担水平公司的权益资本成本产生显著不同的影响：高股利分配公司权益资本成本比低股利分配公司多降低 0.007 个百分点；高融资约束公司权益资本成本比低融资约束公司少降低 0.005 个百分点；高风险承担公司权益资本成本比低风险承担公司多降低 0.013 个百分点。2015 年股利税差异化调整对不同股利分配、融资约束水平公司的权益资本成本产生显著不同的影响：高股利分配公司权益资本成本比低股利分配公司少降低 0.003 个百分点；高融资约束公司权益资本成本比低融资约束公司少降低 0.004 个百分点。综上，股利税差异化调整改革与股利税减税、差异化改革相比，负债融资的调节作用减弱，逐渐变得不显著，融资约束的调节作用逐步减弱，风险承担的调节作用逐步增强，股利分配的调节作用逐步增强。

因此，公司应该：（1）充分认识到负债融资、融资约束、股利分配与风险承担在三次股利税改革影响公司权益资本成本中调节作用的差异及变化趋势；（2）依据自身的财务特点，积极采取措施，营造融资约束、股利分配与风险承担调节作用有效发挥的环境，实现控制资本成本、提升公司价值的理财目标。

第三，充分利用我国金融市场利率市场化改革、供应链金融发展、个人所得税改革、全球价值链的嵌入等宏微观环境，加强公司管理层及财务人员所得税法规的学习、培训，把握所得税法规修订给公司带来的潜在利益以及挑战。研究制定合理化的公司财务策略，优化股利税影响上市公司权益资本成本的作用机制微观环境，合理利用负债融资、股利分配、融资约束与风险承担在股利税影响上市公司权益资本成本中的中介作用，适当配合公司的融资、股利分配、风险控制行为，控制资本成本的合理支出，实现最优的理财目标。

8.2.2 关于政府完善所得税改革实现调控目标的建议

三次股利税改革的对象为个人股东投资者获取的股息红利缴纳的个人所得税。2005 年股利税减半征收，对个人投资者股票投资红利所得优惠力度较大，因而，极大提高了个人投资者股票投资的热情，刺激了股票市场的交易总量，A 股牛市一路高歌，一直持续到 2008 年美国次贷危机暴发。2013 年股利税差异化依据股东持股时间征收不同税率的股息红利税，尽管股票市场中个人股东数达 1.4 亿人，但个人股东整体平均投资经验不足，投机现象广泛存在，个人股东更关注股票溢价带来的收益，不重视股息红利税率的削减。因而，股利税差异化对公司权益资本成本影响较小，同期股票溢价低，完全股权融资资本成本小于负债利息率，股利税与权益资本成本正相关。股利税差异化后，整体平均股利税降低促使公司权益资本成本下降，因而，个人股东整体平均股息红利率下降。股利税差异化调整由于仅对持股 1 年以上的股票红利免税，因而，对个人股东整体影响更小，股利税差异化调整降低公司权益资本成本的幅度更小。

政府完善新时代资本市场所得税制，需要结合我国股票市场发展的现状、特点及政策，同时借鉴国外股利税制设计的长处。

（1）我国股票市场发展的现状、特点。2001 年 6 月股市达到历史新高 2245 点。2001 年 6 月 12 日国务院发布《减持国有股筹资社会保障资金管理暂行办法》，国有股减持开始，股市暴跌。2005 年 6 月 6 日证监会发布《上市公司回购社会公众股份管理办法（试行）》，之后上证指数跌至 998.23 点。尽管政府多次出台救市政策，股市持续低迷，股东损失惨重，市场成交量持续走低。证监会无奈最终出台《国有股股权分置改革方案》，将一部分国有股进行流通，赠送给股市投资者，股市机能开始恢复，股价开始反弹。2006 年和 2007 年暴涨行情出现，全民开始炒股。尽管存款准备金率屡次提高，仍阻挡不了股民炒股的疯狂。2007 年 5 月 9 日上证指数突破 4000 点。2007 年 5

月 14 日，证监会发布《关于进一步加强投资者教育、强化市场监管有关工作的通知》。2007 年 5 月 21 日，央行提高利率和准备金率。2007 年 5 月 29 日，财政部宣布印花税自 30 日起上调为 3‰。在政府和证监会的配合打压下，2007 年 5 月 30 日股市出现大跌行情，上证指数大跌 6.50%，6 月 4 日再大跌 8.26%，近半数股票连续跌停 4 天。当政府开始温和放话挽救股市后，2007 年 10 月 16 日，上证指数又见新高 6124 点。

证监会多次强调股市涨幅过高、股市有风险、投资需谨慎，2007 年 11 月 27 日中央政治局会议指出"防过热、防通胀"。2008 年 1 月 16 日，存款准备金率上调 0.5 个百分点，股市上证指数开始下跌。2008 年 1 月 21 日中国平安再融资 1600 亿元、2008 年 2 月 20 日浦发银行再融资计划、3 月 4 日深发展再融资 500 亿元，使得股市大盘到 4 月 22 日跌到 2990 点，股票跌幅在 70% 以上。2008 年 4 月 23 日证监会宣布印花税从 3‰降至 1‰。在救市政策的刺激下，4 月 24 日上证指数再次大涨 9.29%，所有股票涨停。2008 年 6 月 7 日存款准备金率上调 1%，6 月 10 日沪指暴跌 7.7%，近千只个股跌停。6 月 12 日沪指再次跌破 3000 点，9 月 18 日跌至 1802 点。尽管 2008 年 9 月 16 日人民币贷款基准利率下调 0.27 个百分点，股市依旧继续下跌。2008 年 9 月 19 日中央汇金公司开始回购三大银行股，印花税改为单边征收 1‰，股市大涨 9.45%，所有股票涨停。2008 年 10 月 22 日至 27 日，股市连续暴跌，创下历史低位 1664 点。

2008 年 11 月 11 日政府宣布 4 万亿元投资计划，股市开始上涨，暴涨 7.27%，再掀全线涨停潮。2008 年 11 月 26 日银行利率下调 1.08 个百分点，12 月 23 日第 5 次降低一年期存贷款基准利率各 0.27 个百分点。2009 年 2 月 17 日上证指数涨到 2402 点。2009 年 8 月 4 日上证指数反弹到 3478 点，随后连续多日大跌，8 月 31 日指数下跌至 2700 点以下。2009 年 10 月 30 日创业板出现，28 家创业板股票一起上市，股票一路走高，市盈率高的有 100 倍。当证监会发布不满 2 年股龄的新股民严禁开通创业板的政策后，创业板持续走低。随着股市的发展，2012 年创业板开始复苏，2013 年火爆。2013 年底证监会出台调整创业板的政策，12 月 2 日创业板股票几乎全部跌停。

2015 年 1 月 19 日两融业务遭处罚，保险、证券、银行全线跌停，两市近 200 只个股跌停。2015 年 3 月 A 股开始上扬；4 月 27 日上证综指首次突破4500点；6月5日突破5000点；6月15日上证综指开盘即下挫，并迅速击穿5100点；6月16日上证综指收报4887点；7月8日上证综指下跌至3507.19点；8月18日A股再次大幅下跌；8月26日上证综指收报2927点。2015年股市的异动使得政府2016年1月4日采取熔断机制。与此同时，股票价格的异常波动与大股东过度、恶意及清仓式减持造成的公司业绩下滑密切相关。

综上，我们可以看出，21世纪我国股市的走势与政府机关的调控政策、意图密切相关。资本市场监管政策体系不完善，在信息不对称的股票市场中，股市一度成为某些大股东的巨额“提款机”，普通个人股东是股票投资收益的弱势群体。

（2）我国股票市场发展的政策。进入21世纪以来，我国资本市场发展得到党中央、国务院的重视。2004年1月31日，国务院发布《关于推进资本市场改革开放和稳定发展的若干意见》，党中央、国务院从全局和战略角度出发把发展资本市场提升到国家战略任务的高度，九个纲领性意见为资本市场改革开放和稳定发展奠定了坚实的基础。2009年3月5日国务院政府工作报告提出推进资本市场改革、维护股票市场稳定的目标。2009年12月5—7日中央经济工作会议提出“积极扩大直接融资，引导和规范资本市场健康发展”。2012年11月8日党的十八大报告中明确提出“发展多层次资本市场”。2013年3月5日全国人大一次会议，李克强总理强调建立多层次资本市场，提高直接融资比重，保护投资者特别是中小投资者权益。2013年11月党的十八届三中全会强调“健全多层次资本市场体系，推进股票发行注册制改革，多渠道推动股权融资，发展并规范债券市场，提高直接融资比重”。2017年11月党的十九大进一步强调“深化金融体制改革，增强金融服务实体经济能力，提高直接融资比重，促进多层次资本市场健康发展”。

（3）中国和西方国家资本市场的税制情况。在中国股票市场，国内投资者股票交易印花税率为卖方0.1%。B股持有者的资本利得税为0，股息税率为10%。中国居民的资本利得税为0，股息税为：持股超过1年的税负为0；持股1个月至1年的税负为10%；持股1个月以内的税负为20%。香港的股票交易印花税为买卖双方0.1%，资本利得税和股息税均为0。美国的股票交易印花税为0，自2013年1月1日起适用于高收入阶层的资本利得税和股息税最高税率上调，从15%调高至近25%；其余收入阶层的纳税人的资本利得和股息税税率为15%—20%。另外，符合优惠政策的纳税人可享受零税率。英国股票交易印花税为买方0.5%，资本利得税率大概为18%—28%，股息税率大概为10%—36.1%。新加坡的股票交易印花税为买方0.2%，符合某些条件时可予免征；资本利得税为0，股息税纳入个人所得税，个人所得税税率为0—20%。法国金融交易税，总部在法国的征收0.20%。2013年1月1日起，资本利得税按照累进税率征税。个人所得税以“户”为单位计算税基，税率为0—75%，股息税采用累进税率纳税。加拿大的股票交易印花税为0，资本利得税和股息税纳入个人所得税，计算复杂。意大利的金融交易税为0.22%，资本利得税和股息税纳入个人所得税。日本的股票交易印花税为0，资本利得税为20%，股息税为10%。韩国证券交易税卖方0.3%，印花税为每张单据400韩元，资本利得税为大公司的大股东持有不足1年的股票转让30%，中小型公司股票转让10%，其他股票转让20%。此外对个人所得税纳税人还应当按照其所得税额的10%附征具有地方所得税性质的地方居民税。股息税并入个人所得税，税率为6%—35%。澳大利亚的股票交易印花税为0，资本利得税和股息税计入个人所得，计税复杂，税率为0—45%。俄罗斯的股票交易印花税为0，资本利得税计入个人所得，个人所得税税率为13%，股息税率为9%。德国的股票交易印花税为0，资本利得税率为25%，股息适用于25%的预得税和5.5%的团结附加税，实际税负为26.38%。印度的股票交易印花税为0.01%，资本利得税为：长期资本利得（持有超过1年）经过通货膨胀调整后，征收20%的税及附加税，短期资本利得（股票1年以内）与普通应税所得合计，按适用税率征税；出售在印度上市的证券取得的长期资本利得，以及非居民出售用外币购买的特定资产取得的长期资本利得，按10%的税率（符合条件时要征附加税）纳税，且不经过通货膨胀调整；个人所得税率为0—35%。巴西的股票交易印花税为0，资本利得税和股息税计入个人所得，个人所得税率为0—27.5%。

可见，就美国、英国、德国、法国、澳大利亚、法国、加拿大、意大利、日本、俄罗斯、韩国、印度、巴西、新加坡及中国香港的股票市场税制而言，仅中国香港、新加坡的资本利得税为0；一半以上的国家把股利税、资本利得税纳入个人所得税中，采取综合计征模式；印度和巴西的资本利得税采取差异化征收，英国、德国、日本和俄罗斯资本利得税、股利税采取固定税率的分类计征模式征收。

习近平总书记在党的十九大报告中强调：“深化金融体制改革，增强金融服务实体经济能力，提高直接融资的比重，促进多层次资本市场健康发展。”为实现以上目标，在健全货币政策和宏观审慎政策双支柱调控框架的基础上，在加强金融监管协调、补齐监管短板的基础上，完善资本市场所得税制的相关建议如下。

第一，健全货币政策和宏观审慎政策双支柱调控框架，加强金融监管协调，补齐监管短板，为所得税“杠杆作用”的发挥营造良好的政策环境。

纵观21世纪我国资本市场特别是股票市场的发展历程，我们不难发现，由于股市发展处于初期阶段，政府对于自身与股市关系的把握不够成熟，调控股市的经验缺乏，使得政府机关频繁出台的调控政策在维护资本市场健康发展的同时，也在一定程度上助推了股市的剧烈波动。新时代要实现习近平总书记维护多层次资本市场健康发展的宏伟目标，助推实体经济发展，为所得税“杠杆作用”的发挥营造良好的政策环境。当前全面贯彻党的十九大精神，健全货币政策和宏观审慎政策双支柱调控框架，加强金融监管协调，补齐监管短板，是新时期所得税改革必备的金融配套战略、措施。

股利税是政府向股东征收的股息红利税。上市公司只有持续、健康发展，具有充足的盈利，才能发放股息红利，股利税的征收才能变成现实，股利税改革对股东与公司收益间的调整才能发挥股利税“杠杆”的调控作用。因此，为上市公司的成长营造良好的宏观经济政策环境，加强金融监管间的协调，补齐监管的短板，降低经营性和系统性风险，是资本市场健康发展的关键所在。健全货币政策和宏观审慎政策双支柱调控框架，完善金融监管措施，是当前保障中国所得税有效发挥作用的首要举措。

第二，短期内完善股利税改革，政府应在充分考量股利税改革影响公司权益资本成本的机制后，确定股利税负的调整程度。本书的经验研究说明，股利税改革对公司权益资本成本的影响程度不仅取决于直接效应、影响公司财务行为所产生的间接效应、公司财务特征，还取决于股利税负下降的幅度。因而，短期内完善股利税，政府首先需要考虑股利税改革影响公司权益资本成本的机制，充分估量股利税改革的直接效应、公司财务行为调整的间接效应，依据公司财务特征，确定股利税基本税率降低（或增加）的幅度以及其他优惠政策的范围、力度，进而实现调控目标。

第三，长期内，把股息红利纳入居民的综合收入，依据累进税制综合计征个人所得税。2018 年 8 月 31 日，第十三届全国人大常委会第五次会议表决通过了关于修改个人所得税法的决定。2018 年 10 月 1 日起，实施每月工资性收入按照每月减除费用 5000 元及专项扣除（包括基本养老保险、基本医疗保险、失业保险等社会保险费和住房公积金）执行，原先的 3%—45% 七级超额累进税率中的较低税率 3%、10%、20% 级距扩大。自 2019 年 1 月 1 日起执行子女教育、继续教育、大病医疗、住房贷款利息、住房租金、赡养老人等六项专项附加扣除，将工资薪金、劳务报酬、稿酬和特许权使用费纳入综合征税范围，实行按月按次分项预缴、按年汇总计算、多退少补的征管模式。本次个人所得税改革实现了便民、惠民、利民的目标。考虑到个人股东在居民中的比重较高，存在职业股民，公司每半年进行一次股利分配，公司整体分红规模小，个人所得税改革刚刚实施等因素，长期看，未来的股利税改革完善，可以响应个人所得税改革方向，尝试把股息红利所得纳入个人应纳税收入，依据累进税制综合计征个人所得税。股利税纳入个人所得税综合计征，符合未来我国个人所得税改革的目标，因为个人所得税的综合计征模式是世界税改的趋势；使月收入在 5000 元以下的职业股民免纳股利税，提高了个人所得税纳税的公平性、合理性；使资本性收入与劳动收入的纳税地位趋同；个人股东的投机性投资得以部分抑制。

第四，开征差异化的资本利得税，条件成熟后纳入个人所得税综合计征体系中。

在我国所得税体系中，资本利得税为 0，因此，对于股东而言，比起股息红利，股东更关注股票价格的波动。股票实现的溢价收入是免税的，这吸引了许多公司的大股东恶意减持、巨额套现，最终导致公司巨额亏损、退市的现象不断涌现，尽管 2017 年 5 月证监会出台了大股东减持新规，但大股东清仓式减持造成股价异常波动、公司停牌的现象依然存在。另外，现行所得税体系依旧不均衡。投资者个人与法人组织投资上市公司证券获取收益时面临不同的税负：个人的股息红利按期限缴纳 20% 和 10% 的股利税，资本利得税为 0；公司在获取权益性投资收益（股利以及转让股权的溢价收入）时，按公司所处行业的基本所得税的税率缴纳所得税。长期以来，不管是拥有巨额财富的大股东还是小股东都喜欢投机，大股东更倾向于减持套现，小股东更偏好于对股票的炒卖炒买，获得买卖差价，而不是长期持有股权以获得稳定的股利收入。因此，个人与公司股息红利所得税法规的不均衡性、不对称，使得投资者权益投资收益纳税存在不平等性。另外，从国内外所得税征税实践看，对于收入而言，除国债利息收入免税外，几乎所有的收入都纳入了应税的范围。世界上仅中国香港和新加坡（作为国际金融交易中心），为吸引国际资本投资，采用资本利得税免征的征收模式。我国股票市场的发展已近30年，股票溢价产生的资本利得也应该纳入所得税的计征范围，特别是大股东减持所获取的巨额资本利得。

鉴于股票市场中大股东减持获利和对股市的影响，以及所得税体系的不均衡、不平等，为了促进所得税立法的公平，开征差异化资本利得税势在必行。相比股息红利，股票的溢价收入为股东主要的投资收益，因而，为实现鼓励长期投资、维护资本市场健康发展的目标，资本利得可以按照股东溢价所得扣除通货膨胀后的所得额为依据，参考个人所得税税率结构，缴纳累进制的资本利得税。差异化资本利得税开征后，公司管理层、大股东更关注公司本身的长久发展，而不是为私利蓄意套现，普通股东投机将减少，股票市场得以健康发展。当资本利得税征收稳定后，把股利税纳入个人所得税综合计税模式，依据应纳税额的规模，采用个人所得税的累进税率，依法征收个人所得税，促进纳税的公平，维护多层次资本市场的健康发展。

8.3 研究局限性及展望

本书基于中国三次股利税改革自然实验，依据2002—2016年我国上市公司财务数据，实证研究了股利税对上市公司权益资本成本的具体影响及影响机制，测算、比较了三次股利税改革的权益资本成本效应，并据此从政府、公司层面提出完善股利税改革、实现理财目标的建议。本书是笔者继《所得税对上市公司权益资本成本影响研究》（经济科学出版社2018年版）后，在税收与资本成本研究领域的又一次尝试和探索。然而，本书在研究过程中仍然存在以下局限性。

第一，为识别股利税改革影响公司权益资本成本的具体路径、渠道，本书第4—6章各节间相互独立，但考虑股利税影响公司权益资本成本机制的共性，各章节间又相互依存，特别是各章节假设提出的理论分析、研究设计的变量、变量定义及检验模型存在一定的相似性，使得本书看上去有些内容存在重复。

第二，识别三次股利税改革影响公司权益资本成本的具体渠道，决定了探寻每一渠道、每次股利税改革与公司权益资本成本的关系需要在简单背景下独自进行分析，与考虑多个渠道复杂背景下的股利税改革的权益资本成本效应的整体分析存在一定的差异。前者是后者的理论依据与数据基础，后者是前者分析的深入与升华。只有识别出具体渠道，本书才能测算出三次股利税改革的权益资本成本效应差异，为公司控制成本和政府优化税制改革提出合理的建议。由于各渠道间可能存在相互抵消等情况，整体分析的结论（第7章）与局部分析（第5—6章）的结论间存在差异。

第三，本书用OJ、PEG和Gordon模型三种方法的均值来估算公司权益资本成本的合理性问题。目前权益资本成本的估算技术众多，笔者在估算权益资本成本时面临众多方法的选择。由于OJ、PEG和Gordon模型在国外文献中被广泛应用，且均值法具有误差最小的特点，笔者运用三种方法均值来估算权益资本成本，避免了单种方法的缺陷，提高了权益资本成本的估值精度。尽管具有一定的合理性，仍值得思考，因为用多种方法估算的公司权益资本成本存在差异，导致本书在实证分析同一问题时，各实证结果存在一定的差异。此外，本书用资产负债率、股利分派率、贝塔系数作为公司融资、股利分配、融资约束与风险承担的核心代表指标，来检验以上变量的中介效应、调节效应，存在一定的局限性。科学确定以上四个财务特征的代理变量，将是本书未来进一步完善之处。

第四，本书实证研究了三次股利税改革对公司权益资本成本的影响。股利税减税、股利税差异化及调整研究时期分别为2002—2007年、2009—2014年、2014—2016年。然而，2005年5月9日开始、2006年底基本结束的股权分置改革发生在2002—2007年研究时期内；中国股市2015年严重的股灾发生在2014—2016年研究时期。以上两事件增加了研究股利税减税、股利税差异化调整影响公司权益资本成本的难度。本书试图利用双重差分模型、联立方程组、季度权益资本成本以及剔除股灾时期财务数据等，进一步提高本书研究结论的可靠性，但以上事件的出现为股利税改革影响公司权益资本成本问题研究增加了复杂性、内生性。

在一个国家税收总收入中，股利税所占比重常常比较低，与企业所得税、增值税等主要税种相比，股利税是一个小税种，对国内学者的吸引力有限；然而翻阅 The Accounting Review、Journal of Finance 等国外知名期刊，截至 2021 年 8 月，税收与资本成本关系问题的研究文献时常呈现在学者面前。探究宏观税收政策变革下企业财务行为的轨迹、规律及特点，设计激励企业高质量发展与优化税制的规则、机制，应该是当前及未来财务、税收学界持续关注的重要议题之一，也是笔者未来研究领域的重要组成部分。

参考文献

1. AA Robichek, JG McDonald, RC Higgins. Some Estimates of the Cost of Capital to Electric Utility Industry: 1954 -57: Comment [J]. American Economic Review, 1967, 57 (5): 1278 -1288.

2. Alan Gregor Maria Michou. Industry Cost of Equity Capital: UK Evidence [J]. Journal of Business Finance & Accounting, 2009, 36 (5 -6): 679 -704.

3. Alan J. Auerbach. The Tax Reform Act of 1986 and the Cost of Capital [J]. Journal of Economic Perspectives, 1987, 1 (1): 73 -86.

4. Alan Kraus, Robert H. Litzenberger. A State - Preference Model of Optimal Financial Leverage [J]. The Journal of Finance, 1973, 28 (4): 911 -922.

5. Alexander A. Robichek, Stewart C. Myers. Problems in the Theory of Optimal Capital Structure [J]. The Journal of Financial and Quantitative, 1966, 1 (2): 1 -35.

6. Alfons J. Weichenrieder. Transfer Pricing, Double Taxation, and the Cost of Capital [J]. The Scandinavian Journal of Economics, 1996, 98 (3): 445 -452.

7. Alworth. J, G. Arachi. The Effect of Taxes on Corporate Financing Decisions: Evidence from a Panel of Italian Firms [J]. International Tax and Public Finance, 2000, 8 (4): 353 -376.

8. Andreas Schueler. Do German Firms Earn the Cost of Capital Considering Tax Effects Caused by Debt and Provisions? [R]. Discussion Book, 2002, No. 372, University of Regensburg.

9. Auerbach, A. J. Taxation, Corporate Financial Policy and the Cost of Capital [J]. Journal of Economic Literature, 1983 (21): 905 -940.

10. Auerbach, A. J. Tax Policy and Corporate Borrowing [M]. In R. W. Kopcke and E. S. Rosengren, eds. , Are the Distinctions between Debt and Eq-

uity Disappearing? Federal Reserve Bank of Boston, 1989: 136 – 162.

11. Auerbach, A. J. Wealth Maximization and the Cost of Capital [J]. Quarterly Journal of Economics, 1979, 93 (3): 433 –436.

12. Bardlex, Michael, George A. Jarrell, E. Han Kim. On the Existence of an Optimal Capital Structure: Theory and Evidence [J]. Journal of Finance, 1984, 39 (3): 857 –880.

13. Bhandari, L. Debt/Equity Ratio and Expected Common Stock Returns: Empirical Evidence [J]. Journal of Finance, 1988, 43 (2): 507 –527.

14. Bradford, D. F. Tax Policy and Corporate Borrowing: Discussion of Auerbach (1989) [M]. In R. W. Kopcke and E. S. Rosengren, eds. , Are the Distinctions between Debt and Equity Disappearing? Federal Reserve Bank of Boston, 1989: 163 – 168.

15. Bradford, D. F. The Economics of Tax Policy toward Savings [M]. In G. M. von Fiirstenberg, ed. , The Government and Capital Formation. Cambridge, MA: Ballinger, 1980.

16. Bradford, D. F. The Incidence and Allocation Effects of a Tax on CorporateDistributions [J]. Journal of Public Economics, 1981, 15 (1): 1 –22.

17. Brennan, M. J. Taxes, Market Valuation and Corporate Finance Policy [J]. National Tax Journal, 1970, 23 (4): 417.

18. Chan, L. , Y. Hamao, J. Lakonishok. Foundamentals and Stock Returns in Japan [J]. Journal of Finance, 1991, 46 (5): 1739 –1764.

19. Charles W. Haley. Taxes, The Cost of Capital and the Firm's Investment Decisions [J]. The Journal of Finance, 1971, 26 (4): 901 –918.

20. Cheng, Pao Lun. Comment on Corporate Income Taxes and the Cost of Capital: A Correction [J]. American Economic Review, 1974, 64 (6): 1086 –1087.

21. Colin D. B. Clubb, Paul Doran. On the Weighted Average Cost of Capital with Personal Taxes [J]. Accounting and Business Research, 1992, 23 (89): 44 –48.

22. Copeland, T, JF Weston. Financial Theory and Corporate Policy [J]. Addison –Wesley Reading, MA, 1983: 451.

23. Dale W. Jorgenson. Capital Theory and Investment Behavior [J]. American Economic Association, 1963 (2): 247 -259.

24. Dale W. Jorgenson. The Theory of Investment Behavior [M]. Robert Ferber. Determinants of Investment Behavior. UMI, 1967: 129 -188.

25. Robert E Hall, Dale W. Jorgenson. Tax policy and Investment behaviors [J]. The American Economic Review. 1967 (3): 391 -414.

26. D. J. Ashton. Corporate Financial Policy: American Analytics and UKtaxation [J]. Journal of Business Finance & Accounting, 1991, 18 (4): 465 -480.

27. Dan Dhaliwal, Linda Krull, Oliver Zhen Li. Did the 2003 Tax Act Reduce the Cost of Equity Capital? [J]. Journal of Accounting and Economics, 2007, 43 (1): 121 -150.

28. David A. Guenther, Boochun Jung, Michael Williams. The Effect of the 2003 Dividend Tax Rate Reduction on Corporations' Cost of Equity Capital. 2005, business. uiuc. edu.

29. DeAngelo, H. , R. W. Masulis. Optimal Structure under Corporate and Personal Taxation [J]. Journal of Fiancial Economics, 1980, 8 (1): 3 -29.

30. Dempsey. M. The Cost of Equity Capital at the Corporate and Investor Levels Allowing a Rational expectations Model with Personal Taxations [J]. Journal of Business Finance Accounting, 1996, 23 (9 -10): 1319 -1331.

31. Dempsey. M. The Impact of Personal Taxes on the Firm's Weighted Average Cost of Capital and Investment Behaviour: A Simplified Approach Using the Dempsey Discounted Dividends Model [J]. Journal of Business Finance & Accounting, 1998, 25 (5 -6): 747 -763.

32. Dileep R. Mehta, Edward A. Moses, Benoit Deschamps, Michael C. Walker. The Influence of Dividends, Growth, and Leverage on Share Prices in the Electric Utility Industry: An Econometric Study [J]. Journal of Financial and Quantitative Analysis, 1980, 15 (5): 1163 -1196.

33. Dommon, R. , L. Senbet. The Effect of Taxes and Depreciation on Corporate Investment and Financial leverage [J]. Journal of Finance, 1988, 43 (2): 357 -373.

34. Donald E Farrar, Lee L Selwyn. Taxes, Corporate Financial Policy and

Return to Investors [N]. Working Book, Cambridge, Massachusetts, 1967: 274 -267.

35. Easton. PE ratios, PEG ratios and Estimating the Implies Expected Rate of Return on Equity Capital [J]. Accounting Review, 2004, 79 (1): 73 -95.

36. Edward McLaney, John Pointon, Melaniethomas, Jon Tucker. Practitioners' Perspectives on the UK Cost of Capital [J]. The European Journal of Finance, 2004, 10 (2): 123 -138.

37. Edwards, J. S. S. , M. J. Keen. Wealth Maximization and the Cost of Capital: A Comment [M]. Quarterly Journal of Economics, 1984, 99 (1): 211 -214.

38. Ekman, E. Taxation and Corporate Financial Policy [N]. Working Book, UppSala University, Sweden, 1995: 14 -18.

39. Elton. Expected Return, Realized Return, and Asset Pricing Tests [J]. Journal of Finance, 1999, 54 (4): 1199 -1220.

40. Ezra Solomon. Measuring a Company's Cost of Capital [J]. The Journal of Business, 1955, 28 (4): 240 -252.

41. F Modigliani, MH Miller. The Cost of Capital, Corporation Finance and the Theory of Investment [J]. The American Economic Review, 1958, 48 (3): 261 -297.

42. Fama E. F. , K. R. French. Testing of Trade - off and Pecking Order Predictions about Dividends and Debt [J]. Review of Finance Studies, 2001, 15 (1): 1 -33.

43. Fama, E. , K. French. The Cross Sections of Expected Stock Returns [J]. Journal of Finance, 1992, 47 (2): 427 -466.

44. Fama, Eugene F, Kenneth R. French. Taxes, Financing Decisions and Firm value [J]. Journal of Finance, 1998, 53 (3): 819 -843.

45. Franco Modigliani, Merton H. Miller. Corporate Income Taxes and the Cost of Capital: A Correction [J]. The American Economic Review, 1963, 53 (3): 433 -443.

46. Fullerton, D, M. King. The Taxation of Income from Capital: A Comparative Study of the United States, the United Kingdom, Sweden and West Germa-

ny [M]. University of Chicago Press, 1984.

47. Gebhardt, W, C. Lee, B. Swaminathan, Toward all Implied Cost of Capital [J]. JournalofAccounting Research, 2001, 39 (1): 135 -176.

48. Gode, D., E Mohanram. Inferring the Cost of Capital Using the Ohlson - Juettner Model [J]. Review of Accounting Studies, 2003, 8 (4): 399 -431.

49. Gode, D., E Mohanram. The Relationship between Implied Cost of Capital, Risk Factors and Realized Returns After Removing Predictable Analyst Forecast Errors. 2010 [N]. Working Book, New York University.

50. Gordon R. H., Mackie - Mason. Effect of the Tax Reform Act of 1986 on Corporate Financial Policy and organizational Form [M]. National Bureau of Economic Research, 1990: 91 -131.

51. Graham, J. R., Mills Lillian F. Using Tax Return Data to Simulate Corporate Marginal Tax Rates [N]. Working Book, Duke University. 2007.

52. Graham, J. R. Debt and marginal tax rate [J]. Journal of financial economics, 1996, 41 (1): 41 -74.

53. Graham, J. R., Lemmon, J. schallheim. Debt, Leases, Taxes and the Endogeneity of Corporate Tax Status [J]. Journal of Finance, 1998, 53 (1): 131 -162.

54. Grant, Richardson, Roman, Lanis. Determinants of the Variability in Corporate Effective Tax Rates and Tax Reform: Evidence from Australia [J]. Journal of Accounting and Public, 2007, 26 (6): 689 -704.

55. Halpern, Paul, Weston, J. Fred, Brigham, Eugene, F. Canadian ManagerialFinance [M]. Holt, Rinehart and Winston of Canada, limited: Toronto, 1989.

5657. Hamada, K. Strategic Aspects of Taxation on Foreign InvestmentIncome [J]. Quarterly Journal of Economics, 1966, 80 (3): 361 -375.

57. Harberger, A. C. Efficiency Effects of Taxes on Income from Capital [M]. In M. Krzyzaniak, ed., Effects of Corporation Income Tax, Detroit: Wayne State University Press, 1966.

58. Harry DeAngelo, Ronald W. Masulis. Optimal Capital Structure under Corporate and Personal Taxation [J]. Journal of Financial Economics, 1980, 8 (1): 3 -29.

59. J H Scott. A Theory of Optimal Capital Structure [J]. The Bell Journal of Economics, 1976.

60. J. L. Zimmerman. Taxes and FirmSize [J]. Journal of Accounting and Economics, 1983, 5 (1): 119 - 149.

61. James A. Miles; John R. Ezzell. The Weighted Average Cost of Capital, Perfect Capital Markets, and Project Life: A Clarification [J]. The Journal of Financial and Quantitative Analysis, 1980, 15 (3): 719 - 730.

62. James H. Scott, Jr. A Theory of Optimal Capital Structure [J]. The Bell Journal of Economics, 1976, 7 (1): 33 - 54.

63. JE Stiglitz. Taxation, Corporate Financial Policy, and the Cost ofCapital [J]. Journal of Public Economics, 1973, 2 (1): 1 - 34.

64. John L. Campbell, James A. hyz, Dan S. Dhaliwal, and William C. Schwartz, Jr. Did the 2003 Tax Act Increase Capital Investments by Corporations? [J]. The Journal of the American Taxation Association, 2013, 35 (2): 33 - 63.

65. Kemp, M. C. Foreign Direct Investment and NationalAdvantage [J]. Economic Record, 1962, 38 (81): 56 - 62.

66. Kemp, M. C. The Pure Theory of International Trade [J]. Englewood Cliffs, NJ: Prentice Hall, 1964.

67. Kim, E, H. Optimal capital structure in Miller's Equilibrium [M]. Financial Markets and Incomplete Information, Rowman and Littlefield, Totowa, NJ, 1989: 36 - 48.

68. King, M. A. Public Policy and the Corporation [M]. London: Chapman and Hall, New York, Wiley, 1977.

69. King, M. A. Dividend Behaviour and the Theory of theFirm [J]. Economica, 1974, 41 (161): 25 - 34.

70. King, M. A. Taxation and the Cost ofCapital [J]. Review of Economic Studies, 1974, 41 (1): 21 - 35.

71. L Hail, CLeuz. International Differences in the Cost of Equity Capital: Do Legal Institutions and Securities Regulation Matter? [J]. Journal of accounting research, 2006, 44 (3): 485 - 525.

72. Liansheng Wu, yue Heng. Corporate Tax, Capital Structure, and the Accessibility of Bank Loans: Evidence from China [J] Journal of Banking& Finance, 2009, 33 (1): 30 - 38.

73. M. Rashid, Ben Amoako - Adu. The Cost of Capital under Conditions of Personal Taxes and Inflation [J]. Journal of Business Finance&Accounting, 1995, 22 (7): 1049 - 1061.

74. MacDougall, G. D. A. The Benefits and Costs of Private Investment from Abroad: A Theoretical Approach [J]. Oxford Bulletin of Economics and Statistics, 1960, 22 (3): 189 - 211.

75. Mackie - Mason, J. K. Do Taxes Affect Corporate Financing Decisions? [J]. Journal of Finance, 1990, 45 (5): 1471 - 1493.

76. Mariana Spatareanu. The Cost of Capital, Finance and High - tech Investment [J]. International Review of Applied Economics, 2008, 22 (6): 693 - 705.

7778. MC Jensen, WH Meckling. Theory of the Firm: Managerial Behavior, Agency Costs and Ownership Structure [J]. Journal of Financial Economics, 1976, 3 (4): 305 - 360.

78. McLure, Ch. E. Must Corporate Income Be Taxed Twice? [M]. A Report of a Conference Sponsored by the Fund for Public Policy Research and the Brookings Institution, Brookings Institution, 1979.

79. Merton H. Miller. Debt andtaxes [J]. The Journal of Finance. 1977, 32 (2): 261 - 275.

80. MH Miller, F Modigliani, Some Estimates of the Cost of Capital to the Electric Utility Industry [J]. The American Economic Review, 1966: 1954 - 1957.

8182. Michael C. Jensen, William H. Meckling. Theory of the firm: Managerial Behavior, Agency Costs and Ownership Structure [J]. Journal of Financial Economics1976, 3 (4): 305 - 360.

82. Hilary G, Hui K W. Does Religion Matter in Corporate Decision Making in America? [J]. Social Science Electronic Publishing, 2009 (3).

83. Mike Dempsey, Graham Partington. Cost of Capital Equations under the Australian Imputation Tax System [J]. Accounting and Finance, 2008, 48 (3): 439 - 460.

84. MJ Brennan. Taxes, Market Valuation and Corporate Financial Policy [J]. National Tax Journal, 1970, 23 (4): 426.

85. Ohison, JM, B. Juettner - Nauroth, Expected EPs and EPS Growth as Determinants of Value [J]. Review ofAccounting Studies, 2005, 10 (2 - 3): 349 - 265.

86. Peter H. L. Monkhouse. The Valuation of Projects under the Dividend Imputation Tax System [J]. Accounting & Finance. 1996, 36 (2): 185 - 212.

87. R C Stapleton. Taxes, the Cost of Capital and the Theory of Investment [J]. Economic Journal, 1972, 82 (828): 1273 - 1292.

88. R. R. Officer. The Cost of Capital of a Company under an Imputation Tax System [J]. Accounting and Finance, 1994, 34 (1): 1 - 16.

89. RitaSharms. Taxes and cost of capital [J]. Economic and political weekly, 1987: 1555 - 1558.

90. Robert A Taggart Jr. Consistent Valuation and Cost of Capital Expressions with Corporate and Personal taxes [J]. The Journal of the Financial Management Association. 1991, 20 (3): 8 - 13.

91. Robert H. Litzenberger, Krishna Ramaswamy. The Effect of Personal Taxes and Dividends on Capital Asset Prices: Theory and Empirical Evidence [J]. Journal of Financial Economics, 1979, 7 (2): 163 - 195.

92. Robert H. Litzenberger, K Ramaswamy. The Effects of Dividends on Common Stock Prices Tax Effects or Information Effects? [J]. The Journal of Finance, 1982, 37 (2): 429 - 443.

93. Robert S Hamada. Portfolio Analysis, Market Equilibrium and Corporate-Finance [J]. Journal of Finance, 1969, 24 (1): 19 - 30.

94. Wright P, et al. Impact of Corporate Insider, Blockholder, and Institutional Equity Ownership on Firm RiskTaking [J]. The Academy of Management Journal, 1996 (2).

95. SC Myers. Determinants of CorporateBorrowing [J]. Journal of Financial Economics, 1977, 5 (2): 147 - 175.

96. Seth Armitage. the Cost of Capital: Intermediate theory [M]. Cambridge University Press, 2005: 168 - 174.

97. Shum, P. M. Taxes and Corporate Debt Policy in Canada: An Empirical Investigation [J]. Canadian Journal of Economics, 1996 (29): 566 – 572.

98. Sinn, H. – W. Capital Income Taxation and Resource Allocation [M]. Amsterdam New York North Holland, 1985.

99. Sinn, H. – W. Taxation and the Birth of Foreign Subsidiaries [N] National Bureau of Economic Research, Working Book, No. 3519, 1990.

100. Sinn, H. – W. The 1986 U. S. Tax Reform and the World Capital Market [J]. European Economic Review, 1988, 32 (2): 325 – 333.

101. Sinn, H. – W. The Vanishing Harberger Triangle, University of Munich, Discussion book No. 88 – 05.

102. Sinn, H. – W. Taxation and the Cost of Capital: The "Old" View, the "New" View, and Another View [J]. Tax Policy and the Economy, 1991 (5): 25 – 54.

103. SM Keane. the Tax – deductibility of Interest Payments and the Weighted Average Cost ofCapital [J]. Journal of Business Finance & Accounting, 1976 : 53 – 61.

104. Solomon. the Theory of Financial Management [M]. New York: Columbia University Press, 1963.

105. Stattman, D. Book Values and Stock Returns, the Chicago MBA: A Journal of Selected book, 1980, 4 (1): 25 – 45.

106. Stephanie A. Sikes, Robert E. Verrecchia. Capital Gains Taxes and Expected Rates of Return [J]. the Accounting Review, 2012, 87 (3): 1067 – 1086.

107108. Stephanie A. Sikes, Robert E. Verrecchia. Liquidity, Investor – Level Tax Rates, and Expected Rates of Return [N]. Working Book, University of Pennsylvania, 2012.

108. Stewart C. Myers. Determinants of Corporate Borrowing [J] Journal of Financial Economics, 1977, 5 (2): 147 – 175.

109. William G. Gale and Peter R. Orszag. Deficits, Interest Rates and the User Cost of Capital: A Reconsideration of the Effects of Tax Policy on Investment [J]. National Tax Journal, 2005 (58): 409 – 426.

110. Wolfgang Schultze. Value, Tax shield and the Cost – of – capital with

Personal Taxes: a Framework for Incorporating Taxes [J]. International Journal of Theoretical and Applied Finance, 2004, 7 (6) : 769 - 804.

111. Zhonglan Dai, Douglas A Shackelford, Harold H. Zhang. Does Financial Constraint Affect the Relation between Shareholder Taxes and the Cost of Equity Capital? [J]. the Accounting Review, 2013, 88 (5): 1603 - 1627.

112. Dai Z, Shackelford D A, Zhang H H. Capital Gains Taxes and Stock Return Volatility [J]. The Journal of the American Taxation Association, 2013, 35 (2): 1 - 31.

113. D. Scott. Notes on User Cost. EconomicJournal [J]. 1953, June: 364 - 384.

114. Dale W. Jorgenson. Capital Theory and Investment Behavior [J]. The American Economic Review. 1963 (2): 247 - 259.

115. Dale W. Jorgenson. the Theory of Investment Behavior [M]. Determinants of Investment Behavior. UMI, 1967: 129 - 188.

116. Robert E Hall, Dale W. Jorgenson. Tax policy and Investment behaviors [J]. The American Economic Review. 1967 (3): 391 - 414.

117. Villy BergstrÖm. Approaches to the Theory of Capital Cost [J]. Scandinavian Journal of Economics, 1976, 78 (3): 437 - 456.

118. Villy BergstrÖm, Jan SÖdersten. Taxation and real Cost of Capital [J]. The Scandinavian Journal of Economics. 1982 (3): 443 - 456.

119. Rita Sharma. Taxes and Cost of Capital [J]. Economic and Political Weekly. 1987, September: 1555 - 1558.

120. Oliver Zhen Li, Hang Liu, Chenkai Ni and Kangtao Ye. Individual Investors' Dividend Taxes and Corporate Payout Policies [J]. Journal of Financial and Quantitative Analysis. 2017, 52 (3): 963 - 990.

121. Kenneth J. McKenzie, Aileen J. Thompson. Taxes, the Cost of Capital and Investment: A Comparison of Canada and US [N]. Working Paper, 1997: 97 - 103.

122. David Joulfaian, Lilit Melikyan. Taxes, Investment Incentives and the Cost of Capital in Armenia [N]. Working Paper. 2004, 04/03.

123. Black, F., Scholes, M.. The Effects of Dividend Yield and Dividend

Policy on Common Stock Prices and Returns [J]. Journal of Financial Economics, 1974, 1 (1): 1 -22.

124. Miller, M. H. , Scholes, M. S. . Dividends and Taxes - Some Empirical Evidence [J]. Journal of Political Economy, 1982, 90 (6): 1118 -1141.

125. Litzenberger, R. H. , Ramaswamy K. . The Effect of Personal Taxes and Dividends on Capital Asset Prices: Theory and Empirical Evidence [J]. Journal of Financial Economics, 1979, 7 (2): 163 -195.

126. Litzenberger, R. H. , Ramaswamy, K. . Dividends, Short Selling Restrictions, Tax Induced Investor Clienteles and Market Equilibrium [J]. Journal of Finance, 1980, 35 (2): 469 -482.

127. Potherb, J. , Summers, L. . New Evidence that Taxes Affect the Valuation of Dividends [J]. Journal of Finance, 1984, 39 (5): 1397 -1415.

128. Blouin, J. L. , Raedy, J. S. , Shackelford, D. A. . Dividends, share repurchases, and tax clienteles: Evidence from the 2003 reductions in shareholder taxes [J]. The Accounting Review, 2011, 86 (3): 887 -914.

129. Oliver Zhen Li, Hang Liu, Chenkai Ni, KangtaoYe. Individual Investors' Dividend Taxes and Corporate Payout Policies [J]. Journal of Financial and Quantitative Analysis, 2017, 52 (3): 963 -990.

130. Oliver Zhen Li, Hang Liu, Chenkai Ni. Dividend Taxes, Investor Horizon, and Idiosyncratic Volatility. [J]. The Accounting Review, 2021, 96 (3): 403 -430.

131. 彼得·纽曼等:《新帕尔格雷夫货币金融大辞典》，胡坚等译，经济科学出版社 2000 年版，第 470 页。

132. 蒂姆·奥吉尔、约翰·拉格曼:《资本成本：为企业更好的财务决策提供指南》，宋云玲、纪新伟、杨丽君译，经济管理出版社 2005 年版。

133. 理查德·A. 布雷利等:《公司理财》(第 5 版)，耿建新、龚媛媛等译，中国人民大学出版社 2008 年版。

134. 范霍恩、瓦霍维奇:《财务管理基础》，刘曙光等译，清华大学出版社 2009 年版，第 22—28 页。

135. 斯蒂芬·A. 罗斯等:《公司理财原理与应用》，刘薇芳、沈艺峰、况学文等译，中国人民大学出版社 2009 年版。

136. 托马斯·E. 科普兰:《金融理论与公司政策》，刘永明、温婷、田正炜译，上海财经大学出版社 2007 年版。

137. 罗宏:《上市公司现金股利政策与公司治理研究》，西南财经大学出版社 2008 年版。

138. 尼尔、麦克尔罗伊:《公司理财——基于价值的方法》，汪平等译，上海人民出版社 1999 年版。

139. 王延明:《中国公司所得税负担研究》，上海财经大学出版社 2004 年版。

140. 原红旗:《中国上市公司股利政策分析》，中国财政经济出版社 2004 年版。

141. 泽维尔·维夫斯编:《公司治理：理论与经验研究》，郑江淮、李鹏飞等译，中国人民大学出版社 2006 年版。

142. 朱武祥:《中国公司金融学》，上海三联书店 2005 年版。

143. 卢俊:《资本结构理论研究译文集》，上海人民出版社 2003 年版。

144. 王志刚:《税收与公司财务政策选择》，中国商业出版社 2004 年版，第 42 页。

145. 马克．格林布拉特等:《资本市场与公司战略》，王琪琼等译，中信出版社 2004 年版。

146. 布里格姆、埃尔霍尔特:《财务管理——理论与实践》（第 10 版），狄瑞鹏等译，清华大学出版社 2005 年版。

147. 范霍恩（Van Horne，J. C.）:《财务管理与政策》，刘志远等译，东北财经大学出版社 2006 年版。

148. （法）梯若尔:《公司金融理论》（上、下册），王永钦等译，中国人民大学出版社 2007 年版。

149. 科勒（Koller，T.）等:《价值评估：公司价值的衡量与管理》，高建等译，电子工业出版社 2008 年版。

150. 汪平:《财务理论（修订版）》，经济管理出版社 2008 年版。

151. （美）小乔纳森·F. 英格索尔:《金融决策理论》，蒋殿春等译，中国人民大学出版社 2009 年版。

152. （葡）若昂·阿马罗·德·马托斯:《公司金融理论》，费方域译，上海财经大学出版社 2009 年版。

153. （美）尤金·F. 布瑞翰、乔尔·F. 休斯顿：《财务管理基础》（精要第5版），胡玉明、赖红宁译，东北财经大学出版社2011年版，第312—313页。

154. 希克斯：《资本与价值》，薛蕃康译，商务印书馆2010年版。

155. 约翰·梅纳德·凯恩斯：《就业利息和货币通论》，魏埙译，陕西人民出版社2004年版，第109—117页。

156. 李桂萍：《所得税对上市公司权益资本成本影响的研究》，经济科学出版社2018年版。

157. 杜莉：《析关于股息所得税的"新论"及其对我国的启示》，《世界经济文汇》2005年第4期，第166—172页。

158. 高芳、傅仁辉：《会计准则改革、股票流动性与权益资本成本——来自中国A股上市公司的经验证据》，《中国管理科学》2012年第4期，第27—35页。

159. 郭洪、何丹：《基于剩余收益价值模型的权益资本成本计量及其运用》，《管理世界》2010年第1期，第183—185页。

160. 黄晓珊：《南非股息税与中国投资方所得税抵免探析》，《国际税收》2013年第5期，第61—64页。

161. 黄娟娟、肖珉：《信息披露、收益不透明与权益资本成本》，《中国会计评论》2006年第6期，第70—80页。

162. 姜付秀、陆正飞：《多元化与资本成本的关系——来自中国股票市场的证据》，《会计研究》2006年第6期，第45—53页。

163. 乐为：《税收政策对跨国公司FDI资本成本决策影响的比较研究》，《经济体制比较》2007年第1期，第59—63页。

164. 雷根强、沈峰：《股息所得税的改革思路、发展动态及政策启示》，《税务研究》2008年第12期，第36—40页。

165. 李增福、顾研、连玉君：《税率变动、破产成本与资本结构非对称调整》，《金融研究》2012年第5期，第2—13页。

166. 李增福、李娟：《税率变动与资本结构调整——基于2007年新企业所得税法实施的研究》，《经济科学》2011年第5期，第57—68页。

167. 李增福、张淑芳：《股利所得税减免能提高上市公司的现金股利支付吗?》，《财贸经济》2010年第5期，第26—31页。

168. 刘湘玫：《从公司治理角度分析“股利税”的改革方向》，《税务与经济》2007年第4期，第74—78页。

169. 陆正飞、叶康涛：《中国上市公司股权融资偏好解析》，《经济研究》2004年第4期，第50—56页。

170. 毛新述、叶康涛、张頔：《上市公司权益资本成本的测度与评价》，《会计研究》2012年第11期，第12—22页。

171. 汪平、袁光华、李阳阳：《我国企业资本成本估算及其估算值的合理界域：2000—2009》，《投资研究》2012年第11期，第101—113页。

172. 李桂萍、刘薇：《结构性减税对资本成本影响研究》，《财政研究》2013年第5期，第20—24页。

173. 刘薇、李桂萍：《国外资本结构理论在公司财务决策中的应用》，《财政研究》2012年第11期，第61—65页。

174. 李桂萍、刘东莲：《中外资本成本估算比较分析》，《商业时代》2013年第17期，第92—93页。

175. 李桂萍、刘薇：《国外资本成本估算研究综述》，《经济研究参考》2013年第12期，第39—46页。

176. 刘薇、李桂萍：《国外资本成本微观应用研究脉络及未来展望》，《经济研究参考》2012年第66期，第44—51页。

177. 李桂萍、刘薇：《国外资本成本宏观应用研究述评》，《经济研究参考》2012年第57期，第65—71页。

178. 李桂萍、刘薇：《所得税改革对公司股权资本成本影响分析》，《财政研究》2014年第12期。

179. 汪平、邹颖、肖倩：《资本成本、股利支付与最佳股利政策——理论分析与经验解释》，《经济与管理研究》2012年第8期，第64—71页。

180. 汪祥耀、叶正虹：《执行新会计准则是否降低了股权资本成本——基于我国资本市场的经验证据》，《中国工业经济》2011年第3期，第119—126页。

181. 王化成、李春玲、卢闯：《控股股东对上市公司现金股利政策影响的实证研究》，《管理世界》2007年第1期，第122—127页。

182. 王娜、王跃堂、王亮亮：《企业所得税影响公司薪酬政策吗?》，《会计研究》2013年第5期，第35—41页。

183. 王素荣、张新民：《资本结构和所得税税负关系实证研究》，《中国工业经济》2006 年第 12 期，第 98—104 页。

184. 王永海、刘惠玲：《所得税税率变动与公司风险承受》，《会计研究》2013 年第 5 期，第 43—46 页。

185. 李桂萍：《基于乔根森理论资本成本概念研究》，《财会月刊》2014 年第 11 期。

186. 李桂萍、刘薇：《含企业所得税股权资本成本模型研究述评》，《经济研究参考》2014 年第 10 期。

187. 李桂萍、刘薇：《含企业所得税加权平均资本成本模型研究综述》，《经济研究参考》2014 年第 12 期。

188. 吴联生、李辰：《“先征后返”、公司税负与税收政策的有效性》，《中国社会科学》2007 年第 4 期，第 61—73 页。

189. 吴联生、岳衡：《税率调整和资本结构变动——基于我国取消“先征后返”所得税优惠政策的研究》，《管理世界》2006 年第 4 期，第 111—118 页。

190. 吴向阳、陆一：《论税收归集制对资本成本的影响——以澳大利亚为背景的研究综述》，《税务研究》2009 年第 5 期，第 82—85 页。

191. 吴祖光、万迪昉：《所得税免税冲击、金融发展与资本结构决策——来自中国农业类上市公司的经验证据》，《经济与管理研究》2013 年第 2 期，第 79—87 页。

192. 肖珉、沈艺峰：《跨地上市公司具有较低的权益资本成本吗?》，《金融研究》2008 年第 10 期，第 93—98 页。

193. 徐明东、陈学彬：《中国工业企业投资的资本成本敏感性分析》，《经济研究》2013 年第 3 期，第 40—51 页。

194. 徐明东、田素华：《转型经济改革与企业投资的资本成本敏感性》，《管理世界》2013 年第 2 期，第 125—135 页。

195. 肖作平：《论权益资本成本的度量模型》，《财政研究》2011 年第 8 期，第 69—72 页。

196. 杨宝、袁天荣：《股利税“减半”的市场反应研究》，《税务与经济》2013 年第 6 期，第 85—92 页。

197. 杨奇原：《“两税合一”对台湾上市公司股利税资本化的影响》，

《证券市场导报》2006 年第 8 期，第 41—44 页。

198. 李桂萍、刘薇：《国外资本成本估算研究综述》，《经济研究参考》2013 年第 12 期。

199. 李桂萍、刘薇：《所得税影响上市公司股权资本成本的机理分析》，《经济研究参考》2015 年第 16 期。

200. 李桂萍：《权益资本成本与所得税税负关系的实证检验》，《财会月刊》2017 年第 2 期，第 60—65 页。

201. 张俊生、曾亚敏：《国外股息税改革的理论基础与实践经验》，《证券市场导报》2008 年第 2 期，第 65—72 页。

202. 张天胜：《税收对资市成本影响的差异性探讨》，《税务研究》2005 年第 1 期，第 71—75 页。

203. 曾亚敏、张俊生：《股利所得税削减对权益资产价格的影响》，《经济科学》2005 年第 6 期，第 84—94 页。

204. 邹颖、汪平：《隐含资本成本估算技术：模型推演、评述与展望》，《经济与管理研究》2013 年第 2 期，第 42—51 页。

205. 李桂萍、刘薇：《所得税改革、财务政策与资本成本》，《经济研究参考》2016 年第 58 期，第 26—34 页。

206. 杜莉、陈建萍、张立早：《从股息税对公司资本成本的影响谈我国的股息税制改革》，《世界经济情况》2007 年第 1 期，第 52—57 页。

207. 刘行、张艺馨、高升好：《股利税与资本结构：中国的经验证据》，《会计研究》2015 年第 10 期，第 66—73 页。

208. 贾凡胜、吴昱、廉柯赟：《股利税差别化、现金分红与代理问题》，《南开管理评论》2016 年第 1 期，第 142—153 页。

209. 贾建军、邵丽丽、陈欣：《股利税改革与投资者交易行为研究》，《河南社会科学》2016 年第 3 期，第 62—73 页。

210. 李桂萍：《所得税对公司股权资本成本影响研究》，首都经济贸易大学博士论文，2014。

211. 廖理、汪毅慧：《中国股票市场风险溢价研究》，《金融研究》2003 年第 4 期，第 23—30 页。

212. 郑晓亚：《我国股权风险溢价的长期趋势与短期特征》，《山东财经大学学报》2014 年第 6 期。

213. 童锦治、黄克珑、朱恺容：《股利税减税、金融环境异质与企业资本结构》，《华东经济管理》2015 年第 10 期，第 1—17 页。

214. 汪平、张丽敏：《股权资本成本波动与现金股利的动态调整》，《投资研究》2016 年第 1 期，第 4—11 页。

215. 李桂萍、王瑞华：《差异化股利税影响企业股权资本成本吗?》，《华东经济管理》2018 年第 2 期，第 169—175 页。

216. 王亮亮：《金融危机冲击、融资约束与公司避税》，《南开管理评论》2016 年第 1 期，第 155—167 页。

217. 于蔚、金祥荣、钱彦敏：《宏观冲击、融资约束与公司资本结构动态调整》，《世界经济》2012 年第 3 期，第 24—47 页

218. 徐寿福、邓鸣茂、陈晶萍：《融资约束、现金股利与投资——现金流敏感性》，《山西财经大学学报》2016 年第 2 期，第 112—123 页。

219. 张淑惠、袁焕：《宏观经济、融资约束与资市结构调整速度》，《中国社会科学院研究生院学报》2014 年第 3 期，第 26—31 页。

220. 全怡、梁上坤、付宇翔：《货币政策、融资约束与现金股利》，《金融研究》2016 年第 11 期，第 63—78 页。

221. 李焰、黄磊：《融资约束与上市公司股票价格波动——基于我国资本市场的经验证据》，《财贸研究》2008 年第 8 期，第 44—48 页

222. 钮文新：《学习习近平总书记在全国金融工作会议上的重要讲话精神 怎样才能让金融“回归本源”——从两对概念分析国内金融市场“脱实向虚”现象的成因》，《中国经济周刊》2017 年第 7 期。

223. 陈名芹、刘星、辛清泉：《上市公司现金股利不平稳影响投资者行为偏好吗?》，《经济研究》2017 年第 6 期，第 90—102 页。

224. 马宏、胡耀亭：《现金股利政策选择的市场反应研究》，《证券市场导报》2017 年第 8 期，第 36—41 页。

225. 罗琦、彭梓倩、吴哲栋：《控股股东代理问题、现金股利与权益资本成本》，《经济与管理研究》2017 年第 5 期，第 125—132 页。

226. 史青春、妥筱楠：《政府经济干预、公司管理层过度投资与公司业绩——一个有调节的中介效应模型》，《中央财经大学》2016 年第 9 期，第 74—81 页。

227. 刘湘玫：《从公司治理角度分析“股利税”的改革方向》，《税务与

经济》2007 年第 4 期，第 74—78 页。

228. 肖翰、全晓雨、李秉成：《产业政策、企业风险承担能力与企业价值》，《财会通讯》2018 年第 27 期，第 3—11 页。

229. 王菁华、茅宁：《企业风险承担研究述评及展望》，《外国经济与管理》2015 年第 12 期。

230. 苏坤：《管理层股权激励、风险承担与资本配置效率》，《管理科学》2015 年第 3 期，第 14—25 页。

231. 董保宝、葛宝山：《新企业风险承担与绩效倒 U 型关系及机会能力的中介作用研究》，《南开管理评论》2014 年第 4 期，第 56—65 页。

232. 解维敏、唐清泉：《公司治理与风险承担——来自中国上市公司的经验证据》，《财经问题研究》2013 年第 1 期，第 91—97 页。

233. 王振山、石大林：《机构投资者、财务弹性与公司风险承担——基于动态面板 System GMM 模型的实证研究》，《中央财经大学学报》2014 年第 9 期，第 64—72 页。

234. 盛明泉、车鑫：《基于战略管理视角的公司风险承担与资本结构动态调整研究》，《管理学报》2016 年第 11 期，第 1635—1640 页。

235. 昝星源：《社会政策原则下对股息差别化个人所得税政策的审视》，《法制与经济》2015 年第 4 期，第 110—112 页。

236. 叶建芳、郭琳：《关于股息红利个人所得税的几点思考》，《税务研究》2010 年第 3 期，第 54—56 页。

237. 何辉、尹音频、张清：《股息红利所得税的收入再分配效应研究》，《统计研究》2011 年第 6 期，第 11—15 页。

238. 罗明敏：《台湾地区课征证券交易所得税之研究》，中央财经大学博士论文，2014 年。

239. 吴程军：《我国股息红利个人所得税政策研究》，首都经济贸易大学硕士论文，2019 年。

240. 郑田华：《消除股利双重征税的所得税一体化研究》，浙江财经大学硕士论文，2016 年。

241. 卢月根、王春飞：《股利税收效应与中小股东保护》，《税务研究》，2012 年第 11 期，第 38—41 页。

后　记

光阴荏苒，弹指一挥间，转眼博士后出站已是两年。

2015 年 11 月，我来到中央财经大学工商管理博士后流动站，开始了我边工作边学习的“学生”生涯的最后一段时光。从形式上看，“挑灯苦读”似乎已近尾声，可在这大智移云时代，知识的更新无时无刻不在冲击着头脑。吴溪老师（中央财经大学会计学院院长）“几日不看文献，与同仁交流便存在障碍”的话语时常萦绕于耳，我也深深地体会到导师王瑞华教授“做学问不仅要与时俱进，更要紧追前沿”的重要性，同门师兄弟高水平论文的刊发时常使我心潮澎湃。老师们、同学们如此勤奋，我没有理由可以懈怠。

在新冠肺炎疫情给社会、工作、生活带来诸多不便的情况下，我的单位——河北金融学院的同事们给予我颇多帮助，从博士后出站报告的修改与完善，到省厅级课题的申报，再到专著出版基金的资助，都给予了大力支持。这一切使得本书能够尽早呈现在大家面前，不枉我博士后在站期间付出的艰辛与努力，在此表示深深的感谢！

本书是在我博士后出站报告的基础上修改完成的。感谢我的博士后合作导师王瑞华教授。王老师为帮助我完成研究工作，倾注了大量的心血，使我在似水流年里有了莫大的收获。通过与导师的合作研究，我开阔了眼界，增长了见识，积累了经验，获得了许多学术启迪和人生关怀。

本书也是我在博士学习期间研究内容基础之上的扩展。在首都经济贸易大学工商管理学院的博士学习期间，我的导师汪平教授对我进行了严格的学术训练，让我有了一定的学术积累，具备了从事科研工作的能力，感谢汪老师的培育。对老师们的感激之情难以言表！师恩难忘！

本书的研究综述借鉴了国内外税收与资本成本相关领域学者的观点和成果，在此表示感谢！另外，本书关于中国含税资本成本模型构建、股利税影响公司资本成本机理剖析的思路和观点可能不甚全面、深入，如有不当，敬请广大读者批评指正。

感谢河北省社科基金项目（编号：HB20GL006）、河北省社会科学发展研究项目（编号：20200301001）、河北金融学院科研项目以及学术出版基金的鼎力支持！

感谢河北金融学院会计学院程培先院长、杨会朴书记、尹航副院长、尹庆伟主任及老师们的诸多帮助和大力支持！

感谢中国财政经济出版社为本书提供了出版机会，感谢中国财政经济出版社胡博编辑、宋学军编辑为本书的顺利出版付出的辛勤劳动！

感谢我亲爱的家人们长久以来对我的理解和支持！谨以此书献给他（她）们。

李桂萍

2021 年 8 月